漯河印记·文史资料集萃

古韵新辉

政协漯河市委员会 编
吕岩 主编

中国文史出版社

《漯河印记·文史资料集萃》编委会名单

序

漯河市政协主席　吕岩

沙河、颍河如两条闪亮的丝带，从漯河大地上穿境而过，亘古不息。她们忠实地记录了这块土地上演绎的故事。

远古时期，这里是先民们刀耕火种、开拓缔造的摇篮。一万年前，黎明时分，大岗之上响起“哼育！哼育！”的号子声，穿着兽皮、草裙的男女以打制石器、烧制陶器、狩猎采撷为生；八千年前，贾湖部落在悠扬的骨笛声中，走出地穴，走下干栏，把美酒洒向天空，祈愿稻粱早日成熟；越千年，郝家台上筑起了一座城，以黑陶的名义宣示着薪火相传、生生不息的文明；三代连绵交替，留下了动人的传说、英勇的故事、壮阔的城郭；两汉以降，汝水、颍水成为行政区划重要地标，流域之内渐趋繁盛，文化遗存星罗棋布；直至平汉铁路通车，河上街始现市镇雏形。

近现代以来，国家命运多舛，洪波涌起、激浊扬清，推翻“三座大山”成为主旋律。铁路工人在“二七”怒潮中率先觉醒，中国共产党的组织在三县生根发芽。北伐战争如火如荼，将士热血沃四岸；救亡图存浪潮席卷，民先春笋立百竿。抗日战争时期，先后走出了沈东平、赵伊坪、李曾志等著名英烈，也涌现出效信趁、蔡永令、支天雷等地方武装和孤胆英雄。三年横扫残章，中国人民解放军二野四兵团诞生在此，“打过长江去，解放全中国”唱出了浩荡绝响。

新中国成立七十年，社会主义在探索中前进，汝颍大地同样发生着翻天覆地的变化。特别是改革开放的东风唤醒了城市和乡村，创造出一个个历史性的奇迹。1986年区划调整，漯河向区域性中心城市迈开新生的步伐；1992年创办内陆特区展示了敢为人先的胆识与气魄；南街村一枝独秀率先实现了亿元梦想；双汇集团日益增长成为全球领先。

七届漯河市政协恰逢三十而立，一批地方文史学者提出整理建市以来前三十年《漯河文史资料》的设想，这无疑是顺应文化复兴潮流，彰显地方文化特色之良策。文史资料工作是人民政协重要的基础工作，具有不可替代的“存史资政，团结育人”作用，支持这个动议理所当然。整理工作专班历时三年多的时间，从浩繁的文史稿中精选出689篇，逐篇审读，删繁补简，纠正讹误，做必要的注解和附录，达到了“去伪存真，去粗取精”的目标，并几经研讨，提出了按目分类的出版方案。

抚摸案头的十二册书卷，不能不感佩历届政协委员和社会各界人士的辛勤耕耘，赞叹三十年来政协文史工作者的孜孜追求。其成果必将成为漯河记忆里弥足珍贵的见证。

今天，漯河已经进入新时代，正阔步走在建设社会主义现代化，实现中华民族伟大复兴的新征程上。许多时点熠熠闪光，许多人事灿若星辉，也期待更多的人秉笔记录，让后来者因我们而更加自豪，也因我们而更加发愤。

本丛书定稿恰逢中国共产党百年华诞，谨以初版献礼志庆。

2021年6月19日于许慎故里

卷首语

漯河是一个被时间洇染的地方。贾湖遗址的发现把黄河文明的渊薮延展至广袤的黄淮平原上，骨笛、酒酿，从地穴到干栏，让我们对远古的文明有了更加丰富的想象；龙山文化时期，这里是最早筑城为邑的地方；夏商周三代，诸侯和圣贤们在这里留下了美丽的传说；两汉及魏晋南北朝，各路英雄豪杰沿汝颍四岸风云际会、纵横捭阖，成就了可考的史迹；唐宋文化鼎盛，先贤们创作了多姿多彩的辞章；明清商贸繁荣，这里成为声名远播的经济重镇。回望这座历史深处走来的小城，足以打开一个视接古今的空间，传统与现代在这里有机融合，远古与未来在这里交织成像。我们怀着景仰审读走过的路，正是为了续写今天和明天的美好篇章。

本卷共收录49位作者的71篇文字，分为贾湖文化、说文解字、遗址遗迹、文物保护、探本溯源五个板块，集中反映了各个历史时期经济、政治、文化等演进面貌。内容主要包括对历史古迹的考证，历史文化的追思以及当代文物保护与研究利用状况等。

存真求实是文史资料工作的灵魂。在整理过程中，我们力求尊重作者本人的讲述，保持资料原貌。同时，坚持实事求是的原则，对重要的史料细节进行了比对校正，对文字标点出现的错误进行了更改，对佚失或不足的口述人、撰稿人资料进行了补充，根据史料内容，插入了部分新发现的相关图片。

地方文史资料理应具有地方特色。我们参阅了能够收集到的相关书报、档案、文献等，选取确有补益的史料和观点，用注或附录的形式编入相应篇目，使之与文章内容相互印证，以体现漯河特色，使之成为漯河历史文化的一个缩影，透视漯河古往今来的一个窗口，也映衬出漯河新时代蓬勃发展的历程和成就。希望本书的出版，能让读者从悠久历史的点点滴滴中，感悟、品味漯河文化的丰富与厚重，启迪、鼓舞人们满怀信心地去开创各项事业新的辉煌。

本卷的整理工作，得到许多单位和同志的大力支持，和能够联系的原作者作了进一步的沟通与核对。在此，一并表示衷心的感谢！

由于时间紧、任务重，加上疫情的影响，有些计划之中的资料未能如期查阅，个别需要的走访也未能如愿，更毋庸忌讳的是我们自身学识有限，卷中疏漏错误之处在所难免，恳请读者批评指正。

编　者

2021 年 12 月

目　录
Contents

贾湖文化

说文解字

遗址遗迹

文物保护

历史考辨

贾湖文化

舞阳贾湖遗址的发现与发掘经过

朱　帜[①]

1987年5月，舞阳县贾湖村发掘出土了8000年前的甲骨文和用猛禽胫骨制成的管乐器——骨笛。同年10月11日在省会郑州召开新闻发布会以后，贾湖遗址名闻中外，从此中国考古史上又树立了一座新的里程碑。这个遗址是怎样发现与发掘的？这里我向读者作一简单介绍。

1958年我在舞阳县文化馆任职，负责文物工作。1962年我被下放贾湖村劳动。生产劳动过程中，我发现在土井与土塘的断壁上有一种黑色胶土，里面掺杂有微小的红烧土粒，同时还发现有火候较低的红色陶片和灰烬等遗物。在村边、堤脚开荒时，时而发现小石斧、石锛。当地农民介绍，过去挖土中曾发现叠压多层的散乱人骨。按一般情况判断，这里是一处原始社会的聚落遗址。但这里的遗物显然又有其独有的特色，与仰韶文化有很大的差异，大约比仰韶文化要早一些，但究竟早多少年？是什么文化？当时未能确定。

1979年，我再次被安置到文化馆做文物工作。经过22年的变化，文物界的考古新成果，有了很大的收获。在新石器时代的考古方面，更是硕果累累，特别是在新郑县裴李岗发现的公元前6000年左右的一种新的文化类型——裴李岗文化，轰动了全国的考古学界，被视为20世纪70年代新石器时代考古发现的一大突破。为了配合当时考古界的学术研究，我重新深入全县荒郊僻野，查找线索，在标本室里翻箱倒柜查询资料，终于在仓库里找到了三件与裴李岗文化大同小异的圜形刀、石铲和加工粮食的石磨棒，其中有两件已经砸断。据了解，这是在1975

① 朱帜，舞阳县人，出生于1931年。曾任舞阳县博物馆馆长、县政协副主席，漯河市人大代表、常委。

年8月特大洪水后当地两位教师发现送来的。这真使我喜出望外，于是进一步有重点地对各乡进行了一次复查。调查中在贾湖发现了更多的典型器物，其中有红陶双耳壶，大量上琢下磨的石斧和十分精致的绿松石耳坠等一批十分珍贵的文物。其形制与特点都与裴李岗文化相同，但也有其地方的特征。初步估计其年代在8000年左右。比仰韶文化要早1000余年。我亲自带着这些稀世珍宝向县里、省里，并在信上向北京报喜。1982年10月，中国社会科学院安志敏教授，亲自从北京赶来考察，省文物研究所赵世纲主任、周到同志也相继闻讯到来，都给予了高度评价。我为此著文发表于《中原文物》上，随之，赵世纲主任、安志敏教授也分别在《史前研究》《考古》杂志刊载专文介绍。由于贾湖遗址是豫西南地区发现的第一处裴李岗时期的原始社会聚落遗址，对研究裴李岗文化的分布区域，提出了十分珍贵的实物根据。

考古人员在收集资料

贾湖遗址被发现以后，中央、省、市、县的领导都十分重视，省文物局于1982年6月向舞阳县文化局发出了“保护贾湖遗址的通知”，舞阳县人民政府也发出了相应的文件，一致要求做好贾湖遗址的保护工作。由于当地群众急需在此建房，因此不得不组织力量，尽快对贾湖遗址进行发掘。1983 年 5 月，省文物局文物研究所委派郭天锁同志带队前来舞阳进行试掘。此次共开探沟四条，发现墓葬 17 座，灰坑 10 个，地层剖面共分五层，即耕土、扰土、淤土、贾湖一期、贾湖二期。墓葬中骨架十分完整，但由于地下碱的作用，部分骨架少有腐蚀。骨架头部朝西，叠压多层。墓穴为长方形竖穴，单人、仰身、直肢。头部随葬红色半月形双耳小陶壶，足部多随葬野猪门牙，腰部随葬箭镞或骨针。殉龟之风十分盛行，精致的绿松石耳坠和小珠也有发现。除此之外，还见有陶塑羊头像等艺术雕塑品，说明当时的贾湖人已有审美观念。试掘后的重要发现，进一步引起了省、地、县领导的重视，1984 年，省文物研究所正式向中央进行了申报，国家文物局批准发掘 5000 平方米，并拨了发掘经费。发掘工作由裴明相同志负责，第一研究室副主任张居中同志领队，舞阳县的党政领导和博物馆协助做了部分筹备事宜，并派朱振甫参加发掘工作。郑州大学师生和河南医学院的专家学者也参加了发掘与鉴定工作。同时在该村挑选了若干高中毕业生边学习、边发掘，以解决

贾湖遗址西部发掘现场（由东向西）

发掘人才不足的困难。直到1987年6月先后进行了6次考古发掘，揭露面积达2300平方米，发现了一批原始的房基址、陶窑址与窑穴等重要遗迹。清理墓葬300余座，出土陶、石、骨、角、甲等各类遗物数千件，具有十分重要的考古价值。其中尤以1987年5月在这里发现的我国最早的乐器——骨笛和甲骨契刻符号（文字）、柄形刻符石饰最为重要。经过碳14测定，其年代为距今7920±150年。

这些墓葬中出土的骨笛，被随葬于古人下肢部分，经专家鉴定，为一种猛禽的腿胫骨制作而成，大多为七孔（亦有八孔）形制固定，制作规范。经中国艺术研究院音乐研究所所长黄翔鹏鉴定测试，用它吹奏的民间乐曲《小白菜》的录音，声音清幽，悦耳动听，音阶准确。在电视台播出后，无不惊叹不已。黄所长认为这不仅是我国最早的乐器，而且在几个文明古国中也是极为罕见的，它表明贾湖先民的原始音乐水平，已达到相当的高度，它为我国音乐史的研究增添了难得的材料。此外，还发现一批雕刻在坚硬的龟甲和柄形石饰上的契刻符号，它比安阳殷墟的甲骨卜辞要早4000多年，比西安半坡和山东大汶口两处遗址出土的陶器上的契刻符号要早两三千年，比素称出现文字最早的埃及的纸草文书也要早。它为探索中国文字的起源提供了珍贵的实物资料。这批甲骨呈灰黄色，符号刻在龟板浮甲的表层，显而易见的人为的契刻符号不容置疑。此外还有用锐器刻镂在石柄形石饰和骨片上的较规则的符号也可作佐证。有些带孔的甲板是远古时期人们与占卜相连的佩在身上的饰物。据专家分析："从这些现象看，以安阳殷墟的甲骨卜辞为标志，中原地区在我国古代率先进入了有文字的历史时期，但在形成这种体系已比较完整和成熟的文字之前，我国文字从发端到成形必然有一个漫长的发展过程。"贾湖遗址甲骨契刻符号的发现，为探索我国文字的起源提供了极其珍贵的线索，也为我国文学史的研究和前仰韶文化的考古提出了新的课题。

贾湖遗址的发掘，受到了中央、省、市、县各级领导及有关专家学者的高度重视，1987年6月1日，国家文物局黄景略处长和省委宣传部长侯志英、副部长刘清惠、省文物事业管理局副局长杨焕成等一行10

余人亲临舞阳先睹了这批文物，给予了高度的评价，侯部长当场挥笔题词:“贾湖遗址八千年文化光辉灿烂。”1987 年 12 月 10 日，省文化厅举行了新闻发布会，彭玮厅长公布了这一惊人的消息。随后《人民日报》《光明日报》《人民画报》《解放军报》《科技日报》《文汇报》《河南日报》《中国文物报》《羊城晚报》《郑州晚报》《漯河报》、新华社、中央人民广播电台、河南人民广播电台、河南电视台等全国各大报纸及部分电台、电视台相继发布了这个消息。

贾湖遗址及其珍贵文物的出土，表明了中华民族的古代文明源远流长，黄河流域（包括沙、汝河流域）确为我国的主要文明发祥地之一。它的发现，有力地批判了过去帝国主义散布的中国文化西来说的无耻谰言。对于每个炎黄子孙，无疑是一件值得自豪的事情。过去一贯认为中华民族的五千年文明史，恐怕也需加以修正。

选自 1988 年《漯河文史资料》第二辑

“贾湖文化”九千年光辉灿烂

廖新中①

仲夏的北京，天高云淡，绿荫如盖，遍地铺红叠翠，一派古城风光与现代化建设相映生辉。登上巍然屹立的中华世纪坛，观其青铜甬道铭文，在“远古文化遗存与传说时代部分”中，有一段记载赫然入目：

河南舞阳贾湖遗址时代大约距今9000—7800年之间，同类型遗址主要分布于淮河上游主要支流沙河、汝河、洪河流域。

稻作农业与渔猎、畜养家畜并重，是同期栽培稻分布的最北地区，形成了雏形的环壕聚落。

出现了七音阶骨笛和甲、骨、陶、石上的契刻符号。

寥寥数行文字，却向世人明证早在八九千年以前，我们的祖先就已在这里生息繁衍，孕育了中华民族的古老文化，孕育了古老中华的精神文明和物质文明。

（一）

贾湖遗址位于河南省舞阳县北舞渡镇贾湖村，西邻叶县，北接襄县，东连郾城，南眺舞钢，地处我国第二、三阶梯的过渡地带南北、东西交流的要冲。属北亚热带向北温带的过渡地带，地貌形态为波状起伏

① 廖新中，舞阳县人，1950年8月生，1989年6月毕业于河南农大，1968年参加工作，高级政工师。曾任舞阳县供销社主任，县商业局局长，县文联主席，县委宣传部副部长，《舞阳通讯》总编。

的平原，为淮河上游支流冲积——湖积平原，地势相对低洼，土壤淋溶作用和潜育化现象明显。

贾湖一隅

贾湖遗址发现于20世纪60年代初。1961年，下放贾湖村劳动的县文化馆文物专干朱帜（后任县博物馆馆长、县政协副主席）在村东的田野、沟坎、井壁上发现有陶片、人骨、红烧土和一些石锛、石斧等石器遗物。于是，他采集了一些保存起来，并从中挑选出一部分上交县文化馆，遂确认为这是一处新石器时代遗址。此后几年内，朱帜曾对包括贾湖遗址在内的全县有关出土文物情况进行综合研究，陆续写成《舞阳地区新石器时代遗址》的文稿，发表于1965年5月中国社会科学院考古研究所主办的《考古》杂志上。1975年8月，一场特大洪水冲走了贾湖村的护庄堤，将这里的所有房屋冲垮泡塌。1979年秋，贾湖村修筑护庄堤以防水患，该村小学师生在修堤留下的取土坑内开荒种地时，发现一些石铲、陶壶等，当即将这些物品上交县文化馆。这批新发现的遗物再次引起刚刚恢复工作不久的朱帜先生的重视。此时，正值新石器时代早期的裴李岗文化刚刚被发现，全国考古界正在为打破西方关于“中国文化西来说”的谬论而探明和研究裴李岗文化时期的新课题。全国特别是河南各级文物考古部门，十分重视新石器时代早期文化的线索。于是，朱帜就又多次深入贾湖进行实地调查，野外作业，采集标本，并把原来发现存放的器物标本和资料上的裴李岗文化时期的文物图标仔细对照、分析、鉴别、研究，认为这些出土的器物标本的外形制作风格，与具有几千年历史的裴李岗文化遗物大同小异，并具有一定的地方特色。朱帜便及时向省文物部门及中国社会科学院汇报了这一重大发现，并得到肯定。他又撰写了一篇《贾湖遗址调查简报》在《中原文物》刊物上作了介绍，引起上级文物部门的极大重视。1980 年春，当时的河南省博物馆文物工作队（河南省文物考古研究所前身）专门组织了新石器时代早期文化调查组，其成员、裴李岗文化的主要发现者之一赵世纲先生，在许昌得知贾湖遗址的新发现后，随即前往调查，并确认这是一处新石器时代早期的裴李岗文化遗址。1982 年 10 月，当时担任中国社会科学院考古研究所副所长的安志敏先生曾来此考察，对遗址的性质给予了肯定。

贾湖遗址的发掘始于 20 世纪 80 年代初。1983 年春，贾湖村村民要求在遗址区西部规划宅基地，向文物部门提出了申请。为配合乡村规划，并进一步了解裴李岗文化的分布特征，河南省文物研究所派陈嘉祥、郭天锁等四位先生对遗址进行了试掘，发现陶、石、骨、龟等质料的各类遗物数十件。1984 年秋，河南省文物研究所决定由张居中先生主持贾湖遗址的发掘工作，出土了一批重要的遗迹、遗物。此后，历时 10 余年，先后共进行了 7 次发掘，并取得了惊人的发现。其中，1986 年 3 月至 6 月对贾湖遗址进行的第四次发掘中，出土了 3 支骨笛和一大批精美文物。在 1987 年 3 月至 6 月进行的第六次发掘中，因郑州大学师生的参加，发掘规模较大，发现了甲骨契刻符号、陶窑等大批珍贵的遗迹、遗物，特别是贾湖骨笛与契刻符号的发现引起了我国考古界的极大关注。同年 12 月 10 日，在河南省文化厅举行的“舞阳贾湖遗址发现距今 8000 年骨笛与契刻符号”专题新闻发布会上，国家有关专家向与会者进行了展示。新华社、《人民日报》《光明日报》、中央人民广播电台、

《河南日报》《文汇报》等国家及省、市权威新闻单位都在显著位置登载或播发了我国考古工作的这一惊人发现的消息。

贾湖遗址第八次发掘现场

2001 年 2 月，为进一步研究贾湖遗址的文化内涵，运用科技手段对贾湖遗址进行多学科研究，由中国科技大学、河南省文物研究所、舞阳县博物馆联合对贾湖遗址进行了第七次发掘，而且有较大的收获。除了发现 3 支七孔骨笛外，还发现了一支长 20 多厘米、呈棕黄色的 2 孔骨笛。笛上刻画的细如发丝的网状花纹十分精致。其次是在遗址中发现了成组殉葬的龟、生产工具和大批炭化稻米。

贾湖遗址的发现、发掘及出土的重要文物，有着极其重要的价值，引起了我国乃至世界考古界的极大关注。通过发掘，出土各类文物数千件，出土骨笛近 30 支和大批炭化稻米以及一批反映贾湖先民生产、生活、宗教文化等方面的遗物，对研究我国中原地区及淮河流域新石器时代文化、早期聚落形态、农业尤其是稻作农业起源、家畜起源、全新世环境与气候变迁、音乐起源、原始宗教及卜筮起源、原始契刻符号与汉字起源等许多重要课题，都有极为重要的价值。尤其是七声音阶骨笛的材料在英国《自然》杂志发表之后，在国际上产生了很大反响。

因此，贾湖遗址的发现，被评为“20 世纪全国重大考古发现”之一。1980 年，舞阳县人民政府公布为县级文物保护单位，1986 年，河南省人民政府公布为省级文物保护单位，2001 年 6 月被国务院公布为第五批全国重点文物保护单位。

（二）

贾湖遗址是河南省新石器时期文化遗存中保存最好、面积最大（55000 平方米）、文化面貌最为丰富的遗址，具有中心聚落性质。其文化内涵既与同时期的裴李岗文化有不少共同因素，也存在许多差异和独有特征，呈现出淮河流域上游地区的独特面貌。因此，发掘者将其表述为“贾湖文化”。而其主要反映在从这里出土的骨笛、契刻符号、龟腹石子等文物。

一、贾湖骨笛：中国音乐文明之源

中华民族自古素称“礼乐之邦”，据古文献记载，很早的时候开始，先民已有“以乐通神”的观念。《史记·孝武帝本纪》：“古者祭天地皆有乐，而神祇可得而礼”“黄帝命伶人作律”。

因此，我国的传统音乐源远流长，相当发达，在世界音乐史上占有重要地位。庄重典雅的宫廷音乐，风格各异的民族音乐，使历代欣赏者都深深地陶醉。而吹奏乐器作为中华民族乐器的主要一种，也自有悠久的历史。如《世本》说：“女娲作笙簧”，《通历》说“帝喾造埙”等。那么，它的源头何在？

20 世纪 20 年代和 50 年代，分别在河南渑池仰韶遗址、陕西西安半坡遗址先后发现了距今 6000 多年的早于黄帝 2000 多年的仰韶文化时期人们制作的陶哨，20 世纪 70 年代在浙江河姆渡文化遗址发现的陶埙，使中国音乐史从原来的 5000 年上溯到了 7000 年。尽管这批乐器制作比较简单，只开有双孔或单孔，仅能发出二三个音阶，与现在的五声音阶中的小三度音程接近，但是这些乐器已引起中国音乐史界的重视。

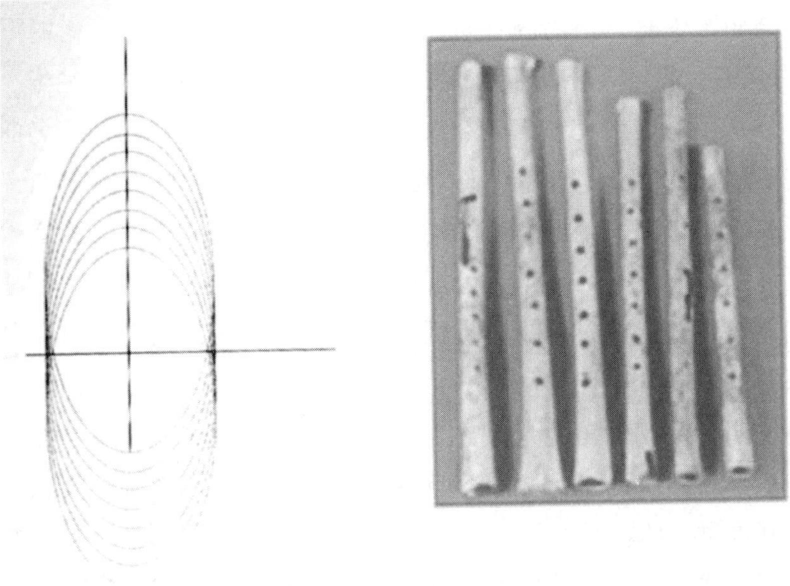

贾湖遗址出土的骨笛

更为令人惊讶的是20世纪80年代和21世纪初的2001年4月至6月，在对河南舞阳县贾湖遗址发掘时，在一些墓葬中发现有20多支分别为二孔、五孔、六孔、七孔、八孔的穿孔骨管。经有关专家鉴定，这些骨管都是用鹤类动物的尺骨锯去两端骨关节钻孔而成，制作规整，形制固定。在制作之前曾经认真计算，制作之中经过反复设计修改，制成之后还运用打小孔的方法调整个别孔的音差。其制作方法和过程与现在民族管乐器的制法很相似。但是，这些骨管均无笛膜孔，也无箫的吹口，仅以“笛声器”“箫形器”称之，后经我国著名的音乐家黄翔鹏、童忠良、萧兴华、吴剑、赵枫等先生及中央民族乐团刘文金团长等专家们共同对其进行科学测定测试研究，方认定其为当时的一种运用特殊方法吹奏的管乐器，并定名为“骨笛”。

据专家的研究，贾湖遗址出土的这批骨笛，经历了一个由发明、发展到完善的过程。早期的骨笛为五孔、六孔，已能吹奏出四声与完备的五声音阶；中期的系七孔骨笛，已能吹奏六声、七声音阶，制作工艺已达到相当娴熟的水平，遗址中的几支精品就出在此期。晚期的笛子已经出现八孔笛，能吹奏出七声音阶的变化音。有专家认为，贾湖骨笛的音阶结构至少是六声清高音阶，也可能是七声齐备的、古老的下徵调（徵：古代五音之一，相当于简谱中的“5”）音阶。音乐家萧兴华、徐桃英先生分别用一支最完整、无裂纹的七孔骨笛吹奏了我国传统名曲——河北民歌《小白菜》，发音准确，音质清晰，而且，它反映出的音律水平和计算水平之高，令所有在场的人激动不已。这些骨笛与西安半坡陶哨（只能吹奏出一个二度音程）、河姆渡陶埙（只能吹奏出一个三度音程）相比较不知道先进多少倍。因此，专家们认为：贾湖骨笛应是我国竖吹乐器的祖制，是“中华第一笛”，为“中国音乐之源”。而且根据现有资料证明，贾湖骨笛也是世界上迄今为止所发现年代最早、保存最为完整、水平最高、出土个数最多且现代还能用以演奏的乐器实物。这是我国音乐考古中继湖北曾侯乙墓编钟、编磬之后，又一重大的考古发现。英国权威科学杂志《自然》曾载文对此做了介绍，引起世界关注。

现场演示贾湖遗址出土的骨笛

从贾湖骨笛的发展变化看，贾湖先民在当时物质条件还比较原始的情况下，在精神上就追求着更为广阔的表现领域。

贾湖骨笛的发现，不仅将我国吹奏乐器的六声或七声音阶历史推进到了七八千年以前，而且也表明了我们的祖先在全世界率先进入了音乐文化的文明时期，同时，也向全世界宣告了“中国笛子西来说”和“七声音阶外来说”不能成立。

贾湖骨笛的发现，对寻找中国音乐的起源、形成和发展变化过程、对我国民族音乐的继承和发展找到了新的思维途径，对多学科研究远古时期的文化现象提供了重要依据，为世界音乐文化的发展做出了很大的贡献。

二、贾湖契刻符号：我国汉字的起源

1983 年以来，考古专家在距今约 9000 年至 7800 年的新石器时代前期的贾湖文化遗址所发掘出土的数千件遗物中，发现 20 余个随葬的龟甲、石器、骨器、陶器上契刻有符号，其中个别符号与商代甲骨文有相似之处。因此，专家们认为贾湖契刻符号很可能是汉字的滥觞，深为学术界所重视。

龟腹甲片刻符

1987 年 12 月 11 日，新华社、《人民日报》《光明日报》等国家权威媒体称：经过我国著名考古学家、古文字学家鉴定，这些契刻符号“早于安阳殷墟的甲骨卜辞4000多年，领先于素称世界最早文字的古埃及纸草文字。”

贾湖契刻符号

2003年4月17日，英国广播公司（BBC）中文网站发表了一则惊人消息：“在中国河南贾湖发现的乌龟壳上的符号，很可能是迄今为止人类所知最早的文字。”

贾湖遗址出土的契刻符号，除了在骨笛上所见的设计音孔时的刻记和契刻在骨板上的单道刻记外，可以确认的契刻符号共有17例。其中龟甲9例，骨器3例，石器2例，陶器3例。这17例契刻符号，大体上可分为三类：

第一类有龟甲4例，骨器3例，石器、陶器各1例，共9例，占所发现契刻符号的一半以上。如龟甲上的“⌓”“日”“八”、骨笛上的“彐”，叉形骨器上的“乑”、牛肋骨上的“㔾”、柄形石器上的一行符号、陶器上的“☼”等。此类符号从其形状上分析都具有多笔画组成的组合结构，其中应蕴含着契刻者的某种意图，记录了一件特定的事情，因此，应具有原始文字的性质。

第二类包括石器中的“㇉”、陶器中的“⊕”“⊖”三例。其中的“㇉”契刻在一石颜料块的摩擦斜平面上。因此件石颜料应为陶工所用，所以不排除作戳记之用的可能。陶坠上的“⊕”，也可作戳记之用。同时如果此陶坠可用于测量的话，此“十”字的中心也可作找中心点之用。刻于陶盆口沿上锥刺出的“○”符号，或可以表示所有权，或有标记作用，因此也归此类。

贾湖遗址契刻符号

第三类数量较多，但均在龟甲契刻，共5例，为横或竖的一道或两道直向刻痕，明显为有意所为，与半坡、姜寨的同类陶文刻符相似，可能具有计数的性质，如是，则为计数类符号。

贾湖原始文字发表之后，许多学者都曾试图进行解读，有以古彝文来解释的，有以卦象文字来解释的，等等。贾湖遗址的主要考古发掘者张居中教授也对个别字形内容进行了解读尝试。这里列举几例：

“⏢”形符号使人一望便知，应为人的眼睛的象形，与安阳殷墟甲骨文的同类型相似，与金文“父癸爵”的“目”字也相似，与河北藁城台西和江西清江吴城两处商代遗址出土的“目”形陶文也很接近，表明自贾湖至殷墟4000多年，“目”字仍保留了眼睛的形象。《说文》目部：“人眼象形，重童子也。”由于贾湖刻符部分刻于龟甲上，刻符龟甲又出自墓葬，且多为八个一组，故自然使人联想到《周易》的八卦。《周易·说卦》称：“离为目”，故有学者认为此“⏢”形符号为离卦的卦象。

关于“日”形符号，张居中教授认为即“日”字。但也有学者认为与甲骨文中的“户”字相似，推测可能为“户”字。也有学者以《周易·说卦》“离为日”为据，认为也是离卦的卦象。至于那个光芒四射的“☼”多认为是太阳的象形。但饶宗颐先生认为此一图形特征“乃状芒气四出之孛”，是孛类星象的记录。

至于陶器上的“⊕”形刻符和石器上的“乛”形刻符，张居中教授曾认为是戳记符号，饶宗颐先生则认为是十干支的“甲”和“乙”字的渊源。“⊕”形符号曾在西亚苏美尔文字中屡屡出现，被释为“羊”或表示富庶。

有的符号因过于抽象，目前还不便对之进行臆猜，但都具有一定的形，应是记录了当时主人一定的寓意，应是可以肯定的。而义是要有语言来解读的，因此也应有对应的语音。若如此，这些刻符就具备了文字的形、音、义的基本条件。尽管它大多只是单字，但已具备了文字的基本功能。所以，主要考古发掘者张居中教授认为，与西方的拼音文字不同，汉字是以笔画为基本单位构成的，它的笔画走势和框架结构，表现了汉字的基本特征。汉字的组合方式是拼合式，先由笔画组字根，再构成合体字。从汉字的组织结构看，贾湖刻符和后来的甲骨文、金文和现代的汉字都具有一样的拼合式结构特征。从书写特征看，贾湖契刻与商代甲骨文是一致的，因为同样刻在坚硬甲骨等物体上，笔画遒劲，撇折有矩。与现代汉字相比，书写的特点也基本一致，如先横后竖，先上后下，先左后右，先里后外等等。因此，贾湖刻符也是现代汉字书法艺术的起源。由此，贾湖刻符可以称为原始文字或具有文字性的符号，也可以说，汉字的基础在 8000 年前的贾湖时期已经奠定，它很可能是汉字的开始或起源。

文字的发展经历着记事符号、图形记事、语段文字三个阶段，最后才进入成熟语词文字阶段。因此，贾湖文化遗址出土的契刻符号这一重大考古发现，为探索中国文字的起源提供了十分重要的实物资料，同时表明，中国古代文化源远流长。

三、龟及龟腹石子：龟灵崇拜和原始宗教文化

在贾湖文化遗址清理的 349 座墓葬中，23 座都有随葬龟甲，占总墓数的 6.6%。墓中随葬的龟甲可分三种情况：一种是随葬成组的背、腹甲扣合完整的龟甲，每组个数几乎全为偶数，或二，或四，或六，或八，此类墓占 13 座；一种是随葬单个由腹、背甲扣合完整的龟甲，此类墓占 1 座；一种是随葬龟甲碎片，此类墓有 9 座，其中 6 座可以看出是单龟。在大部分完整的龟甲中和部分龟甲碎片中都伴随有数量不等的小石子或水晶子，多者八龟壳中共有 173 颗，最少的也在 3 颗以上。有的石子还分为深色和白色。这些在龟腹、背甲扣合内装有石子的被称为“龟

腹石子”。龟甲在墓中的放置位置与状态多采取堆放形式，置于胫骨旁、胫骨上、头骨上方或压于头骨下、足间或足下，还有的多呈碎片状，或压于身下，或置于墓底，或放在钵内。除随葬之外，还有的龟甲是置于房址的墙泥之下，奠基而用，或祭祀而用的。

对用龟随葬和“龟腹石子”的用途、含义，在学术界主要有三种说法：一是龟铃说。此说根据北美印第安人在宗教仪式舞蹈中所用的一种“龟甲响器”，认为在大汶口等地发现的随葬龟甲也是宗教仪式上的一种乐器或法器。故名“龟甲响器”或“龟铃”。二是灵物说。认为“从内装石子和背甲涂朱来看，似非日常用品，当与医、巫有关或具有原始宗教上的其他功能，是死者生前佩戴的灵物。因此，可以说大汶口文化早期已出现了龟灵观念”，并认为殷商文化中的龟灵、龟卜观念源于此。三是甲囊说。认为：“其用途可能系在腰间或丝织物上作为甲囊使用。”

从贾湖遗址出土的大部分龟甲看，大多数为背腹甲共出，内装小石子，个别有骨针、骨锥之类。从这些内装物来分析，小石子的用途无非有四种可能性，即可以用于发声、占卜、计算或记事，或兼而有之。而

贾湖遗址出土的龟腹甲及石子

针、锥之类，则可能与医有关，而当时的巫师对龟甲情有独钟，这说明当时人们已经对龟赋予了神秘的文化内涵。

贾湖文化时期，无论是发掘出的随葬用龟、祭祀用龟、奠基用龟，都表明了那时龟灵崇拜现象相当盛行。而随葬用龟又多以八、六、四、二偶数为组合，表明当时的巫术仪式已有一定规范。龟内又多置数量不等、颜色各异的小石子，反映了占卜现象的可能存在。同时，龟甲刻符都出在墓葬的随葬龟甲之上，这些随葬龟甲的墓主人可能本身就是巫师。这一持续了千余年之久的巫师阶层，既然能创造出较为发达的巫术传统，也完全有可能创造出自己的记事符号系统。贾湖遗址的这些出土资料，说明了当时贾湖人的数字概念已相当发达，已懂得了数字的奇偶规律。掌握了数的奇偶律，就可以利用任何一种道具进行数卜。《周易·系辞》说："阳卦奇，阴卦偶。"宋兆麟等所编《中国原始社会史》中说彝族的木卜"以双手分别握住木刻中央，然后数左、中或缺口数目，以双数为吉，否则为凶。"也就是说，龟腹石子是一种寓于龟象的数卜，是一种龟灵之象的祭拜。

龟灵崇拜在中国传统文化中有着重要的地位。这种认识在很早的时候就已经形成，大量古代文献都有关于龟灵崇拜的记载。《礼记·礼运》："何谓之四灵？麟、凤、龟、龙谓之四灵……龟以为畜，故人情不失。"由于四灵学说是在万物之灵论的基础上发展而来的，进而还把四灵与四季、五行结合起来。在河图洛书的传说中，又使龟成为四灵之首。因为人们认为龟在所有动物中，最通晓人意，又最长寿，在天人相通的占卜活动中，起沟通天人关系作用的占卜物，莫善于龟。《史记·龟策列传》说："龟者，是天下之宝也。……生于深渊，长于黄土。知天之道，明于上古。游三千岁，不出其域。安平静正，动不用力。寿蔽天地，莫知其极。与物变化，四时变色。居而自匿，伏而不食。春苍夏黄，秋白冬黑。明于阴阳，审于刑德。先知利害，察于祸福。"而且，"自古圣王将建国受命，兴动事业，何尝不宝卜筮以助善！……王者决定诸疑，参以卜筮，断以蓍龟"，并举出许多君臣和民间以龟观象占卜的实例。由此可见，龟之"灵"，在于知天之道，先知利害；龟之"象"，在于寿蔽天地、与物变化、四时变色。正因为此，它可以其灵知天之意，以其象告人之祸福，人就可以“假之龟灵”以求吉凶。所以人们便用龟占卜。《史记·龟策列传》还说：东周宋元王时，“召博士卫平告以梦龟状，平运式，定日月，分衡度，视吉凶，占龟与物色同，平谏王留神龟以为国宝，美矣。古者筮必称龟者，以其令名，所从来久矣。”《左传·僖公十五年》韩简说：“龟，象也；筮，数也。物生而后有象，象而后有滋，滋而后有数。”这段话告诉我们，象，起于龟之生；数，起于事物之滋漫。象与数都是在原始的龟卜数占中产生的。因此，贾湖遗址出土的一大批反映先民龟灵崇拜和数卜的“龟腹石子”，说明了中国早在8000年前就已有了龟卜数占的习俗，已有了象数思维的萌芽。陈师道《箕龟论·龟卜》说：“可以其色以占于未萌，凡卜，当以心指其龟，若卜其生事，龟之甲文乃变为桃花之色，其红可爱；若卜其死事，甲文乃变为黯黑之色……”此是以龟所显示的颜色、情状等“象”来占吉凶。

龟灵崇拜当属原始崇拜。而原始崇拜是世界各民族历史上普遍存在过的原始宗教形式之一。它以自然神为崇拜对象，所谓自然物、自然现象和自然力的神灵化。它的本性是善良的，保护人类的，但若违犯某些禁忌，也会降祸于人。原始崇拜作为一种文化现象，是逐渐积累而形成的。而一些自然现象、动植物之所以成为人们崇拜的对象，必然与人们的生活有着密切的关系。如对野生动植物的崇拜只能产生于以渔猎采集为主要产业形式的旧石器时代，而对日、月、雨、水、雷电等与农业生产密切相关的自然现象的崇拜，很可能是原始农业产生之后的事情。因此，图腾崇拜也是自然崇拜的一部分。而龟灵崇拜则是在贾湖遗址材料中的主要反映。也可以说明，中国传统文化中具有重要地位的龟文化，早在8000年前贾湖文化时期已经形成。

（三）

纵观人类的进化，从狩猎到农耕是一个重要的过程，是产生文化、文明的重要阶段。贾湖遗址出土的文物数千件，房基、窖穴、墓葬600

多座。除了骨笛、契刻符号和龟腹石子外，还有其他丰富的文化内涵和复杂的地层关系。例如：贾湖遗址水稻栽培的发现，反映了贾湖人优化选育技艺和稻作农业文化的遗存，贾湖遗址居址的作坊、制陶的煅烧、制石的磨砺等技术工艺的发现，显示了朴素的“原始科技”在贾湖人的思维中已经萌发的事实，对后世制陶技术的发展具有重要意义。从贾湖遗址的聚落布局、人口及生活状况分析，所形成的聚落文化，反映了贾湖人聚落的经济文化生活已达原始文明中颇高的水准，不仅表明了他们利用自然条件，战胜灾害和创造文化的能力，而且表明了生态环境与人类文明发展的联系，从贾湖遗址的墓葬形制、随葬品、葬式及墓葬习俗的发现，可以从人种和族系的人类研究民俗文化等等。这些都证明了贾湖先民在那遥远而悠久的岁月里，经过长期的实践活动与经验总结，随着他们的生活经营方式已由单一的采集、渔猎型，逐步向采集、渔猎、种植农业与原始畜牧业等多种经营方式转化，其文化生活的样式也逐渐发展到一个新石器辉煌文化的时代。

因此说，贾湖遗址的发现、发掘，不仅使中原地区乃至中国新石器时代文化的研究向前推进到7000多年前，具有很高的学术价值，而且凸显了淮河流域古代文化在中国文化发展史上的重要作用及地位。

选自2005年《漯河文史资料》第十三辑

贾湖骨笛声　回响 8000 年

张玲玲[①]

贾湖骨笛出土于距今 7800 年至 9000 年的同时期最为丰富的史前聚落遗址河南贾湖遗址，1986 年至 1987 年，这里先后出土了 20 多支骨笛。笛孔有 5、6、7、8 之别，大多数骨笛仍为 7 孔。贾湖骨笛是目前我国出土的年代最早的乐器实物。

贾湖骨笛不只是中国年代最早的乐器实物，更被专家认定为世界上最早的可吹奏乐器。“贾湖骨笛不仅能够演奏传统的五声或七声调式的乐曲，而且能够演奏富含变化音的少数民族或外国乐曲。”舞阳博物馆馆长朱振甫介绍，骨笛的出土改写了先秦音乐史乃至中国音乐史，把人类音乐史推进到 8000 年前，具有无可比拟的重要地位和价值。其研究成果在英国《自然》《古物》等著名学术期刊上发表后，引起国内外的广泛关注。目前，这一成果已被铭刻在北京“中华世纪坛”青铜甬道的显要位置。

骨笛采用鹤类尺骨制成

1987 年 12 月 18 日，一批甲骨契刻符号和骨质管乐器——骨笛，在舞阳县贾湖文化遗址出土。“最开始是时任河南省文物考古研究所的考古人员张居中带领郑州大学考古专业的学生在这里进行考古时发现的，大家以为只是骨头，也猜测可能是笛子，之后送至国家艺术研究院进行测试鉴定，这才为骨笛正名。”自 1984 年开始接触贾湖文化的朱振甫回

① 张玲玲，女，1985 年出生于河南漯河，2010 年毕业于河南师范大学文学院。2010 年至今，供职于漯河日报社。

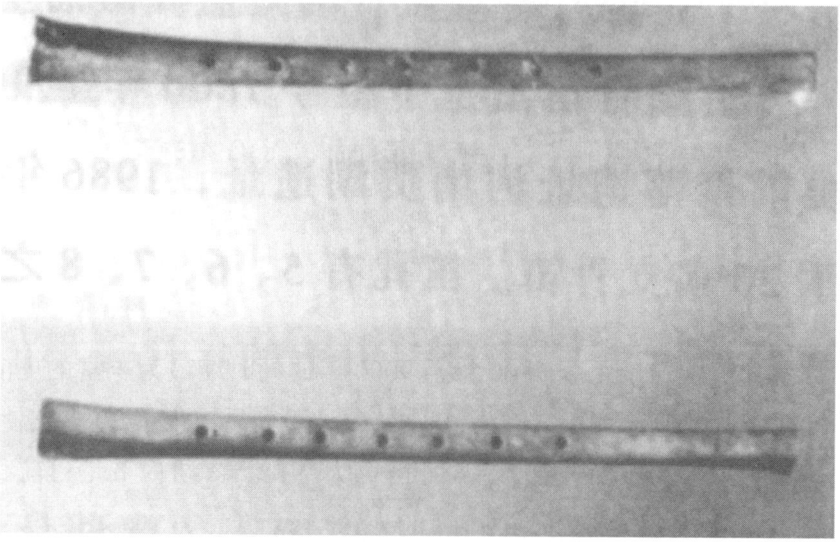

出土的骨笛

忆道。受家庭环境的影响，朱振甫自小就对贾湖文化有着浓厚的兴趣，大学毕业后就来到贾湖遗址发掘工地工作。为此，他也见证了贾湖文化的一步步发展历程。

据了解，贾湖骨笛采用鹤类尺骨（翅骨）或腿骨制作，一般全长 24 厘米至 26 厘米、管径 1.5 厘米左右，管内中空无簧哨，上下两端管口皆为通孔，在管的下端开有三个按音孔。制作时，先将尺骨上的肉剔刮干净，锯掉两端骨节，磨平上下管口，除去骨髓。两端管口呈椭圆形，上口较大，下口较小。从下口往上，每隔 2.2 厘米左右，钻有一个直径 0.7 厘米的按音孔，按音孔共有三个。贾湖骨笛的圆形钻孔都分布在同一侧，一般为 7 孔。朱振甫说："有的骨笛上划有等分记号，表明制作之前先经过度量、计算，然后画线，再钻孔。个别笛子的主音孔旁还钻有小孔，专家认为是调音孔，可见制作者已有音律规范的意识，开孔后先要试音，如果音律不谐，再开小孔作微调。"

出土的贾湖骨笛经过试奏，证明是一种竖吹骨笛，也是后世竖笛或洞箫类乐器的祖型。当时的人们利用此笛吹奏出有节奏的音符，以此表达对生活的感受和对神灵的尊敬；现代音乐家们使用此笛仍能吹奏五声阶的曲子《小白菜》。取其中保存完整者，用竖吹方法测试，可奏出六声音阶的乐音。贾湖骨笛是世界上发现年代最早、至今尚可演奏的乐器，反映了我国史前音乐文明的高度发达。经过探索，音色明亮、古朴，有着原始风格的古乐之声已经从贾湖骨笛“散入”现代人的耳鼓。

贾湖骨笛有两个八度的音域，并且音域内半音阶齐全。这意味着贾湖骨笛不仅能够演奏中原传统的五声或七声调式的乐曲，而且能够演奏富含变化音的少数民族或外国的乐曲。朱振甫说：“这种实践，证明贾湖骨笛已经具备七音阶甚至变化音阶，而与之同时期的其他旋律乐器却处于三声以内的音域范围，而七音阶的产生，无疑需要经历一个漫长的历史过程，这也让我们折服于贾湖先民那不可思议的创造力！”

贾湖遗址的八项“世界之最”

贾湖遗址位于舞阳县北舞渡镇西南 1 公里的贾湖村，核心保护区面积 5.5 万平方米，遗址年代距今 7800 至 9000 年，是一处规模较大、保存完整、文化积淀极为丰厚的新石器时代早期遗存，拥有 8 个世界之

考古人员在贾湖遗址现场进行考古挖掘

最。贾湖文化被学界认定为“中华民族历史长河中第一个具有确定时期记载的文化遗存。”

在贾湖遗址内，曾发掘出一批炭化稻米及石磨盘、石磨棒、石铲、石镰等实物。这些资料表明，早在7800年至9000年前，贾湖先民已经会种植水稻了。中国科学技术大学的张居中教授还与美国宾夕法尼亚大学著名教授帕特里克·麦戈文合作，通过对出土陶器内壁上的残留物进行研究证明，贾湖先民用大米、蜂蜜、山楂等制造了目前已知的世界上最早的“酒”。

中国是世界上家畜驯养的起源地之一，中国最早的家猪就发现于贾湖遗址。遗址内发现的埋狗坑证明，在贾湖时期，狗已经成为人类的朋友。日本鱼类研究专家中岛经夫对贾湖出土的鱼骨研究表明，贾湖人曾将捕捞后吃不完的鱼养殖起来繁殖，这里也是世界上最早的鱼类人工养殖地之一。

作为新石器时代遗存的贾湖遗址，少不了出土龟甲、石器、陶器等，出土的文物上偶尔会有契刻符号，早于安阳殷墟甲骨文4000多年，更领先于古埃及纸草文字与两河流域的楔形文字，是迄今为止人类所知最早的文字雏形之一。其中，也有一些从墓葬中发现的包含装饰品、葬龟、杈形骨器的成组随葬品，这些发现表明，贾湖先民已经有了巫术仪式和原始崇拜的意识。贾湖也成了世界上最早的原始宗教与卜筮起源地之一。

贾湖骨笛的未解之谜

多年来，考古界、音乐界都对贾湖骨笛进行了深入研究，取得了很多重大发现，但专家仍提出很多让人匪夷所思的谜团。

贾湖骨笛早期遗址距今约9000年，属于新石器时代，骨笛上音孔直径最小的只有1毫米，在石器时代，古人是用什么材质的钻孔工具，才能钻透坚硬的骨管呢？

7800年至9000年前，中国人的数学知识究竟处在怎样的水平上？

虽然骨笛的音孔最多的只有 8 个，但实际上，贾湖先民不但能够辨别从 1 到 10 的差别，而且对于数的等分和不等分已能灵活运用。

要在鹤类尺骨这样不规则的异型管上找到合理的音高排列，不仅需要长期的实践经验和合理的音高排列，而且需要对种种不确定的因素加以考虑和计算。这显示出贾湖先民已经具备了相当的知识和经验。而且，他们是通过何种办法计算音孔位置的，成为专家们研究的难题……

在贾湖遗址出土的文物中，共发现十多例契刻符号，分别刻在龟甲、骨、石、陶器上，有专家研究认为这些刻符的笔画与汉字的笔画一致，书写笔顺也是先横后竖，先左后右，先上后下，与汉字基本结构相一致。有些契刻符号的形状与 4000 年后的商代甲骨文有许多相似之处，那么这些契刻符号是否就是汉字的起源呢？

选自 2016 年《漯河文史资料》第二十三辑

贾湖文化浅释

刘修仁[①]

9000年前，生活在中国淮河流域的贾湖人创造出的文化，超乎现代人的想象，其稻作文化、音乐文化和宗教文化已相当发达。

这是考古学家在对河南舞阳贾湖遗址做了多年的考古发掘和研究之后得出的结论，并将这一类型的考古文化定名为“贾湖文化”。

——摘自新华社消息《贾湖文化展现了9000年前中国人类的生活》导语部分（见1999年5月13日《人民政协报》）

贾湖，位于淮河支流沙河与其分支小河流灰河交汇处的河南省舞阳县北舞渡镇的西南数里处。在缺少天然湖泊的中原大地，贾湖自古至今都特别受到人们的珍爱与保护。9000年前贾湖人对生态环境的精心选择，让现代人都不能不佩服。

贾湖遗址的发现，是新中国成立以来文物考古界的又一次重大发现。时间始于1960年前后。它的主要发现者，原任舞阳县文化馆馆长、县政协副主席的朱帜在他的《舞阳贾湖遗址的发现与发掘经过》（载1988年12月出版的《漯河文史资料》第二辑）一文中曾做过较翔实的记述。著名考古学家俞伟超（原中国历史博物馆馆长）说，贾湖文化提供了一个中国黄河流域与长江流域之间的新石器时代早期的、也是位居当时文化发展前列的相当完整的文化实例，对于研究中国新石器时代起源以及黄河流域与长江流域之间新石器文化的关系，有重要意义。

① 刘修仁，1934年生，河南舞阳县人。原西宁晚报社记者、编辑、主任编辑。政协西宁市委员会七、八、九、十届委员、常委，文教卫体委员会主任。

贾湖遗址

什么是“贾湖文化”

“贾湖文化”是考古学家根据贾湖古代遗址遗物，用科学的方法测定其存在的历史年代，判明其文化类型后而定的史前考古学文化的专业命名。对于贾湖遗址，社会学家说，那时的社会是原始社会的母系氏族社会；考古学家说，那时是新石器时代；考古人类学家说，那时的贾湖人是古代的智人，思维灵活，勤于劳动（觅食筑窝），能够创造（制作工具、衣服、饰物），能用语言、动作、歌舞表达喜怒哀乐；音乐家说，那里出土的 20 多支骨笛，是世界上迄今发现的最早的乐器。各方面的专家，统一认识到贾湖的遗址、遗物，展现了 9000 年前贾湖人的生活状况。贾湖遗址的年代，早于河南渑池仰韶村遗址的年代。贾湖的文化类型，不属于 7000 年前的仰韶文化，也不属于比仰韶文化早一些的 7000 年前的河南新郑裴李岗遗址的裴李岗文化。为了区别，才定名为“贾湖文化”。

贾湖遗址的发现

文物和考古工作，都需要对历史的遗址、遗物进行辨认、识别、研究和鉴定，而后才能定论。

辨认和识别文物，需要一双敏锐的能“识宝”的慧眼。这双慧眼的鉴赏能力来源于丰富的文物知识。因为，文物是泛指历史遗留下来的在文化发展史上有价值的东西，所以说，文物知识涵盖了建筑、碑刻、工具、武器、生活器皿和各种艺术品等方面的知识。

曾被下放贾湖村劳动，在贾湖村生活过17年之久的文物工作者朱帜，就是一位“慧眼识宝”的人。他在生产劳动中，发现贾湖村一带的土井、土塘的断壁上有黑色胶土层，里面混杂有红烧土微粒，还发现了火候较低的红色陶片和灰烬等古代遗物。在村头、堤湾开荒时，他还多次发现小石斧、石锛。他听当地农民说，在过去挖土时，见到过叠压多层的散乱人骨。他欣喜而果断地做出判断：这里是原始群落遗址。

贾湖遗址全貌

那时，仰韶文化已为文物考古工作者所熟知，人民群众也有所了解。仰韶文化是1921年在河南省渑池县城北仰韶村首次发现的距今六七千年的新石器时代中期的原始社会遗址的文化类型。这一类型的文化遗址，分布区域很广，遍布了黄河的上、中游，比较著名的有陕西省西安市半坡村遗址、甘肃省临洮县马家窑遗址、河南省陕县庙底沟遗址、河南省安阳市大司空村遗址等。其中，半坡村遗址是一个比较完整的原始居民村落。朱帜根据这些情况，仔细地分析贾湖村遗址、遗物的特点，初步估计贾湖村遗址早于仰韶文化。但他这时是下放劳动，没有时间和精力进行专门的考察与研究。

接着，1975年8月，贾湖村附近的沙河、灰河发生特大洪水后，当地的两位文化人（教师）在水冲地捡到环形石刀、石铲和石磨棒，送交到了县文化馆。这三件文物的出现，又为贾湖遗址的发现提供了物证。

1979年，朱帜重新被安置在县文化馆做文物工作。这时，考古界又发现了新的文化类型——距今七八千年的新石器时代早期的位于河南省新郑市的裴李岗文化，被视为70年代考古工作的一次重大发现，轰动全国。朱帜热情地投入工作，深入全县乡村僻野去普查，并对重点地方进行复查，他在贾湖村又发现了形制和网格与裴李岗文化相似的珍贵文物红陶双耳壶、石斧和绿松石耳坠等，当即报告了县、省和中央有关部门。

1983年5月，省文物局文物考古研究所派人来贾湖组织试掘，开探沟4条，发现墓葬17座，灰坑10个，获得随葬品半月形红陶双耳小壶、箭镞、骨针和野猪门牙，还有精致的绿松石耳坠、小珠和陶塑羊头。

从1983年5月至1987年6月，河南省考古研究所在此共进行了6次大规模考古发掘，揭露面积2300多平方米，发现房基40多座，窖穴300多个，陶窑近10座，墓葬300多座，出土陶、石、骨等各种质料的遗物数千件。其中1987年5月出土的20多支骨笛特别珍贵，是世界上迄今发现最早的保存最完整的音阶准确的乐器。贾湖遗址中，还发现了具有原始文字性质的甲骨契刻符号，其中个别符号与商代甲骨文有相似之处。

“贾湖人”所处的时代

依照考古人类学区分不同年代不同群落地域的古人群体的惯例，我称 9000 年前贾湖居民为“贾湖人”。以迄今为止在中国境内发现的古人类遗址所处的年代作比较，比“贾湖人”早点的有“山顶洞人”，比“贾湖人”晚些的有“裴李岗人”。

山顶洞人，是 1933 年在北京周口店龙骨山山顶洞里发现的。在 8 个个体的人骨化石中，较为完整的有 3 具头骨。山顶洞人生活的年代，距今大约有 18000 年之久。山顶洞人的遗物中，石器较为粗糙，属刮削和砍砸用的器物。作装饰用的小石珠，穿孔的砾石、海蚶壳、兽类的牙齿等，加工得较为精致。缝衣用的骨针，有穿线的孔，直径细到 3.3 毫米，长 8.2 毫米。还有用赤铁矿粉染成红色的石珠、鱼骨等装饰品。从山顶洞人的这些遗物的制作工艺来看，他们已掌握了磨制、刮挖、钻孔、染色等加工技术。在山顶洞人居住的洞穴中发现的 50 多种动物化石，足以证明山顶洞人的狩猎、捕鱼、捞蚌和采集可食植物果实根茎的技术，也相当熟练。山顶洞人是我国旧石器时代晚期古人类古文化的代表。

大约到了距今 1 万年左右的时候，人类进入了新石器时代。这时，原始人已经能够打制和磨制石斧、石铲、石镰、石锛、石刀、石镞等。这些石质工具，比起旧石器时代的石质工具来，具有加工精细、功能锐利、形状典型、使用方便、工效较高等优点，考古学上称之为“新石器”。这种细石器被广泛使用的时期，被称为“新石器时代”。

由此参照、推断，并从贾湖遗址发掘出的实物得到证实，毫无疑问，“贾湖人”和“贾湖文化”是新石器时代早期古人类和古文化的典型代表。

其实，从旧石器时代晚期到新石器时代早期，是一个渐变的过程。有些较细较先进的石器，早在旧石器时代晚期就能加工。比如 1963 年在山西朔县峙峪旧石器时代遗址出土的石镞（箭头），距今已有 28000

年了，后来到新石器时代早期才被广泛制作和使用。那时，人类已经有了较发达的智力和较多的创造发明。

弓箭的使用，是古人类开发自然资源的一大进步。人们可以用它猎取动物，防止兽类侵害。正如恩格斯所说："弓箭对于时代，正如铁剑对于野蛮时代和火器对于文明时代一样，乃是决定性武器。"

新石器时代文化，在我国从北方黄河流域及其以北，向南到长江流域及其以南，东起东北，西至西藏、新疆其间的广大地域内，都有发现。当时，各地区之间的文化融合情况已相当普遍。贾湖文化，既具有淮河流域新石器时代文化起源时的典型性，同时又具有长江流域与黄河流域新石器时代早期时文化融合所产生的相似性与多样性。

9000 年前贾湖的社会形态

按照考古学对社会的分期，我们的祖先，从远古时代在中国大地上建立起的第一个社会组织（即第一种社会形态）被定名为原始社会以后，相继地进入了奴隶社会和封建社会。封建社会以后，兴起的是资本主义社会。按照马克思主义的理论，人类社会还将向更高级的社会阶段社会主义社会和共产主义社会发展，这是一种必然规律。

一定的社会形态，表现了一定的生产力、生产关系和社会物质生活的发展水平。从根本上说，是生产力的发展推动了社会的进步。

9000 年前贾湖的社会形态，属于原始社会中的母系氏族社会。母系氏族社会初期，开始于距今约 10 万年至 1 万年左右的时间。其间，已发现的有代表性的人类化石有：柳江人（广西柳江通天岩洞穴）、河套人（河套地区的宁夏银川水洞沟和内蒙古萨拉乌苏河一带），山顶洞人（北京周口店龙骨山山顶洞）。有的考古学家，根据现已发现并发掘的古文化遗址，如河姆渡文化、仰韶文化类型中的半坡村遗址等处的遗物做出判断，距今 7000 年至 5000 年之间，为母系社会的发展时期。这两个时期中，有一段时间上的空白，就是从距今 1 万年到 7000 年之间，尚缺乏古人类与古文化的实例。而贾湖遗址的发现与发掘，恰好为弥补这段空白提供了很具体也很有说服力的实例。由此可以得出这样一个结论：9000 年前的贾湖，其社会形态是典型的由初期向中期过渡的母系氏族社会。那时，每一个氏族，内部经济生活是平等的，集体劳动，共同生活，财产共有，所以也叫作母系氏族公社。

母系氏族公社，是继原始群之后出现的以血缘为核心和纽带组成的以同一女祖先的亲属关系结合在一起的新的社会组织。其婚姻形态（或性关系）早已摆脱了原始社会早期的不分辈分的乱婚状态，进而又从同族同辈的血缘婚发展进步到群婚制的典型阶段的族外婚制。男、女都只能与族外的异性通婚。他们只是过偶居生活时在一起，平时的生活与劳动都是各在自己的氏族公社内。夫妻还不是一个最基本的社会经济单位（家庭）。两性关系尚不固定。一个青壮年男女，可以与多个异性保持性关系。女人生下子女，便在自己的氏族内抚养成人。正像我国古代思想家庄周所描写的那样："神农之世……（实为母系氏族社会），民知其母，不知其父。"

母系氏族社会中期的这种婚姻，在今天的现实社会中，还能找到它的"活化石"。那就是云南省宁蒗彝族自治县永宁区一带纳西族摩梭人的"阿注"（意为朋友）婚姻制度，男不娶，女不嫁，男、女均住各自母家，男方夜晚来女家偶居，白天回自己家劳动、生活，乐意则常来，不合适则中止关系，所生子女在女方家抚养长大，续母系血缘家族。在这种婚姻制度下，无所谓失恋，不存在破坏他人婚姻，没有强迫，完全以俩人自愿为前提。

可以想象，9000 年前，贾湖这个以仙鹤为图腾的母系氏族，女子们勤劳、能歌、善舞，懂得爱美与装饰，会做骨笛，长于纺织和采集，还会饲养畜类；男子们强健而聪慧，会制造新的工具和生活用具，会制陶器，会盖房修窖，长于渔猎，并学会了农耕。整个氏族吃穿不愁，十分富有。闲暇时，有娱乐歌舞活动。男女"耕而食，织而衣，无有相害之心"（庄子语）。社会安定，无盗贼，无娼奸，无毒赌，无战乱，无贪污腐化和行贿受贿，是古代的人间乐园。

“贾湖人”的畜牧与农耕

人类在长时期的生产劳动和社会生活实践中，逐步学会了认识自然、改造自然。由狩猎兽类到原始的畜牧（养畜）和由采集植物根果到原始的农耕（种稻、粟），是人类经济史上第一次最伟大的创举，也是历史发展的必然。

这里追溯一下人类文明史的起点——用火。古希腊神话说，是一个名叫普罗米修斯的英雄，从天上把火种偷到了人间。在中国，神话传说是燧人氏教民钻木取火。其实，用火的初创者，是人类群体。中国人类用火的开始，早在100多万年以前。生活在距今170万年前的云南元谋人，其遗址被发现有用过火的确凿证据。原始人对火的使用和掌握，先是发现和使用自然火（来自火山、雷电、天然气等引起的燃烧），后来才创造了人工摩擦取火的方法（钻木，或用铁矿石碰击燧石等），使得人类支配了一种自然力，大大推动了社会的进步。“贾湖人”无疑是已经掌握了人工取火技术的。

原始人用了火，不再“茹毛饮血”，体质增强，智力发育更好，新的生产工具和生活用品大量出现，陶器烧制成功，原始的畜牧与农耕开始成为人类丰富生活必需品的主要生产活动。

勤劳俭朴的“贾湖女子”舍不得把本氏族男女猎获的和外族男人们生擒活捉送来的动物全部用来一饱饥肠和口福，而是给它们供之以食物，增其肉膘，以待喜庆之日宰杀，用于氏族祭祀和群体美餐。女酋长发现这些被圈养起来的猪、羊、狗、牛、马、鹿等还会生养繁殖，山鸡、鹰、雁等还会下蛋，其味更香，蛋被母禽以体温孵之，还能增添一群小生命，于是，就决定派人专事饲养，繁育畜禽。贾湖的畜牧，就这样从原始状态中发展起来了。从贾湖遗址发掘出土的随葬品石镞（箭头）、骨针、野猪门牙、陶塑羊头等物来看，这些都是当时贾湖人开始从事原始畜牧生产活动，而后逐渐发展成为早期畜牧业的很有说服力的物证。

比贾湖文化遗址所处年代稍晚一些的距今七八千年磁山文化（河北武安磁山）遗址和裴李岗文化（河南新郑裴李岗）遗址，分别出土过牛、羊、猪、狗等兽骨和陶塑猪头，也能佐证9000年前的贾湖确有原始的畜牧生产活动。在国外，8500年前，位于西亚的伊拉克贾尔木遗址，也被考古发掘报告证实当地居民已经饲养家猪。中外古人类的进化和物质文明的进步，几乎是同步的。当年“贾湖人”饲养畜类，肯定是毫无疑问的了。

精明细心的“贾湖仙鹤部落”的女酋长，在一个氏族的磨坊（兼舂米房）旁潮湿的地方，发现了青苗，便令人养护，使其长到成熟，竟然收获了可舂出大米粒和小米粒的谷物。她分明记得那包含大米粒的谷物，是她顺着河流而下，又转朝东南方向去访问大江边的“鸥部落”女酋长时，接受的馈赠物品。那包含小米粒的谷物，则是她带领姐妹们朝西北逆着河流而上，又翻过沙河源头的几道山脉，去寻聘制陶男艺人时，用艺人相赠的双耳小陶罐带来的那位大阿哥尚未加工成小米的谷物。她把从西北带来的这种包着小米的谷物叫“西米”，后来仓颉（并非一人）造字时把西、米上下连起来刻成符号“粟”。那种包着大米粒的谷物，她听原产地（大江边）的女酋长介绍说：“此物吃之前要捣（dǎo去壳）。”回到贾湖后被众姐妹说成中原音“dào”。以后，仍是仓颉们刻符号（原始文字）时，刻成了“稻”（即谷禾加爪加臼）。自那时起，贾湖有了原始农业，而且是兼种南方稻谷和北方的粟（中原现称谷子）。

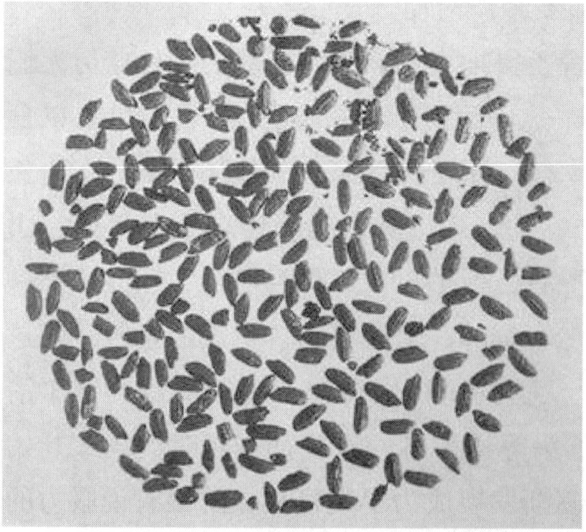

贾湖遗址发现的炭化稻米

一考古学家朋友说我写的这段传说尚待考证。一权威的史学家朋友替我辩解说，传说不一定全是虚构。文字史前的“三皇五帝”等都是神话、传说，但无人能否定，也无人肯否定。贾湖文化的性质和特点，正是神话传说中女娲氏、伏羲氏、神农氏存在与过渡时的时代模样。在贾湖遗址中考古发掘出土的石镰、石磨盘、石磨棒等农具和粮食粗加工工具，以及稻、粟等谷类实物与痕迹，都有力地证明了“贾湖人”已掌握农耕技术，开始了原始农业的集体性（氏族公社内）的生产活动。

“贾湖人”的宗教文化

从贾湖遗址发掘出土的大量文物来看，9000年前，贾湖人的宗教意识还是很浓厚的。贾湖人群居而生存的这个氏族（以至整个部落）的宗教活动，也是十分频繁的。在6次考古发掘中，清理300座墓葬，竟然出土陶、石、骨、角、甲等各类遗物数千件，其中的绝大多数遗物，不是在当年贾湖人的生活基地（房、窖、穴、村落）发现，而是在亡人安眠的墓地出土的，均是随葬的物品。比较有特色、有较高研究价值的物件，有红色半月形双耳小陶壶、野猪门牙、箭镞、骨针、龟甲、陶塑羊头，还有精致的绿松石耳坠和装饰品小珠等。这些都是当时活着的人为死去的亲人提供，让其灵魂在另一个世界继续使用的。这种被认为在人活着时存在于人体之中、死后继续存在于体内或游离于人体之外的“超自然体”——灵魂，是原始社会人们的普遍观念之一。这种灵魂观念，以后成为宗教观念体系中的核心观念，是历代宗教思想变化与发展都离不开的文化基因。附随葬物的丧葬处理方式，当然还包括举哀、殡仪、安葬、祭奠、扫墓等全过程，是原始社会的丧葬仪规，在9000年前的贾湖已相当盛行。

这种带有宗教色彩的仪规，并非“贾湖人”的独创。在数万年以前的文化遗址中，也发现过随葬物品，说明那时原始人就已产生了灵魂观念和宗教意识了。

宗教意识的反映，是人类最古老的文化现象之一。按照科学研究成果的结论，人类最初的宗教观念大约产生于旧石器时代的后期，距今约4万年至17万年之间，国外考古发现此一时期的德国“尼安德特人”（简称“尼人”）的墓葬中（遗骸化石）就有原始宗教观念的痕迹。中国人类宗教观念萌芽的实证，是在距今18000年的“山顶洞人”的墓地发现的。

原始宗教，是氏族部落和原始民族重要的社会意识形态之一，以神灵崇拜和巫术控制为主要特征。它包括自然崇拜、精灵崇拜、图腾崇拜、祖先崇拜等。传说为伏羲氏时代始创的“八卦”，就是原始社会的多种崇拜的产物。八卦，象征天、地、雷、风、水、火、山、泽八种自然现象。史传是“伏羲画卦，文王作辞”，而成《周易》，内容就复杂化了。贾湖遗址出土的刻有符号的柄形石饰物和甲骨，与“伏羲画卦”占卜有关，均是用于祈祷、祭祀等礼仪巫术的器物，是殷墟甲骨文（卜辞）定型前的一种早期雏形（准甲骨文）。带孔的甲片，是便于佩带的占卜用品或避邪防身的器物（装饰品）。甚至连骨笛（箫）也是一种用于宗教仪式的器具，不仅用于氏族聚众活动仪式时的奏鸣配乐，而且还作为随葬品供死者的灵魂在另一世界使用。那时，音乐还不是专供人们欣赏（作精神享受）的艺术。

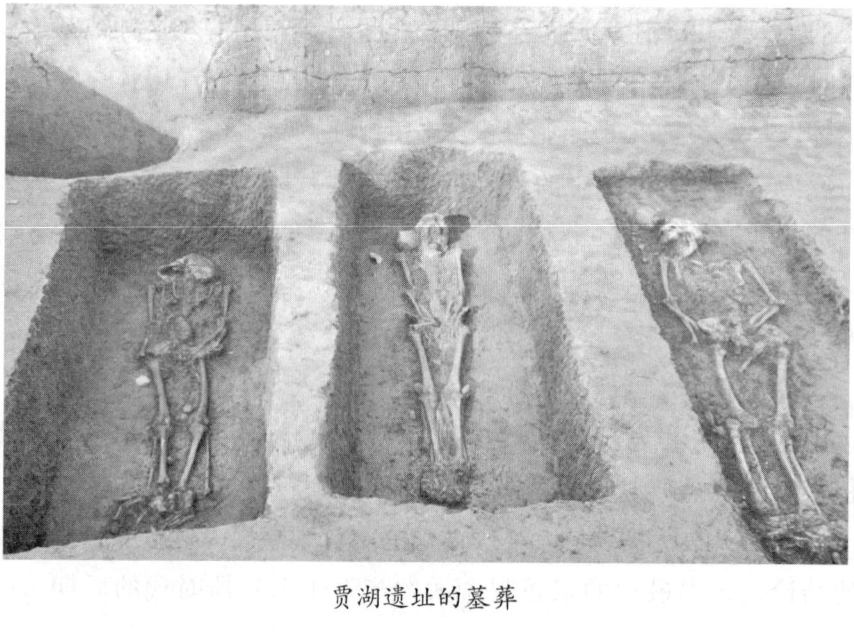

贾湖遗址的墓葬

贾湖遗址墓葬中，骨骸仰身，头西脚东，说明“贾湖人”对东方的向往与企盼（回归），是灵魂观念的反映。他们认为日出的东方是极其光明美好的地方，或者是因为他们的部落和氏族来自东方，只有返而向东才是最理想的归宿，像“尼人”骨骸头东脚西，是希望死者的灵魂去向“太阳神”居住的西方那样，都是对亡灵的安慰与祝福。

宗教，不论是原始宗教，还是后来的系统宗教和现代的世界性宗教，都是在具有宗教意识的人和信徒希望摆脱苦难、渴求幸福生活、企求理想境界的精神需求的条件下产生与发展起来的。贾湖所处的以汉族居民为主的中原地区，虽然至今仍保留着某些原始的宗教习俗，但信仰系统宗教的人相对较少。当改革开放步伐进一步加快，生产力大幅度提高，人民物质生活普遍得到改善，进而达到富裕、幸福，精神生活也已达到理想境界的时候，宗教就会像各路神仙那样虚无缥缈、远离人间了。

选自 2004 年《漯河文史资料》第十二辑

说文解字

许慎传述

张震泽[1]

《后汉书·儒林传》有许慎传记，说："许慎，字叔重，汝南召陵人也。性淳笃，少博学经籍，马融常推敬之。时人为之语曰：'五经无双许叔重。'为郡功曹，举孝廉，再迁，除洨长，卒于家。初，慎以《五经》传说臧否不同，于是撰为《五经异义》，又作《说文解字》十四篇，皆传于世。"这篇传记，记述过于简单，前人多有考证补充，拙作《许慎年谱》亦曾有所论列。

召陵，是春秋时齐桓公与楚屈完订盟的地方，战国秦惠王伐取之，汉高帝置为县，隶汝南郡，后汉因之。隋废入郾城县，唐复置，不久又废。今为河南郾城县的一个乡，距郾城东十五公里，遗址犹在。根据许冲《上说文表》，我们又知道许慎是召陵万岁里人。唯《说文·邑部》有"郋"字，说解云："汝南召陵里，从邑自声，读若奚。"唐李阳冰谓即许君所居之里。近年调查，召陵故城西三公里有村，明清时名"黑许"，现名"许庄"，庄外有许慎墓和许冲墓，证实即许君故里，也就是万岁里。至于"郋"，当是别一地。李阳冰生于许君六百年后，谓"郋"是许君所居，不知何据？

东汉召陵许氏是一个寒素之家。《说文后叙》云："曾曾小子，祖自炎神。缙云相黄，共承高辛。太岳佐夏，吕叔作藩。俾侯于许，世祚遗灵。自彼徂召，宅此汝濒。窃印景行，敢涉圣门。"此许君自叙家世，于汉不云有显名者。《后汉书》载许姓而为公卿者，有许敬、许训、许相等，皆平舆人，虽与许慎同郡（平舆是汝南郡治），然不闻有任何瓜

[1] 张震泽，山东长清县人。1911年出生。辽宁大学教授。辽宁省政协委员。中国屈原学会副理事长。著有《许慎年谱》。

葛，似非近族。许慎本身没有做过重要官职，他的儿子许冲也只爵至公乘。公乘是何等爵呢？原来汉承秦制二十等爵以赏功劳：一级公士，二级上造，三级簪袅，四级不更，五级大夫，六级官大夫，七级公大夫，八级公乘，九级五大夫，十级左庶长，十一级右庶长，十二级左更，十三级中更，十四级右更，十五级少上造，十六级大上造，十七级驷车庶长，十八级大庶长，十九级关内侯，二十级彻侯。公乘，言得乘公家之车也。清钱大昭说："自公士至公乘，民之爵也，凡言赐民爵者即此。自五大夫至彻侯，则官之爵也。《成记》（《汉书·成帝纪》）永始二年诏曰：'吏民以义收食贫民，其百万以上加赐爵右更，欲为吏，补三百石。'是爵至十四级，与三百石吏相埒。"若照此推算，那么十三级相当于比三百石，十二级相当于二百石，十一级相当于比二百石，十级相当于百石，九级相当于斗食之吏，八级公乘以下，无吏可比当然是民了。《续汉百官志》注引荀绰《晋百官表注》曰："吏民爵不得过公乘者，得贯于子若同产。"就是说公乘是民爵最高级，若赐爵超过公乘，超过的部分可以转给儿子或同产兄弟。爵位本来是用以赏战功的，但自东汉明帝即位因庆典赐天下男子人二级、三老孝悌力田人三级、流民欲自占者人一级，自此以后各帝即位及诸庆典依以为常例。由此可知许冲得公乘爵不是因有战功，而且爵公乘，仍是民，不是官，唯与无爵之民不同，故他自称"草莽臣"。《仪礼·士相见礼》说："凡自称于君上大夫则曰下臣，宅者在邦则曰市井之臣，在野则曰草莽之臣。"

许慎本人也不曾做过显赫的大官。《后汉书》叙他的官历云："为郡功曹，举孝廉，再迁，除洨长，卒于家。"东汉的仕途制度一般是，士子读书通经，先试以郡县官职，郡太守依例根据其德才以孝廉名义保举参加对策，对策合格，则辟公府或直接拜官为县令长。许慎大体也是走的这条道路。余考：许慎三十五岁前已博通经籍，约三十五岁时仕汝南本郡为功曹，太守可能是张敏。郡功曹主选署功劳，是太守府的高级官吏。约三年后举孝廉，辟太尉府，时张禹为太尉。许冲《上表》称"臣父故太尉南阁祭酒慎"，则知许君在太尉府曾任南阁祭酒。《续汉百官志》：太尉府掾史属二十四人，有西曹、东曹、户曹、奏曹等十三曹，而黄阁主簿录省众事。段玉裁以为黄阁即南阁，引沈约《宋志》:“三公黄阁者，天子当阳，朱门洞开，三公近天子，引嫌故黄其阁。”其说可信。祭酒，《百官志》注引胡广曰:“官名祭酒，皆一位之元长也。古礼，宾客得主人馔，则老者一人举酒以祭于地，旧说以为示有先。”段玉裁云:“太尉南阁祭酒，谓太尉府掾曹出入南阁之首领也。”太尉府曹掾都是皇帝批准的，其俸比三百石至比四百石。许慎由孝廉辟公府，是为一迁。应该注意，许慎初入太尉府，未必即为祭酒，其为祭酒当是若干年后的事。

许慎为太尉南阁祭酒期间，曾以诏书与马融同校书东观，教小黄门孟生、李喜等。这件事发生在安帝永初四年（110 年），《后汉书·和熹邓皇后纪》:“太后自入宫掖从曹大家受经书，兼天文算数，昼省王政，夜则诵读，而患其谬误，惧乖典章，乃博选诸儒刘珍等及博士、议郎、四府掾史，五十余人诣东观雠校传记。事毕奏御，赐葛布各有差。又诏中官近臣于东观受读经传，以教授宫人。”许慎校书授经，即当在此五十余人中，中官近臣于东观受读经传，也就是许君教小黄门孟生、李喜的事了。

以后许慎除洨长。洨县属沛国，在今安徽固镇东。汉制县长秩四百石，高于太尉掾秩比四百石，是为再迁。但是许慎并未去就任。他除洨县长，当在安帝元初六年（119 年），《安帝本纪》: 是年“京师及郡国四十二地震，或坼裂，水泉涌出。诏三府选掾高第能惠利牧养者各五人，光禄勋与中郎将选孝廉郎宽博有谋清白行高者五十人，出补令长丞尉。”许君性淳笃，自然符合能惠利牧养的条件，又供职太尉府已十余年，理应外放，所以一定在这次三府选中。然而他终未就任。知者，许冲《上表》，结衔为“臣父故太尉南阁祭酒慎”，凡史云“故某官”者，皆为最后致仕之一任，许冲不云“故洨长”，而但云“故太尉南阁祭酒”，可证许君未就洨长职。

此后归里，大概自五十三四岁开始，再过两年，建光元年（121 年）三月邓太后崩，九月遣子许冲上《说文》，上表称“今慎已病”。不过许慎并没有一病不起，后至桓帝建和元年（147 年）尚教授吴郡高彪和毌敛伊珍（见《后汉书》和《华阳国志》)，距上《说文》时又二十余年了。假设桓帝初年谢世，年寿当为八十一二。

许慎是东汉时期的大经学家、大文字训诂学家。他的一生情况既如上述，可知他出身平民，没有进过太学，他在学术上的成功，完全靠自己的毅力。不慕荣利，博学多问，刻苦钻研。《后汉书》本传说他“少博学经籍”，他的《说文后叙》说：“窃仰景行，敢涉圣门”，一个“敢”字说明了他积极向上克服困难的学习精神。他的重大成就主要是踏实钻研，推翻了今文学派的许多谬说，开辟了文字训诂学的新途径。

他生活于东汉明帝至桓帝时代，凡历明、章、和、殇、安、顺、冲、质、桓九朝。这一时代正是两汉主要学术经学上的今文学派和古文学派长期斗争而今文学派趋于衰落、古文学派逐渐兴起的时代。

经学的今古文两派在西汉时就出现了。西汉武帝罢黜百家，始置五经博士，皆用今文。古文后出，受今文派排斥，始终未立学官。今文师说多附会阴阳，荒诞不经，而受到官方支持；古文师说平实近理，不涉怪诞，则处于被压抑的地位，但由于它更近真实，在私下却占有一定势力，这就是私学古文学派。古文派攻击今文派违反孔子的“不语怪力乱神”，今文派批评古文派“伪托古书”“不达时变”。两派斗争达百四五十年之久。东汉光武帝立，迷信祥瑞，提倡谶纬，立十四经博士，仍旧都是今文。此后今文经说益形泛滥，内容上阴阳五行与谶纬相结合，荒诞迷信益甚，而且章句繁杂，甚至自相抵牾。这时出了几个博通今古文的大家：卫宏、郑众、贾逵、许慎、马融、郑玄，各有著作传世。许慎早年博通群经，后从贾受古学，收集籀文、古文、小篆及奇字九千三百五十三字，作《说文解字》就其形音义一一加以说解，这对今文派不懂文字学、仅凭隶变文字驾空解经，是一个有力的驳斥，从而奠定了古文学派的坚实基础。后五十年，郑玄复融汇古今，遍注五经，于是古文经学取得了完全的胜利。

许慎是一位博学的大家，著述可考者有：

1.《说文解字》十五卷

2.《五经异义》十卷

3.《孝经孔氏古文说》一卷

4.《淮南鸿烈间诂》二十卷

5.《六韬注》若干卷

6.《论语》《离骚》，许君或亦有注

这些著作，多数已经亡佚，只有《说文解字》比较完整地保存下来。又《五经异义》尚保存了较多的遗文，仅可看出全书的一些内容。

《说文解字》和《五经异义》是许君毕生精力之作，《说文》所以包举六艺群书之训诂，《异义》所以刊定五经古今异说，经传之事，略尽于此，较之并世诸儒如郑众、贾逵、马融之伦之经传各为一注者，规模大得多了。时人之语“五经无双许叔重”，表述的确是真实情况，丝毫没有溢美。现将《说文解字》略作介绍如下：

《说文解字》正文十四篇，加上叙目，共为十五篇（十五卷）。

《说文解字》是两汉经学斗争的产物，前面已经谈到。由《说文》的前后两《叙》看来，其撰写的目的实有二端：其一是扭转当时经学研究的荒谬方向，所以他在《叙》中叙述了经学末流各种弊端，而后说：“人用己私，是非无正，巧说邪辞，使天下学者疑”，这才“今叙篆文，合以古籀，博采通人，至于大小，信而有证，稽撰其说，将以理群籍，解谬误，晓学者，达神旨”，要“广业甄微”，使“学者知方”。许慎这种见解是极有眼光的，因为汉代以经术治天下，经术虽系儒家一家之言，但实际包含着哲学、史学、政治、法制之学，关系着国家的兴废。当时廷尉说律，已经荒谬到以向壁虚造不可知之书来断法，可见一斑。

作《说文》的另一目的，就是要创立“文字学”这门学问。《叙》中说：俗儒鄙夫“变乱常行，以耀于世”的原因是“翫其所习，蔽所希闻，不见通学，未尝睹字例之条”，所以才搜集九千三百五十三文，“分别部居，不相杂厕”“其建首也，立一为端，方以类聚，物以群分，同牵条属，共理相贯，杂而不越，据形系联，引而申之，以究万原。”从而建立一个文字演变的系统，追溯了文字的原形本义。

许君抱此目的非常明确而坚定，他说：“窃仰景行，敢涉圣门，其弘如何，节彼南山。欲罢不能，既竭愚才，惜道之味，闻疑载疑，演赞其志。”他孜孜不倦，终于写成了这部《说文》。

《说文》之草创，大概始于和帝永元二年（90年）从贾逵受古学时，时约二十四五岁。到和帝永元十二年（100年）三十四五岁，成书，作《后叙》。再过二十一年，安帝建光元年（121年）五十五六岁时遣子许冲奏上。盖经三十年，才定稿完成，用力可谓勤且苦矣。

《说文》成书后即开始受到重视，汉末郑玄注《三礼》已屡加引用。后历一千八百年一直流传至今。不过历经传写，不免增损讹误，南唐徐铉曾加校勘。清段玉裁又据大徐本复核，《说文叙》自言今叙篆文，合以古籀，“九千三百五十三文，重一千一百六十三，解说十三万三千四百四十一字。”而大徐本正文九千四百三十一，增多七十八文，重文一千二百七十九，增多一百一十六文；解说十二万二千六百九十九字，较少一万零七百四十二字。段玉裁说：“历代妄删字、夺去字至于如此之多，篆文多于本始，说解少于厥初，其增损皆由后人，今未可强说耳。”虽然如此，《说文解字》总算比较完整地保存下来，亦足见其强大的生命力了。

许慎作《说文解字》，一是要考证经文经说的谬误，使归于真实；二是要理出文字的形音义的发展系统，使后人有所遵循。这是根据当时的需要和条件而决定的，当然也受到时代和阶级的限制。但以我们现在的眼光来看，我们可用一句话说明其伟大价值：它创造了我国有纲目、有系统的第一部条理严密的字（辞）典。西方字典要晚数百年才出现，因此也可以说它是全世界第一部字典。虽然书中不免有些缺点，但人们不能不承认它在我国学术史上立下了丰功伟绩，有着划时代的意义。

《说文》这部书，有许多发明创造，特别重要的可指出四点：

第一，掌握丰富的材料，以发展的眼光，初步建立了汉字发展的历史。《说文叙》说：上古未有文字时，结绳以记事。伏羲时制作八卦符号。黄帝时仓颉见鸟兽蹄迒之迹，开始创造了“文”。此后形声相益，产生了许多“字”。到周宣王太史籀把自然产生的杂乱的文和字，整理为统一的大篆，即籀文。秦始皇统一天下，根据需要，用李斯的建议，又把大篆和六国异文统一为小篆，同时下杜人程邈制作了隶书。汉兴，隶书盛行，又产生了草书。这一段文字发展史，后人研究，证明是基本符合史实的。从发展上看，小篆是承先启后的关键，所以《说文》即以小篆打头，合以古籀，又用汉隶加以说解，条理井然，前此所无。

第二，以字形为主，开创了部首分部法。文字形、音、义三要素，首先是字形，有了形才能谈到音义，汉字的发展，也主要是字形的变化。前此字书，不明此理，所以《尔雅》按字义分类，体例甚欠完善，《史籀》《仓颉》《凡将》《急就》等篇，则杂编文字为韵语，看不出什么系统。许慎认识到字形的重要，分析字形，发现了部首。用部首统系文字，“分别部居，不相杂厕”“方以类聚，物以群分”，文字的发展系统包含其中，可讨源纳流，执要御繁，确实是一项创造性的发明。《说文》五百四十部首，因系初创，未尽完善，但它对后世的影响极大，后来字典如晋吕忱《字林》、梁顾野王《玉篇》、宋人《类编》、明梅膺祚《字汇》、清《康熙字典》、民国《中华大字典》，直到近人所编的许多字典，虽然为了适应楷体字特点，考虑到检字的方便，对部首有简化和改动，但依部首编次文字这一做法，还是取法于《说文》。

第三，阐明六书理论，找出造字规律。汉字六书说，最早见于《周礼·保氏》，原文只说保氏教国子以六书，没有说明什么是六书。汉代作出解释的有三家：班固（说见《汉书·艺文志》）、郑众（说见《周礼解诂》）、许慎。班、郑也只列出六种名目，未作进一步的解释。只有许慎说得详明，《说文叙》曰：“周礼八岁入小学，保氏教国子先以六书：一曰指事：指事者，视而可识，察而见意，上下是也。二曰象形：象形者，画成其物，随体诘诎，日月是也。三曰形声：形声者，以事为名，取譬相成，江河是也。四曰会意：会意者，比类合谊，以见指撝，武信是也。五曰转注：转注者，建类一首，同意相受，考老是也。六曰假借：假借者，本无其字，依声托事，令长是也。”

三家之说六书名目不同（如班曰“象事”、郑曰“处事”、许曰“指事”等），次序有异（如许以指事列第一、郑以处事列第四、班以象事列第二等），后人对此颇有是非争论。我以为三家说有差别，正反映了当时六书还是口传而无书面记载。许慎年辈晚于班、郑，但皆及见；他曾深入研究了籀篆古文，博问通人，《说文解字》也多引班、郑之说，那么他的六书说法最为后出，斟酌古今，列出了定义和例字，应当是最合理的，在某种程度上也是最明确的。《说文》即以六书分析每个字的形音义，找出了造字的规律。六书的理论由许君而始明，六书的分析法亦由许君而始创，不能说不是一项了不起的功绩。

附带说明一下：六书是古人在教学和研究汉字时经过反复研究，归纳出的汉字构造和运用的条例，并不是先有什么人规定了六种条例，然后按条造字。《说文》用六书分析文字，也是归纳过程中的一个环节，所以也包含了许慎的发明创造性。

第四，探求字的本义，开拓了汉字研究的途径。汉字的特点是一字多义，但必有本义，然后有引申义、假借义。如果本义不明，也就难以理解引申义和假借义；反之，本义既明，则引申义或假借义也就容易解决了。《说文》是探求字的本义的书，它用六书分析文字，求得本义，则引申、假借辗转自明。由于当时资料有限，有些求得的本义，未必准确，但它这种办法是无可怀疑的。《说文》以后，文字学日益发展，到了今天，地下出现的甲骨文、钟鼎文及其他文字材料不计其数，都是许慎所未见，《说文》所未收，后人所不识。但许多文字学家却用《说文》探求本义的方法，认出了很多，这说明《说文》此法正在开拓着文字研究的途径。

以上四点，说的是作为字典的《说文》的可贵价值，其实《说文》的历史价值远不止此。《说文叙》说：这部书“将以理群类，解谬误，晓学者，达神旨”“万物咸睹，靡不兼载”。许冲《上说文表》也说：“臣父……作《说文解字》，六艺群书之诂，皆训其意，而天地鬼神、山川草木、鸟兽蚰虫、杂物奇怪、王制礼仪、世间人事，莫不毕载。”这些完全不是自夸自诩，《说文》的确可说是一部汉代的百科全书，保存着丰富的史料，说明了许多问题，除在语言文字方面是必备的参考书外，对于我们研究古代文化史、思想史、哲学史、社会史、风俗礼制史等等，都具有宝贵的参考价值。事实上，自南唐二徐以来，对《说文》进行各方面的研究，著述何止千百种。

许慎的其他著作，都已亡佚不可见。清人从群书注疏中搜集残文，《五经异义》：王谟《魏遗书》辑本一百五十三条，陈寿祺作《五经异义疏证》三卷，段玉裁《说文解字注》援引尤多；《淮南鸿烈间诂》：今皆与高诱注相混，孙冯翼有辑本五卷，陶方琦亦有辑本五卷；其余《孝经孔氏古文说》《六韬注》及《论语》《离骚》之注，全部亡佚，现在只存名目。限于篇幅，兹不具论。

总之，我们由《说文解字》的简单介绍，已经足以看出许慎在东汉学术方面的崇高地位。《后汉书·儒林传》“东京学者猥众，难以详载，今但录其能通经名家者。”许慎入《儒林传》是已被承认为通经名家；其实，许慎不仅是“五经无双”的大经学家，他还是著名的大文字学家、大训诂学家，是我国历史上极有影响的杰出学者。近年国家为他重修了墓地，新建了纪念馆，使人们得以仰其丰采，怀其功绩，发扬其治学精神，这对我们两个文明的建设是极有意义的。

选自 1987 年《漯河文史资料》第一辑

许慎及其代表作《说文解字》

张汝鲤[1]

许慎是我国历史上著名的经学大师和伟大的文字学、训诂学、词汇学家。他所著的《说文解字》，是我国、也是世界文字学史上，第一部探究字源、分析字形、说解字义、辨识声读的字典。《说文解字》成书，虽然早在1800多年以前，但它辟创的以偏旁分部编纂字典、词典的体例，却至今仍在沿用。许慎及其《说文解字》，对中国和世界都产生了巨大的影响：长期以来，不仅中国研究其人其书者，代不乏人，甚至外国（例如日本等），也成立有“说文学会”或“许学研究会”一类的组织，进行专门研究。目前，研究许慎及其《说文解字》的“许学”，已经成为一门世界性学问。因而，许慎被后世学者尊称为“字圣”或“文宗字祖”等。

许慎像

许慎，字叔重，东汉汝南郡召陵县郎里人。历经沧桑，召陵现在为郾城县的一个乡，郎里演变为许庄——（位于郾城县东十三公里、沙河东岸、汉召陵故城西）。清代研究“许学”的最大

① 张汝鲤，1943年出生，河南郾城人，1967年毕业于开封师院。曾供职于郾城县教育局、县委宣传部、县委党校、郾城二中。

权威段玉裁，因许慎的儿子许冲任过“召陵万岁里公乘”，于是定许慎为“汉召陵万岁里人”。后世学者，因拘泥于书本而未到实地进行调查，所以多从段说。

《后汉书・儒林传》虽有许慎传略，但不详其生卒年月。据历代学者考证，许慎生于明帝朝（58—75），卒于桓帝朝（147—167）；周祖谟先生推断，许慎约生于58年，约卒于147年，其寿考为90岁。

许慎所处的时代，正是我国迷信谶纬的“今文经学”与保持着朴学传统的“古文经学”互相排斥、激烈斗争的时代。自西汉以来，特别是汉武帝“罢黜百家、独尊儒术”以后，当时通行的、用隶书书写的、按照“春秋公羊学”观点解释的“今文经”，一直占据着统治地位，而从孔壁中发掘出来和北平侯张仓等所献的、用六国文字书写并按照字义解释的、很少迷信成分的“古文经”，一直处于受压地位。直到东汉中期，“古文经学”才获得了合法地位，并进而取得了优势。

传说，许慎自幼勤奋，有志于学，坐立诵读，手不释卷，博闻强记，过目成诵，在少年时代就读完了《易经》《诗经》《书经》《三礼》《春秋》等“今文经”及诸子百家之书，并因其淳厚笃信、心地善良而养成了儒者风度。

据《后汉书・儒林传》，许慎成人以后，曾为汝南郡功曹史（简称“功曹”），掌管一郡的人事，参与一郡的政务，协助郡守处理日常工作。由于他对工作认真，对上级负责，对同僚礼让，对下级谦逊，严于律己，宽以待人，忠于职守，从不苟且，所以《汝南先贤传》评他“奉上以笃义，率下以恭宽”。

汉制规定：从各郡所属官吏中，举荐出孝敬长者、品德高尚、廉洁奉公、心性淳厚的人，称为“孝廉”，作为选拔人才的科目。因许慎深得上司与同僚的信任和好评，所以被郡国举为孝廉。

“举孝廉”，也是当时知识分子求仕进的必由之路。许慎举为孝廉，即可升迁，所以经过简拔，除授为沛国洨县长。洨县为汉代所置，在安徽省北部。汉制：称万户以上的县官为“县令”，称不足万户的县官为“县长”。因洨县人口不足万户，因而授许慎为洨县长。

在“今文经学派”与“古文经学派”的斗争中，许慎逐渐看出了“今文经”的虚弱和“古文经”的坚实，他为了研究两派经说的臧否不同，于是弃洨县长之职而到京师应四科之辟。汉制规定：志节清白、德行高妙者，可取第一科——补为西曹南阁祭酒。由于许慎品学兼优，上下交赞，于是补为“太尉南阁祭酒”。“南阁”，为三公黄阁，即太尉、司徒、司空办公的地方——因其位尊，为了与他曹相区别，所以又称“黄阁”；“祭酒”，原为老师宿儒之尊称，即府掾曹的首领——在“敬天”思想占统治地位的当时，被看作知识分子的最高衔和荣誉。许慎为“太尉南阁祭酒”，表明他为太尉府掾曹属中德高望重者——在大宴会和大祭享时，负责举酒祀土神——这是当时知识分子所能享受的最高礼遇。

汉章帝建初元年（76年），古文经学大师贾逵在北宫白虎观和南宫云台讲授五经，并奉诏遴选高才生，许慎中选。于是，贾逵成了许慎的古文经学业师，而许慎则成了贾逵的及门弟子。许慎本就天资聪颖，而且学不知倦，在名师的指导下，他学业优异，出类拔萃，于是很快成为一位超越他老师贾逵的人物——连遍注《周易》《尚书》《毛诗》《三礼》《孝经》等古文经学巨擘的马融，对他都很膺服和推敬。因而，许慎被公认为“五经无双许叔重”而誉满朝野。

皇上曾诏马融、刘珍、刘騊駼等校经。据许冲《上〈说文解字〉表》，许慎也拜为校书郎中，分司其事——校定东观皇家图书馆秘籍：五经、诸子、传记、百家艺术，“整齐脱误，是正文字”。

因许慎学业精、造诣深，邓太后摄政后，又诏其教授中官近臣孟生、李喜等受读经书。

在“今文经学派”与“古文经学派”各立师法、标榜门户、至成仇衅的情况下，汉章帝于白虎观大会两派诸儒，让其讲论五经传说异同。许慎参加了“白虎会议”，与闻了诸儒论战，于是以五经传说臧否不同，著为《五经异义》。又作《说文解字》《淮南子注》《汉书许义》《孝经孔氏古文说》等。

到许慎年高岁迈，依照汉制“七十悬车”的规定，退归故里，又教授泮洞郡尹珍等。最后卒于家时，朝廷无闻，因而《后汉书·儒林传》

对其生平多有漏略。《汝南先贤传》也语焉不详，而仅知其死后，“入乡贤祠”。

许慎的著述，以《说文解字》耗费的心血为最多。它创稿于和帝永元十二年（100年），至安帝建光元年（121年）九月病中，始遣其子召陵万岁里公乘许冲赍表诣阙进上。从创稿到最后写定，共历时二十二年，为其生平最经心用意之作。

在古代，称独体的、不可分析的形体为“文”，称合体的、可以分析的形体为“字”。因许慎著的这部书，既说独体的“文”，又解合体的“字”，所以就名它为《说文解字》。

《说文解字》，正文十四篇，加上《后叙》，共十五篇。经数百年的辗转传写和唐朝李阳冰的篡改，以致错误遗脱，违失本真。宋太宗雍熙三年（986年），命徐铉等校定付国子监雕版，始得流传于世。徐铉弟徐锴也攻“说文”之学，曾作《说文系传》。所以，后世学者称徐铉所校定者为大徐本，称徐锴所作《说文系传》为小徐本。今传世者，多为大徐本。许冲上《说文解字》时，以一篇为一卷，称为十五卷，徐铉校定时，又因其篇帙繁重，分每卷为上下，故今传大徐本为三十卷。

许慎以小篆为正体，称“文”，以小篆以外的古文、籀文、今文俗体等为异体，称“重文”。《说文解字》共搜集“文”九千三百五十三，“重文”一千一百六十三，计一万零五百一十六字；共“说解”十三万三千四百四十一字。今传大徐本，则为“文”九千四百三十一字，溢出七十八字；“重文”一千二百七十九字，溢出一百一十六字；计一万零七百一十字，溢出一百九十四字；而“说解”，仅有十二万二千六百九十九字，却少一万零七百四十二字。

许慎依照“分别部居”的原则，把正篆分为五百四十部。又以“据形系联”的方法，使所搜集到的所有“文”“字”隶属于各部之中。《说文解字》以五百四十部统摄天下古今文字，使纷纭复杂的汉字，初步有了门类可归。许慎及其《说文解字》实践了“分别部居，不相杂厕”和“同条牵属，共理相贯，杂而不越，据形系联”的原则和方法。这一体例的辟创，开了中国按照偏旁分部编纂字典、词典的先河，直至今天，我们仍在沿用。

中国传统语言学的门类甚多，卷帙浩繁，然而却大体不出《说文解字》所涉及的文字、声音、训诂的范畴，即段玉裁所总结的："每字先说其义，次说其形，次说其音。"

在训诂方面，《说文解字》对每个字义的说解，采用了引经据典，"博采通人"，引用方言、俗语、刻石等方法，尽量找出在当时条件下所能认识的最早词义，即为后世学者所一向称引的"说文本义"。许慎从古代经典，如《易》《诗》《书》《礼》《春秋》《左传》等生动的语言实际中，通过分析和揣摩，然后加以归纳和概括，从而确定每一个字（词）的训诂。《说文解字》引用既通经、又通小学者的说法，即"通人"说，如董仲舒、司马相如、京房、欧阳乔、刘向、刘歆、扬雄、贾侍中（即贾逵）、班固、卫宏等二十七家。许慎对于"通人"说的态度是：在己以前者，"博采"之，与己同时者，"博问"之，不管贤与不贤，只要有一见之长、一得之功，凡为自己所不知者，便尽量"采""问"之，力争做到说解有据，也即他自己所说的："至于小大，信而有证。"

对于汉字形体结构的分析，《说文解字》采用了战国以来分析文字的理论——六书说。六书虽为前人所总结，然而明确而系统地提出、详加说明并进行实践者，却是许慎。何谓六书？一曰指事：指事者，视而可识，察而见意，"上""下"是也；二曰象形：象形者，画成其物，随体诘诎，"日""月"是也；三曰形声：形声者，以事为名，取譬相成，"江""河"是也；四曰会意：会意者，比类合谊，以见指撝，"武""信"是也；五曰转注：转注者，建类一首，同意相授，"考""老"是也；六曰假借：假借者，本无其字，依声托事，"令""长"是也。六书说的文字学理论，是汉字造字的法则。《说文解字》对每个字形体结构的分析，是许慎对六书条例的最好实践。凡言"象形""象某形""从某从某""从某、某亦声"者，即是对汉字结构的分析。

在声音方面，《说文解字》贯彻了一条原则，采用了两种方法。一条原则是："音义相依"，"义傅于音"；两种方法是：①通过形声系统说明某字的音读；②用"读若"的方法拟出汉代人的标准读音。在汉字中，有百分之七八十是形声字，《说文解字》通过标以“从某、某声”“从某、某亦声”“从某、某省声”等，从而确定这部分汉字的音读。除此，《说文解字》还用多种形式拟音，如用同音字拟音、用方言注音、用俗语标音、用成语注音等。用这种“读若某”“读与某同”的方法拟音的，在《说文解字》中有六百多条。从这个角度看，《说文解字》又是中国的第一部“同音字字典”。《说文解字》共收10516字，其中没有标音的字是有标音字的根据，有标音的字反映了无标音字的读音。用这种方法，不仅顺利地解决了所收文字的音读问题，而且由声音线索可以探究字源、说明字义。

《说文解字》保存了一大部分先秦字体和汉代及其以前的不少文字训诂，反映了我国古代汉语词汇的面貌，总结了我国文字学发展的历史和我国分析文字的理论，系统地提出了六书说，辟创了以偏旁分部编纂字书、词书的方法，对当时和后代、中国和世界都产生了巨大的影响，在中国语言学史和世界语言学史上，都占有很重要的地位。

清代学者孙星衍说：“唐虞三代五经文字毁于暴秦，而存于《说文》。《说文》不作，几于不知六艺；六艺不通，唐虞三代古文不可复识，五经不得其本解。”

另一位学者王鸣盛说：“《说文》为天下第一种书。读遍天下书，不读《说文》，犹不读也；但能通《说文》，余书皆不读，不可谓非通儒也。”

在甲骨金文大量发现的今天，《说文解字》对甲骨卜辞和钟鼎款识的辨认以及对秦汉简册和帛书的整理，都发挥着巨大的功用。如果不是《说文解字》流传，我们将不能认识秦汉的篆书，更不要说辨认商代的甲骨文、商周的金文以及春秋战国时代的古籀大篆了。今后，随着考古发掘工作和科学发展史研究工作的发展，它必将发挥其更大的作用。

选自1987年《漯河文史资料》第一辑

清代以来郾城纪念许慎的主要活动

（1640—1985 年）

陈满仓[1]

东汉经学家、文学家许慎以及他对文字、训诂、词汇、音韵等方面的巨大贡献，曾吸引着历代学者，研究其书其人者代不乏人，纪念许慎的活动至今不衰。现将清代及其以来的主要活动介绍于后。

清代以前，许慎墓侧（即姬石乡许庄村，今属召陵区）有许氏祠并祠田 120 亩。明末战乱，祠堂被毁，祠田被废。清统一天下后，重修墓建祠，以示纪念。

顺治十三年（1656 年），郾城知县荆其椁修许慎墓道，使其得以完好，供后人祭祀。

康熙四十六年（1707 年）三月，郾城知县温德裕于许慎墓前立碑一通，文曰“汉孝廉许公之墓”，并于每年春秋时节率同僚到墓前举行祭祀活动。

同治初年，给事中谢增始有以许君从祀孔庙之议。事虽未果，但首次为许慎从祀文庙做了舆论工作。不久，许州人许秀三为追祀许慎再次行文。河南督学费延厘，幕客张星鉴见秀三文，以为很好当行。于是上书上宪，请以许君从祀孔庙，“以隆祀典而振士林”。

光绪元年（1875 年），举人张金榜、张培阑，拔贡生赵桂丛，岁贡生赵振泰，廪生安澜，增生宋河清，附生许寰珏，武生程炳南等，呈请郾城县儒学转申上司，请以汉儒许慎从祀文庙。牒文言：“其书为万古文

[1] 陈满仓，1948 年 11 月生，大学文化。郾城县文化局干部，曾任许慎纪念馆首任馆长，许慎研究所副所长兼所办主任，许慎学术研究委员会秘书长，《许学研究集刊》常务副主编，《许慎文化研究》执行主编等。

字不可少之书，其人为千秋豆笾不可少之人。”这年八月，国子监司业汪鸣銮，得书稿上奏，朝廷旨下礼部审议。二年（1876年）礼部行文，准以汉儒许慎从祀文庙，其位次在东庑先儒后苍之次。于是，郾城县学奉许慎木主祔祀于东庑。知县王凤森为文立碑，文曰：“许夫子从祀文庙碑记”，全文记述了许慎生平及功绩。

光绪二十五年（1899年），郾城知县周云下车即访问公（许慎）墓所在，亲临致祭，并且以为“郾城为祭酒桑梓之邦，非有特祠不足以召诚敬而昭来学”。于是，当年六月，在县城东北隅购地三亩三分，命许氏后裔许山凤及当地绅士董其事，建许慎祠，曰“许南阁祠”。为享堂（大殿）五间，过厅五间，大门三间，周围垣墙，门外石桥及照壁。随后又建东西厢房，整体形成四合院仿古模式。享堂（大殿）正中供奉“汉先儒许慎之位”木主。上悬“五经无双”金字匾额。厅堂及厢房四壁置《说文解字》五百四十部叙目木雕，其间以名人字画点缀。后又于祠东建房数间，为诸生肄业之所。又从许姓中择优秀者委以奉祀生，管理祠堂事宜。地方官员每年春秋到许慎祠墓举行祭祀活动。又三年，邑人孟瑞堂撰“创修后汉许公祠碑记”，记述建祠始末。

民国25年（1936年），河南省国民政府一位原籍浙江的许姓视察专员到郾城视察工作，视察许南阁祠，祭拜许慎墓地。他建议，由教育款每年支付15元作为祭祀许慎费用，恢复许南阁祠，重竖许慎牌位，把已改作面案的“许南阁祠”匾重新油漆悬挂起来。并愿意发起“缘谱”在江南筹资重建许南阁祠，进而扩建为南阁书院，使其成为研究文字学的中心。他还准备将全部《说文解字》用大理石雕刻，以垂千古。这位专员离郾后不到半年，便拟就草图，筹足经费。眼看此事即成，不幸华北告急，江南寇侵，人人急于国难，此举遂成泡影。

新中国成立后，党和政府重视文物保护工作。许慎祠墓重新得以修复，纪念许慎的活动也由地方向全国扩展。

1959年，郾城县人民政府公布许慎（墓）坟为县级第一批重点文物保护单位，加强对许慎墓的保护管理工作。

1974年，县文化文物管理部门，根据上级主管部门的要求，在许慎墓所在地许庄村，挑选许氏后裔组成业余文物保护小组，负责对许慎墓的保护管理工作。后来，又根据人员变动情况，分别于1977年、1984年充实了该保护小组。保护小组成员有许贵卯、许治祥、许法治、林宝莲。许贵卯任保护小组组长。

1979年6月，郾城县教师范子文向上级有关部门上“建议书”，提出五条建议：（1）建立许慎纪念馆，（2）收集许学专著，（3）编写许慎遗事，（4）征集当代名人字画，（5）组织开展纪念许慎活动，弘扬祖国优秀历史文化遗产。

1980年11月，西平县大郭学校教师郭尚武（原籍郾城县）向省政协书面反映开展纪念许慎有关事宜。省政协批转省文物局调查处理。省文物局派人到郾城调查协商保护许慎祠墓、开展纪念许慎活动的有关事宜。

1982—1985年，郾城县筹备并迎接了由中国训诂学研究会、河南省语言学会、河南大学、郑州大学联合举办的全国首届大型纪念许慎学术研讨会。会议发起、筹备、活动情况如下：

1982年，中国训诂学研究会在苏州成立。来自全国各地的著名专家学者一致认为，1800多年前的许慎是中国历史上著名的经学大师和伟大的文字学家。他撰写的《说文解字》一书不仅是中国而且也是世界上第一部分析字形、说解字义、辨识声读的字典，是研究古代汉语文字的桥梁和不可缺少的钥匙。许慎和他的《说文解字》在中国乃至世界历史上都有着重要地位。因此，许慎被历代学者尊称为“五经无双”“字圣”“文宗字祖”等。作为中国训诂学研究会发起纪念先哲、弘扬祖国优秀历史文化、进行学术交流，首先应举办纪念许慎活动，从而推动古文字学研究的广泛开展。根据专家学者们的意见，会议决定，中国训诂学研究会成立后的第一次学术研讨会为“纪念许慎学术研讨会”，并委托河南大学教授于安澜等向河南省委、省政府及有关单位汇报此事，征得河南省各级政府和有关单位的支持和配合。

于安澜等回到河南，即向河南省领导和有关单位汇报了中国训诂学研究会决定在河南召开纪念许慎学术研讨会的意见。河南省有关领导十分重视，表示一定要开好这次会议。

1983 年元月 21 日，河南省文物局专门以〔豫文物字（1983）第 5 号〕函的形式通知郾城县，充分做好迎接召开全国首届纪念许慎学术研讨会的准备工作，并且强调指出，要修好许慎墓。同时，责成许昌地区（原辖郾城县）文化局给以大力支持。4 月 5 日，河南大学教授于安澜先生亲自来郾城县调查有关许慎的遗迹、逸事，并宣传发动许慎故乡人为纪念许慎活动作贡献。这年 10 月，中国训诂学研究会在扬州召开年会，特邀郾城代表参加会议。郾城县派文化局副局长赵怀然、文化干部张汝鲤与会。会上，于安澜先生向大会介绍了在河南发动纪念许慎活动的准备情况。赵怀然副局长汇报了郾城县为开好这次会议的信心和具体筹备事宜。大会认为，召开纪念许慎学术研讨会的条件基本成熟，决定于 1985 年 4 月在河南开封（开幕式及学术研讨）、郾城（拜谒许慎墓、为重修的许慎墓揭碑、参观有关许慎展览、为许慎故里题墨宝）、洛阳（为新塑许慎像举行落成典礼、大会闭幕式）三地举行纪念活动。会议还指定专人协助在 1984 年办好如下有关设施建设的具体事宜。即郾城方面负责完成整修许慎墓、许慎祠工程，在许慎墓前重立清代遗留碑刻，并且由中国训诂学研究学会、河南省语言学会、郾城县人民政府联合新立“重修许慎墓碑”一通。洛阳方面负责完成在东汉东观旧址为许慎塑像工程。

扬州会议结束后，中国训诂学研究会秘书长许嘉璐、副秘书长唐文及有关人员亲自到河南敦促筹备工作。在百泉，许嘉璐、唐文等会见了河南省委宣传部副部长林英海同志，通报了学会关于召开纪念许慎学术研讨会事宜。当时，河南各地区宣传部部长在百泉开会，林英海同志专门召集开封、许昌、洛阳三地区宣传部部长，布置纪念会的筹备任务。林英海同志还陪同许嘉璐等一行拜访了河南省文化厅彭玮厅长。彭玮厅长对开好这次会议表示大力支持，并答复拨款 6 万元搞好许慎墓和许慎祠的整修工程。

许嘉璐先生回北京后，又受托请北大教授著名语言文字学家、中国语言学会名誉会长王力先生为郾城许慎纪念馆题写了馆名匾额，请北大教授著名语言文字训诂学家陆宗达先生为重修许慎墓撰写碑文。

1983 年 12 月，河南省文化厅文物局第一次拨款 3.5 万元，用于许慎墓、许慎祠的整修工程。郾城县文化局派文化馆馆长杨云龙、文物干部张显亮、陈满仓共同负责这项工作。

1984 年 6 月，河南省语言学会、河南大学、郑州大学、郾城县政府有关单位，又分别在开封、郑州两地召开筹备会，通报筹备情况。

1984 年 10 月，中国训诂学研究会在陕西省西安市召开年会。会上，由河南省语言学会副会长、郑州大学副校长张桁教授向大会通报了一年来河南筹备纪念许慎学术研讨会的情况。会议表示满意。开幕时间定于 1985 年 4 月 12 日。

1984 年 10 月，河南省文化厅文物局第二次向郾城拨款 2.5 万元（两次共拨款 6 万元）加强对许慎墓、许慎祠的整修工作。

1985 年 3 月，许慎墓整修工作（包括征地开辟陵园、砌墓、修路、植柏）基本竣工。4 月初，许南阁祠过厅修复工程、陈列工作（包括屋顶大修、四壁粉刷、房架油漆、匾牌刻制、展柜制作、展品陈列及院内立碑、绿化等）也已就绪，为开好全国首届纪念许慎学术研讨会做好了充分准备。

1985 年 4 月 12 日，全国第一次纪念许慎学术研讨会按照预定期限在开封河南大学礼堂隆重开幕。应大会邀请，郾城县委宣传部部长崔瑞卿、县文化馆干部张汝鲤、二中教师顿嵩元作为正式代表参加了会议。张汝鲤、顿嵩元向大会递交了论文。顿嵩元在大会上宣读了论文。

4 月 16 日下午，与会的 120 多位专家学者和有关社团组织、大专院校代表及新闻界人士，按会议日程安排由开封抵郾。

4 月 17 日上午，会议在许慎墓地隆重举行谒墓揭碑仪式。与会代表对中国历史上在郾城这块土地上出现许慎这么一个经学大师和文字学家感到十分敬慕，对能到许慎故乡郾城拜谒许慎墓感到非常荣幸。

选自 2006 年《漯河文史资料》第十四辑

许慎文化研究概略

李满堂[①]

许慎（约58—147年），字叔重，东汉汝南召陵（今漯河市召陵区姬石镇许庄村）人，我国东汉时期著名的经学家、文字学家，是中国文字学的开拓者，被誉为“五经无双许叔重”。许慎曾任太尉南阁祭酒等职，师从于经学大师贾逵，学古文经学，博通经籍，一生著述甚丰，如《五经异义》《淮南鸿烈解诂》《说文解字》等。许慎几乎倾其毕生精力著成《说文解字》这部不朽巨著。许慎约于公元90年开始编著《说文解字》，100年（东汉和帝永元十二年）草成，并为其作叙。之后，又历经21年反复修订成书，于121年农历九月初九，病中命儿子许冲带书进京（洛阳），献书朝廷，朝廷指派专人对书稿进行审阅后，于当年十月十九日下诏表彰，《说文解字》从此面世，流传至今。《说文解字》是中国乃至世界上的第一部字典，以六书理论系统地分析字形、解释字义、辨识声读，历史影响十分深远，是文字学方面的经典著作。

由于许慎对汉字学的巨大贡献、《说文解字》的广泛流传以及对后世的深远影响，逐步形成了“说文学”“许学”乃至许慎文化。

许慎文化的研究起始于对“许学”和《说文解字》的研究，自《说文解字》面世以来，很多文人学者通过手抄、翻刻等各种形式使其广泛流传。据粗略统计，现存的《说文解字》版本就有300种以上。1800多年来，出现了许多研究《说文解字》的著作，产生了许多的“许学”专家和学者。最早的是梁代庾俨然的《演说文》，此书虽然已失传，但历史有记载。之后的唐宋元明各代都有研究的学者，特别是清代，出现了

① 李满堂，男，汉族，漯河市召陵区人，1959年11月出生，中国地质大学经济学专业毕业。先后在漯河市统计局、农机局、政协工作，曾任政协漯河市委员会学习文史委主任、港澳台侨委主任。

研究《说文解字》的四大家：段玉裁、桂馥、王筠、朱俊声。近代有章太炎、黄侃等人，他们都有许多著作。到了现代，研究《说文解字》和许慎的论著更多：张舜徽的《说文解字约注》、张震泽的《许慎年谱》、陆宗达的《说文解字通论》、丁福保的《说文解字诂林》，还有河南大学编著的《说文解字注》、汕头大学编著的《新说文解字》等。这些专家学者及其著作都对许慎文化的传承和发扬光大做出了突出的贡献、取得了丰硕成果。

不过，以前对许慎文化的研究大多是分散的、自发的、甚或是单方面的，真正是有组织、集中性、系统性的研究，则始于 20 世纪 80 年代初期。

1981 年 5 月，中国训诂学研究会在武汉成立，会长陆宗达（1905—1988 年，浙江慈溪人，训诂学家）。1982 年，该研究会提议召开全国性的纪念许慎学术讨论会，建议郾城县等有关方面尽快修复许慎墓和许南阁祠，收集有关资料，筹建许慎纪念馆。

2005 年首届许慎文化国际研讨会开幕式

1983 年 11 月，中国训诂学研究会在扬州举行段玉裁（1735—1815 年，江苏金坛人，龚自珍外公，清代文字训诂学家、经学家）、王念孙（1744—1832 年，江苏高邮人，清代经学家）、王引之（1766—1834 年，江苏高邮人，王念孙之子、清代学者、汉学家）学术讨论会。殷孟伦、徐复、杨潜斋、周祖谟、胡厚宣等训诂学会成员，全国各地的专家、学者、教授和有关方面人士 150 余人参加会议。在会议开始之前，多数与会代表提议，为体现重视许慎对文字学的奠基作用，建议增加许慎学术讨论的内容。于是，会议采纳代表们的建议，改变原定的会议日程，将 4 天的会议专门抽出 1 天时间，先期召开许慎学术讨论会，而后召开段、王学术讨论会。会上，10 多位专家、学者就许慎对文字学的重大历史贡献和《说文学》的深远影响等方面先后发言，进行了深入的研究讨论，提交论文 20 多篇。并将论文汇集成册，编辑出版《许慎和〈说文〉研究论文集》油印本。《扬州大学学报》1983 年第 4 期，对这一盛会情况进行了详细报道。这是有史以来首次以会议形式，对许慎文化进行有组织、有议题、有成果、有权威的专题研究。

1985 年 4 月，纪念许慎学术讨论会召开（后被称为第一届许慎学术讨论会）。为了纪念许慎，传播弘扬许慎文化，促进对《说文解字》的研究与学术交流，中国训诂学研究会、河南省语言学会、河南大学、郑州大学、新乡师范学院、信阳师范学院联合举办纪念许慎学术讨论会，

1985 年 4 月参加许慎学术研讨会的代表在许慎墓前合影

参加会议的有全国训诂学会会长徐复、副会长周大璞、杨春霖、赵振铎、许嘉璐，训诂学会顾问殷孟伦、于安澜以及部分训诂学会委员，当代著名学者王力、朱东润、周祖谟、程子帆、霍松林、张舜徽、于安澜等或题词或挥毫泼墨，以表对会议的祝贺和对许慎的纪念。讨论会分三个阶段分别在三地进行，第一阶段 4 月 12 日至 15 日在开封举行，12 日上午在河南大学举行了隆重的开幕仪式，紧接着进行广泛而深入的纪念许慎学术研讨交流活动。第二阶段于 16 日赴许慎故里郾城县，举行许慎墓揭碑仪式（此前，经省政府拨款对许慎墓和许南阁祠进行了整修），参观有关许慎展览、许慎纪念馆，拜谒许慎墓，为许慎故里题赠墨宝等；当日下午，与会人员又进行了简短的座谈讨论，提出了在许慎故乡成立研究机构、建设许慎纪念馆及其他纪念设施等很多很好的意见建议。第三阶段于 17 日移师洛阳。因为当时洛阳是东汉的都城，也是许慎一生中重要活动地之一，他曾在这里教书讲学、任东观校书（东观，东汉时期宫廷中贮藏档案、典籍和从事校书、著述的处所，相当于今天的档案图书馆；校书，又称校书郎中，官名）；同时，洛阳又是许慎遣其子许冲献《说文解字》于朝廷之地。为此，会议在这里为新塑许慎像举行落成典礼，并举行会议闭幕式。

这次会议，是有史以来第一次专门召开的许慎学术研讨交流会，会议取得了丰硕成果：一是宣读提交论文 30 多篇，丰富了许慎研究内容和成果，扩大了对许慎学术的知悉面。二是向当地政府郑重建议：成立许慎学术研究机构，加强和广泛开展许慎学术讨论交流活动；创造条件，加大宣传力度，逐步建立许慎学术资料搜集联络展示中心、许慎圣地参观旅游中心等，扩大许慎及说文学对后世的影响力。三是呼吁河南省、许昌地区、郾城县等有关方面，加大资金投入，加强许慎纪念设施建设。

1987 年 8 月 4 日，根据政协委员的提案并结合当时国内外出现的研究许慎的热潮，漯河市政协组织召开由部分市政协委员和市委宣传部、市教育委员会、市文化局、市科学技术协会、郾城县文化局等单位负责同志或专业人员共 14 人参加的许慎座谈会，市政协副主席周祖训出席了会议。此次座谈会虽然时间不长、规模不大，但是效果很好。首先是会议集中座谈讨论了许慎和“许学”在中国文化史乃至世界文化史上的地位和作用，作为历史文化名人许慎故里漯河市，应当怎样加强同国内国外的联系，促进对许慎和“许学”的研究与交流，并对如何开展纪念、旅游活动等方面的若干问题进行了深入的讨论。其次是会后形成了座谈会情况报告，以市政协文件形式呈报中共漯河市委，报告除简单汇报座谈会以及许慎的有关情况外，重点提出三个方面的建议：一是成立许慎研究机构。由市科学技术协会或者市文化局牵头，争取在年内建立“漯河市许慎研究会”，研究会立足本市，面向全国，开展学术讨论，交流研究成果，搜集文献资料，使漯河市逐步成为许学研究中心、《说文解字》各种版本收藏中心、文献资料展示中心。二是建设许慎文化纪念设施。主要有：建设许慎陵园，在现有许慎墓园基础上进行扩建而成；命名许慎公园，将以后新建的公园，命名为许慎公园；建设许慎纪念馆，选址在许慎墓园、郾城文庙大成殿后空地、许慎公园内等处均可；命名许慎中小学，选择市区及郾城县一所优秀中学命名为许慎中学，将许慎故里许庄小学命名为许慎小学；雕塑许慎塑像，可考虑的选址有四个：许慎陵园入口处、漯河火车站广场、许慎纪念馆、许慎中学院内；研制有关许慎的旅游纪念品；加强许慎文化宣传，将漯河市对外宣传的材料、画册中加入有关许慎的内容。三是开展资金征集。除市财政每年安排一定的专项资金外，许慎研究会要广开渠道，向海内外征集资金，用于许慎文化研究和纪念设施建设。

1988 年 2 月，河南省政协委员、漯河市政协主席刘希正，省政协委员王开书联名撰写《关于加强对历史文化名人许慎研究和举办许慎故里纪念性建设的提案》，介绍了许慎及其《说文学》的历史功绩，强调了加强许慎学术研究、开展许慎纪念活动的重要意义，提出了三点建议：一是成立“河南省许慎研究会”“漯河市许慎研究会”、组织开展全国性的许慎学术讨论会；二是开展许慎纪念性建设，在漯河火车站广场雕塑许慎塑像，整修扩大许慎陵园，在漯河市区东部建设许慎公园，在公园区建设许慎纪念馆；三是提请省政府拨专款举办以上各项纪念性建设。

当年6月28日，河南省文化厅以“豫文办〔1988〕第48号”文件对该提案予以答复：已向省人民政府呈报了申请拨款的报告，并拟向省政府领导和国家文物局汇报，争取支持，尽早实现建立许慎纪念馆的愿望。

1989年5月，许慎研究会成立大会暨第二届许慎学术讨论会召开

1988年4月15日，河南省文字学会呈报报告，申请成立许慎研究会。当年10月22日，河南省社会科学联合会以“豫社联字〔1988〕第41号”文件批复，同意成立许慎研究会，该研究会为河南省文字学会下属的二级研究会，挂靠在漯河市文化局。

1989年5月6日至9日，“许慎研究会成立大会暨第二届许慎学术讨论会”在漯河举行，此次会议盛况空前，来自全国及本省、本市的97位专家学者、宣传文化新闻部门的工作者、记者、专业人员等参加了会议。会议贯彻“百花齐放、百家争鸣”的方针，就许慎的生平及《说文解字》进行讨论和交流，取得了丰硕成果：专家学者济济一堂，对许慎学术进行了深入热烈的讨论，广泛交流了研究心得、研究成果、研究信息，会议交流重要论文24篇；会议期间邀请台湾许氏宗亲祭祖观光团前来祭祖观光，并赠送他们许慎画像、许慎研究专著和字画条幅等，增进了海峡两岸人民的亲情、友谊和团结；会上成立了许慎研究会，推荐了理事会人选，聘请了顾问和名誉会长，选举产生了理事会。许慎研究会顾问：北京大学教授周祖谟、华中师范大学教授张希徽、北京师范大学副校长许嘉璐、中共河南省顾问委员会副主任韩劲草、河南省人大常委会副主任岳肖侠、河南大学教授于安澜、中共漯河市委书记李长铎、中共漯河市委常委宣传部部长杨全山、漯河市政协副主席周祖训、河南省社会科学联合会常务副主席胡世厚、国家文物局博物馆处处长郑广荣、中华书局编审赵诚、北京师范大学教授王宁、湖北大学教授章季涛、信阳师范学院教授吴力生；名誉会长：河南省文化厅顾问彭玮、漯河市市长鲁茂生、漯河市副市长刘法民；常务理事会：会长河南大学教授董希谦，副会长齐冲天、郝本性、白晓国、徐庆耀、顿嵩元、林西方、张永福、孟顺理、徐豫生，秘书长张效忠，副秘书长王兴业、裴泽仁、马树奇、李德兴、齐新卷；理事会共 50 人。会议一致通过了《许慎研究会章程》，明确了研究会的性质、宗旨、任务和机构、会员的权利义务等。许慎研究会的任务主要有以下几个方面：一是抓好对许慎和《说文解字》的学术研究，这是研究会的首要任务；二是抓好学术交流，要经常组织一些小型的或者各种形式的学术讨论活动；三是培养和建设一支有志于“许学”研究的队伍，这是关系到“许学”研究后继有人的问题，是战略问题；四是理事会应当树立为研究会、为广大专家学者服务的思想，为研究者提供条件，排忧解难；五是努力为学术研究创造一个比较好的研究环境，让大家在无压力、无后顾之忧的情况下发表自己的学术见解；六是研究会要增强参与意识，不能孤立地研究学术，而应理论联系实际，为现实服务。会议还通过了《许慎研究建设基金会章程》，规范明确了研究会基金的征集和使用等事宜。许慎研究会的成立，标志着我国第一个专门研究“许学”的群众性团体宣告成立，《人民日报》（1989 年 5 月 29 日）、《人民日报·海外版》（1989 年 6 月 5 日）、《光明日报》（1989 年 6 月 4 日）、《古汉语研究》（1989 年第二期）刊载了许慎研究会在河南省漯河市成立的消息；《河南日报》《漯河报》以及省市广播电视台全程跟踪报道了讨论会召开及研究会成立的盛况。

1990 年，河南省社会科学院郾城许慎研究所成立

1990 年，在郾城县政协、郾城县许慎纪念馆、许慎研究会副会长顿嵩元等的积极倡议推动下，经河南省社会科学院批准，郾城县政府邀请国内 20 多位著名许学专家聚会，商讨成立了河南省社会科学院郾城许慎研究所，这又是我国第一个专门从事“许学”研究的固定性场所，至此，郾城县已成为许学界研讨、交流、关注的中心。

1991 年，对许慎学术研究扩展到了国际范围。这一年的 9 月 21 日至 24 日，许慎研究会、中国语言学会、漯河市人民政府联合在许慎故乡漯河召开了许慎与“说文学”国际学术研讨会。来自日本、南朝鲜（1992 年 8 月中国与其建交后，始称韩国）、马来西亚和中国台湾地区的说文研究者参加了研讨会。大会开幕式由许慎研究会会长董希谦主持，许慎研究会首席顾问、著名语言文字学家周祖谟致开幕词，会议共收到论文 96 篇，内容丰富，涉及面广，不仅有宏观的理论探索，亦有微观的汉字溯源。这是有史以来以《说文》学为主题召开的第一次国际学术会议，讨论问题涉及许慎故里考辨、《说文解字》的学术价值、“说文学”的研究方法、《说文解字》与汉字学、《说文解字》的条例、《说文解字》的版本及校勘、《说文解字》中个别字考证等七个方面。大会发言大多涉及对《说文解字》一书的评价问题，因此，对《说文解字》学术价值的再认识，便成为会议的中心议题。与会学者认为，在此问题上取得正确的认识，是这次会议共同的收获，它对“许学”研究有着巨大推动作用。

之后的十多年，以纪念许慎为主题的学术活动进入低潮，甚至一度中断，其间只有2000年4月17日至20日，中国训诂学研究会在南京师范大学召开的新千年第一次年会暨徐复教授九十寿辰学术讨论会，把《说文解字》和“说文学”研究作为其中的一个议题予以讨论交流。

到了21世纪初期，著名文字学家王蕴智教授首先提出了“许慎文化”这个概念，并为此概念界定了内涵，即“许慎文化当是指华夏同胞热爱汉字、学习研治汉字的传统人文精神以及由许慎所发起、创立的汉字学”。这个概念的提出，实现了概念上的升华，把许慎学术讨论上升为许慎文化研究。与此同时，随着漯河市经济社会的快速发展，字圣的家乡经济实力和文化品位日益提高，全市上下再次认识到了加强许慎学术研究、许慎文化开发的重要价值和现实意义。之后，经过众多专家学者的酝酿和商讨，终于在2005年召开了首届“许慎文化国际研讨会”，全世界的“许学”专家会聚漯河，把对“说文学”的研究推上了新的高潮。

2005年11月21日至22日，为纪念我国东汉时期杰出的经学家、汉语文字学的奠基人许慎，深入开展“许学”和许慎文化研究，首届许慎文化国际研讨会在许慎故乡漯河市隆重召开。这次盛会由中国文字学会、中国训诂学研究会、河南省人民政府主办，河南省文字学会、中共漯河市委、漯河市人民政府承办，国家、省、市有关领导，许氏宗亲代表，来自美国、加拿大、韩国、乌克兰、利比里亚、马来西亚和中国台湾、中国香港等国家和地区的代表，来自北京大学、中国人民大学、四川大学、中山大学、武汉大学、南京大学等著名高等院校知名专家学者，以及其他方面的有关人士，共260多人参加。新华社、人民日报、光明日报、经济日报、中国青年报、中央人民广播电台、中央电视台、香港大公报、河南日报、河南人民广播电台、河南电视台、大河报等30

多家新闻媒体的记者参加和报道了这次盛会。省内16个兄弟省辖市也应邀派代表参加会议或者发来贺电表示祝贺。

11月21日9时30分，在漯河市体育馆举行盛大开幕仪式，研讨会全体与会人员及漯河市各界代表近4000人参加了会议。开幕式上，中国文字学会会长黄德宽致辞，香港许氏宗亲会首席会长许嘉鎏发言，河南省人民政府副省长王菊梅致辞，全国人大常委会副委员长许嘉璐讲话，中共河南省委书记、省人大常委会主任徐光春讲话并宣布首届许慎文化国际研讨会开幕。

开幕式结束后，与会代表赴许慎陵园，首先举行许慎铜像揭幕仪式。新塑成的许慎铜像高3米，坐落于高1.88米、形似“典”字主题的基座上，庄重、典雅、大方，是文宗字祖大家风范的再现。随后瞻仰许慎铜像，拜谒许慎墓，参观许慎陵园。

11月21日下午至22日上午，许慎与“说文学”研讨会在金都大酒店举行。21日下午有两项活动：一是主题发言，教育部语信司副司长、中国文字学会副会长兼秘书长王铁琨主持，北京师范大学教授王宁、四川大学教授、中国训诂学研究会名誉会长赵振铎、韩国网络大学中国学系教授许壁、南开大学教授向光忠、郑州大学教授齐冲天、中国训诂学研究会会长李建国先后发言；二是许慎文化景区开发规划思路演示。22日上午专题研讨，分两个小组进行。第一组由北京师范大学教授、中国训诂学研究会常务副会长、秘书长朱小健和信阳师范学院教授许仰民主持，舒怀、蔡万进、卢博文、顿嵩元、宋均芬、周宝宏、吴永坤、黄亚平、张其昀、杨宝忠、许敬生、钱奕华、陈双新、康国章、陈年福、高智、冯蒸、翟枢华、古敬恒、贾中锋、韩伟、赵伯义、周国瑞、魏清源、蔡英杰、陈燕、马伟成、陈晓红、赵平安共29位专家先后发言；第二组由安徽大学教授白兆麟和北京大学教授苏培成主持，黄文杰、宫大中、赵立伟、李力新、蔡运章、党相魁、刘信芳、王贵元、禤建聪、齐航福、张标、叶茂根、陆锡兴、陆炳文、班吉庆、樊俊利、门艺、刘风华、王长丰、焦智勤、涂白奎、郑慧生、郑杰祥、孟蓬生、董希谦、杨汝舟、徐在国、胡谭光共28位专家先后发言。研讨会共收到学术论文

78 篇，会后整理编辑成册公开出版，共收入学术论文 57 篇。

21 日下午，许氏宗亲座谈会在金都大酒店举行，漯河市委副书记张社魁主持，漯河市市长靳克文作关于许慎文化研究开发工作的情况通报，香港许氏宗亲会、南昌许氏联谊会、许昌许氏宗亲会与首届许慎文化国际研讨会筹备委员会互赠纪念品，清华城市规划设计院副院长袁昕教授介绍许慎文化景区规划思路，许氏宗亲代表许志乾发言，许嘉璐副委员长讲话。

21 日下午，投资项目招商会在蓝天假日酒店举行，漯河市委副书记彭德胜致辞，清华城市规划设计院专家介绍许慎文化景区规划思路，漯河市发展和改革委员会主任高喜东发布招商项目，最后进行项目签约仪式。

21 日晚，“字圣千秋故里情”大型文艺晚会在漯河体育馆举行，来自河南省内的任宏恩、虎美玲、海连池、金不换、申小梅、贾庭聚、王惠、范军、于根艺、兰力、朱永君、李斌、张惠、王甜甜等诸多著名表演艺术家、优秀青年演员、《梨园春》少儿金奖获得者登台献艺，为首届许慎文化国际研讨会助兴添彩。

22 日上午，“许慎杯”全国著名书法家作品展在漯河体育馆进行，漯河市政府副市长薛豫宛主持，漯河市委副书记彭德胜致辞，漯河市政协副主席杨松贺发言，中国书法家协会副主席、省文联主席张海讲话，为优秀作品颁奖，书法家们现场挥毫泼墨书写作品。

首届许慎文化国际研讨会丰富多彩、有声有色、成果丰硕。这次研讨会不仅加强了海内外许氏宗亲及与会宾朋的联谊、促进了“许学”研究的深入和有关文化的交流，而且对弘扬许慎文化、加快漯河文化建设和经济社会发展产生了重要的推动作用。同时，通过“文化搭台、经贸唱戏”，签订了 8 个合作项目，总投资 3.56 亿元。是一个规格高、影响大、收获多的盛会，是一个提高漯河知名度、加强文化与经贸合作、加快漯河发展的盛会，是一个弘扬传统文明、发展先进文化、促进文化强市建设的盛会。

首届许慎文化国际研讨会的成功举办，丰富了中原文化，推动了文字学研究的深入开展，让各界人士进一步认识到了许慎文化的内涵、价值和历史地位，对漯河经济社会的发展也产生了深远影响。会后，漯河市从自身的独特优势出发，决定打响食品名城和许慎文化“两张牌”，确立了以发展许慎文化为重点、文化旅游两篇文章一起做的基本思路。更加注重对许慎文化的保护、研究和开发利用，在弘扬许慎文化，光大许慎精神方面采取了一系列重大举措，致力于把漯河打造成国内外知名的许慎文化研究中心、许慎文化资料中心、汉字文化旅游中心。自 2006 年以来，漯河市连续举办了四届许慎文化周活动。许慎墓于 2006 年 5 月公布为第六批全国重点文物保护单位，为了更好地保护和开发许慎文化，漯河市立足长远、高端定位、科学谋划，在许慎墓园的基础上，投资 5200 万元开发建设占地 150 亩的许慎文化园，并请专业规划设计部门编制了《许慎墓文物保护规划》和《许慎文化园修建性详细规划》。许慎文化园开发建设工程于 2007 年 10 月开工，2010 年 10 月完工。借助许慎文化园开园之际，再一次召开了许慎文化国际研讨会。

2010 年，第二届许慎文化国际研讨会在许慎故里漯河市召开。国家语言文字工作委员会、中国文字学会、中国训诂学研究会、河南省人民政府主办，河南省语言文字工作委员会、河南省教育厅、河南省文字学会、中共漯河市委、漯河市人民政府承办。本届许慎文化国际研讨会的主题是弘扬汉字文化，传承许慎精神。来自英国、荷兰、以色列、尼日利亚、加纳、法国、韩国、泰国、印尼、日本、越南、土耳其、意大利、马来西亚、德国、尼泊尔、美国、中国香港、中国台湾等 19 个国家和地区的 300 多名专家、学者、许氏宗亲代表、客商，齐聚沙澧河之滨，共襄盛举。

10 月 27 日，第二届许慎文化国际研讨会开幕式在漯河体育馆举行，全体与会代表、漯河市各县区、开发区、市直各单位负责人及有关方面代表，共 3000 多人参加。漯河市委书记靳克文致欢迎辞，国家语言文字工作委员会主任李卫红讲话，河南省人民政府副省长孔玉芳讲话，十届全国人大常委会副委员长许嘉璐讲话并宣布第二届许慎文化国际研讨会开幕。

10月27日上午，开幕式结束后，参加会议的国家、省市领导，漯河市有关方面负责人，部分专家学者，许氏宗亲代表以及特邀嘉宾等即刻赶赴许慎文化园，举行了热烈隆重的许慎文化园揭牌开园仪式、字圣殿开殿仪式、许慎坐像揭幕祭拜仪式和集中参观园区活动。

10月27日上午，举行许慎小学揭牌仪式。坐落在文化路北段路东的漯河市源汇区许慎小学，始建于20世纪60年代，曾称漯河市实验小学。1991年9月，在许慎与“说文学”国际学术研讨会召开期间，为纪念“文化宗师”许慎，将该学校更名为“漯河市许慎小学”，并在校园内塑造许慎雕像。2010年10月，第二届许慎文化国际研讨会召开期间，许嘉璐副委员长特为该校题写“许慎小学”校名，并确定该校为许慎文化传承基地，举行庄重的校名揭牌仪式暨许慎文化传承基地揭牌仪式。这里不妨多说几句有关该校的后话：2011年，漯河市对文化路双汇广场以北至人民路区域实施旧城改造，该校恰在此区域之内，需要整体拆除迁建新址。于是，新校址南迁约800米，建于文化路湘江路口东南角，原漯河红日化工厂厂址上，占地面积约38亩，总建筑面积27000平方米，60个教学班，可容纳在校生3000人。2013年7月新学校落成，7月13日上午，举行新学校迁入仪式。校园正中新塑许慎雕像，并将“许慎小学”校名题字镶嵌于学校北大门和西大门之上。不过，该学校的全称应为“漯河市源汇区许慎小学”，隶属于源汇区教育科技体育局。

10月27日下午，许氏宗亲座谈会在会展中心召陵厅举行。十届全国人大常委会副委员长许嘉璐、河南省有关部门负责同志、漯河市四大班子主要领导、许氏宗亲代表以及特邀嘉宾、客商等50多人参加会议，座谈会由漯河市委副书记张社魁主持，市委书记靳克文致欢迎辞，许氏宗亲代表2人、许氏客商代表2人、许庄村代表1人发言，许嘉璐副委员长讲话。

10月27日下午，组织部分与会专家学者对中国辞书博物馆筹建方案进行了深入的论证。

10月27日下午，举行了市情说明及项目推介会，向许氏宗亲、台商、闽商、粤商等150多人推介了漯河，并介绍了贾湖文化旅游产业开发项目、陈星聚纪念馆二期旅游项目、小商桥旅游景区建设项目、“梦幻沙澧河”水上旅游开发项目、IT产业园项目和食品产业基地项目。

10月27日下午，“许慎杯”全国书法名家作品展及笔会在许慎文化园举行，来自全国及省市的著名书法家及书法爱好者踊跃参加。参展作品以篆书书法作品为主。会议共征集优秀作品150多幅，且大部分为中国书法家篆书委员会委员以上书法家作品，其中全国著名书法家篆书作品50多幅。书法家们现场挥毫泼墨书写作品，交流书法艺术。同时，对参选作品进行评比，分别评出一、二、三等奖，对所有参展作品颁发获奖证书、入选证书。此次书法展及笔会作品突出弘扬许慎文化这一主题，以篆书形式和表现手法，反映漯河市经济社会发展取得的巨大成就，为第二届许慎文化国际研讨会增添了浓厚的艺术氛围。

从本届研讨会起，大会出现并固定下来了会徽和会名。许慎文化国际研讨会会徽由中华人民共和国香港、澳门特别行政区区旗和区徽设计最高奖获得者，九届、十届全国人大代表，享受国务院政府特殊津贴专家，北方工业大学艺术学院教授肖红设计。会徽从整体上看，如一轮冉冉升起的太阳，象征着光大许慎文化的前景与希望。篆体的“文”字寓意了汉文字这一中华文明得以传承的载体，寓意了许慎所著的我国第一部系统说解文字的经典《说文解字》这一伟大的著作；篆体的“文”字形如人体，寓意汉文字在加强人与人之间沟通、加强各民族团结方面所起的独特的作用；其上的灯盏与火苗象征了薪火相传的中华文明之火；“文”的两侧为翻开的书页，寓意许慎的《说文解字》《五经异义》等经典著作。此会徽将作为许慎文化国际研讨会的永久标志。

许慎文化国际研讨会会徽

首都师范大学教授、著名学者、书法家、书法教育家欧阳中石题写“许慎文化国际研讨会”，作为大会题名，而且以后历届许慎文化国际研讨会都将沿用此题名。

10月28日，第二届许慎文化国际研讨会专题研讨会在金都大酒店举行，会议的主题是：弘扬汉字文化传承许慎精神。参加研讨会的专家学者共113人，其中有67人发言。与会人员分三个小组，每组上午、下午又各分为上下半场。第一组45人参加，分别由李家浩、蔡哲茂、董琨、董希谦主持，先后有23人发言。第二组36人，分别由张生汉、张其昀、叶国良、顾涛主持，先后有22人发言。第三组32人，分别由单周尧、王蕴智、沈宝春、徐正英主持，先后有22人发言。

10月28日下午，第二届许慎文化国际研讨会闭幕。本届研讨会的特点是：规格高、规模大，成果丰、效果好、意义深、影响远。集文物保护、名人纪念、文化教育于一体的许慎文化园，在会议期间正式开园，成了弘扬许慎文化的重要载体和基地。通过举办此次盛会，促进了漯河市突出发展以许慎文化为代表的特色文化，使漯河市逐步发展成为国际性许慎文化研究中心、“许学”文献资料中心和汉字文化圣地旅游中心，全力打造城市文化品牌，增强城市的综合竞争力。通过举办此次盛会，有利于不断丰富中原文化的内涵，对于推动河南省由文化资源大省向文化资源强省跨越，具有重要促进作用。

2015年11月1日至2日，第三届许慎文化国际研讨会在漯河市举行。《说文解字》传承中华文明，许慎故里情牵四海宾朋，金秋时节，硕果累累，来自海内外的专家学者齐聚漯河，开展研讨交流，弘扬许慎文化，传承中华文明。

10月31日下午，“聆听大家——许慎精神与当今世界”论坛在漯河市会展中心报告厅举行，十届全国人大常委会副委员长许嘉璐及中外知名专家学者参加。大家纷纷发言，畅谈许慎精神与当今世界，对汉字学习、《说文解字》的历史地位及影响、许慎精神的本质、许慎文化的传承和发扬、许慎文化国际研讨会的意义等进行了交流。

11月1日上午9时，由中国文字学会、中国训诂学研究会主办，河南省文字学会和漯河市政府承办的第三届许慎文化国际研讨会在许慎文化园六书广场隆重开幕。十届全国人大常委会副委员长许嘉璐，中国文字学会会长黄德宽，省人大常委会副主任段喜中，中国训诂学研究会会长、北京师范大学人文宗教高等研究院常务副院长朱小健，国台办信息中心主任仇开明，省旅游局局长寇武江，省社科院党委书记魏一明，中国训诂学研究会原会长、西南交通大学人文学院特聘教授李建国，中国电影家协会党组副书记许柏林，省文化产业办公室主任徐慧玲，河南省文字学会会长、郑州大学教授王蕴智，北京师范大学汉语文化学院副院长朱瑞平，河南许氏宗亲联谊会会长许克俭等，来自美国、加拿大、韩国、日本和中国台湾等国家和地区的121名国内外知名专家、学者，来自北京大学、清华大学、北京师范大学、浙江大学、武汉大学、中国科技大学、四川大学等42所著名高等院校，许氏宗亲代表、客商代表，漯河市的领导，县区、市直部门负责人以及有关方面代表参加。

漯河市委书记马正跃致欢迎辞：本届许慎文化国际研讨会的举办，对于更加深入研究和弘扬许慎文化、更加有效打造漯河特色文化品牌、持续增强漯河发展软实力，将会起到重要的推动作用；尤其是研讨会以“许慎精神与当今世界”为主题，把许慎的功绩成就与现实紧密结合，深入开展研讨交流，必将进一步彰显纪念许慎的现实意义，许慎文化一定会焕发出更加旺盛的生机和活力，对提升中华文化国际影响力、促进人类文明进步，产生积极而重要的影响。

中国文字学会会长黄德宽致辞：漯河不仅为有许慎这位中国伟大的文字学家引以为豪，更是自觉发扬先贤精神，以传承和弘扬汉字文化为己任。漯河市面向社会尤其是广大青少年，有计划、有组织地开展各类丰富多彩的汉字文化活动，促进汉字文化的传播，使弘扬字圣精神、传承汉字文化在全市蔚然成风，语言文字工作水平都达到了一个新高度。期待漯河市在获得汉字文化名城这一殊荣之后，乘势而上，进一步提高传承弘扬汉字文化的水平，真正将漯河市建成享誉中外的汉字文化名城。

十届全国人大常委会副委员长许嘉璐讲话并宣布研讨会开幕：今天，我们又相聚于美丽的漯河，再次对许慎和《说文解字》进行研讨，实在是治学道路上的一件乐事。漯河市在弘扬许慎精神和汉字文化方面成效显著，许慎文化园已经成为漯河市的文化中心、市民喜爱的文化乐园，已经成为证明漯河市急剧变化的鲜明例证，今年漯河举办第三届许慎文化国际研讨会，这也是漯河实力的展现。每次参加与许慎和《说文解字》有关的研讨会，都会有新的感悟，许慎文化是在中华文化传承关键时期涌现出的一个巨大的波涛，一颗耀眼的明星。许慎是我们的榜样，在他之前的先秦诸子，都是我们的表率。全面传承、弘扬许慎文化，不仅需要专，而且要通，二者相辅相成，学者各有所好，业有专攻，与专难以为继，与通则更为不易。真诚希望在文字、训诂、音韵、版本、校勘诸学界的年轻朋友中，既多多涌现出杰出的专家，又涌现出一些“通”家。这样，若干年以后，在中华民族特有的许学领域，甚至经学、史学领域，能够诞生作为一个时代标志的大师。

开幕式上，还举行了“中国汉字文化名城”授牌仪式。漯河市被中国文字学会、中国训诂学研究会授予“中国汉字文化名城”称号，黄德宽、朱小健共同授牌，马正跃代表市委、市政府接牌。

中央人民广播电台、《光明日报》《中国日报》《香港大公报》《香港文汇报》、凤凰卫视等20多家新闻媒体汇集漯河，对此次研讨会进行报道。

11月1日上午，许慎金丝楠木像揭幕仪式在许慎文化园六书广场举行。第三届许慎文化国际研讨会与会代表参加，漯河市副市长栗社臣主持仪式，许嘉璐、段喜中、马正跃、李凌云共同为许慎金丝楠木像揭幕，市政府为许慎金丝楠木像捐献者李凌云颁发荣誉证书。李凌云是土生土长的漯河人，17岁离开家乡，在平顶山安家落户，在外艰苦创业，致力于收藏金丝楠木、黄金樟木等珍稀名木及艺术品，热衷于传统文化。为回报桑梓，他在河南建设大香山国学文化园，创作出许多令人惊叹的作品。目前，他正在建设世界名木雕塑艺术博览园。在第三届许慎文化国际研讨会召开之际，李凌云慷慨捐赠许慎金丝楠木像一尊。该像高6.5米，底阔3.3米，重16吨，其材质金丝楠木树龄达千年，雕刻则由中国美术家协会副主席、中国雕塑学会会长曾成钢教授完成，弥足珍贵，为世所罕见。

11 月 1 日，第三届许慎文化国际研讨会“许慎与说文”全国名家书法作品展举行，共展出全国顶级名家书法作品 180 多幅，漯河市师生优秀书法作品 100 多幅。一幅幅围绕许慎文化、许慎精神和《说文解字》的作品，风格迥异、个性鲜明，或苍劲有力，或行云流水，或厚重凝练，或清秀隽永，可谓是名家云集、精品荟萃，体现了我国当代书坛名家巨匠深厚的艺术功底和独具个性的艺术风貌，也将许慎文化与许慎精神完美融合于作品之中。这次书法作品展共有三个特点：一是规格高，书者既有中国书协曾任、现任顾问，主席、副主席、理事，又有在全国书法展、兰亭奖获奖的书法家，中国书协主席张海亲题展名；二是主题鲜明，作品内容均为与许慎文化和《说文解字》有关的楹联、诗词等，集中彰显了“许慎与说文”的独特价值；三是覆盖面广，作者来自全国 34 个省、自治区、直辖市。

11 月 1 日下午，第三届许慎文化国际研讨会“许慎与中华传统文化”名家论坛在漯河市会展中心举行，漯河市政协主席张社魁主持。中国文字学会会长黄德宽、中国训诂学研究会会长朱小健、中国台湾政治大学中文系教授竺家宁、山东大学教授孟巍隆、韩国庆星大学汉字研究所教授河永三、加拿大英属哥伦比亚大学教授高岛谦一等先后发表演讲，围绕许慎文化在中华传统文化中的价值和地位以及许慎文化在国内外的研究情况，就许慎文化的内涵、许慎作为经学家与文字学家的关系以及许慎文化在汉语热中起到的推动和促进作用等问题展开讨论。对许慎文化发展，提出了许多宝贵意见，对弘扬许慎文化和中国传统文化，起到了积极的推动作用。

11 月 1 日下午，第三届许慎文化国际研讨会召开许氏宗亲恳谈会。十届全国人大常委会副委员长许嘉璐，市委常委、统战部部长蒋志安，副市长栗社臣及与会的许氏宗亲参加会议，20 多位许氏宗亲代表就如何弘扬中华传统文化和传承许慎精神畅所欲言。

11 月 1 日下午至 2 日上午，第三届许慎国际文化研讨会专家学者讨论会在漯河迎宾馆举行，与会人员分两个小组分别在澧河厅和颍河厅进行专题研讨，数十位专家学者宣读了关于汉字、许慎和《说文解字》的学术成果，为进一步研究许慎文化与精神和促进许慎研究成果的应用起到了推动作用。

11 月 1 日下午，漯河市情说明暨文化产业项目签约仪式顺利举行，达成了一批重点文化产业合作项目，现场共有 9 个项目签约：沙河廊桥文化旅游项目、橙天地文化休闲项目、贾湖文化综合开发项目、古城遗址公园项目、神州木雕城项目、漯河民俗文化园项目、赵少昂艺术研究院项目、龙江新城文化综合体项目、北大创业训练营漯河课程开发中心项目，意向投资 30 亿元。

11 月 2 日上午，第三届许慎文化国际研讨会闭幕式在漯河迎宾馆沙河厅举行。中国文字学会会长黄德宽主持仪式，河南省文字学会会长王蕴智对研讨会进行学术总结。本届研讨会围绕许慎文化和许慎精神，全方位进行研讨和诠释，研讨成果百花齐放，催生了几十篇优秀论文，是研究许慎文化、弘扬许慎精神的一次新突破，特别是在汉字推广普及、汉字组合识字教育等研讨方面更是有很大的发展。研讨会取得了丰硕成果，进一步明确了许慎文化和许慎精神的内涵，许慎的《说文解字》为人们日常交流、阅读写作、修身养性、传承文化提供了一个实用的利器，也成为我们宝贵的文化遗产。研讨会上，大家在对许慎精神加深认识的同时，也对漯河文化建设有了更加明确的感知。为更好地继承许慎精神，传承民族文化提供更多的交流机会，中国文字学会、中国训诂学研究会建议将许慎文化国际研讨会由每五年举办一次改为每三年举办一次。

选自 2015 年《漯河文史资料》第二十二辑

许慎《说文解字》享誉中外

顿嵩元[①]

许慎（约54—149年），字叔重，东汉汝南召陵万岁里（今河南省郾城县东三十里许庄）人。我国著名的文字学家、训诂学家和词汇学家，同时也是有名的书法家。初为郡功曹，后举孝廉，入京为太尉府南阁祭酒，并从贾逵受古学。安帝永初四年（110年），诏命为五经博士，校书东观，兼教小黄门孟生、李喜等。安帝元初六年（119年），除洨长。许慎出身儒学，淡于仕宦，即称病归故里，审定其巨著《说文解字》。三年后（121年），《说文解字》定稿，遂遣子许冲上奏安帝。

许慎为中国文字学不祧之祖，《说文解字》则为文字学不刊之典。许慎嗟时人之好奇，叹俗儒之穿凿，惋文毁于凡学，痛字败于庸说，故撰《说文解字》十五篇，将九千三百五十三个篆文，归纳为五百四十部，据形系联，首一终亥。分析字形，考究古音，括六艺群书之诂，释百代诸子之训。秦汉小篆，《史籀》大篆，群经古文，无所不包。天地、山川、草木、鸟兽、昆虫、杂物、奇怪异珍、王制礼仪、世间人事，莫不毕载。时至今日，阅读古籍，研究甲骨、金石古文字，莫不由它以推明之。

许慎之《说文解字》，博采通人，稽撰其说，至于小大，信而有证，其于所不知，则阙如也。由此可知许慎之严肃认真。《说文解字》问世之后，不到百年，儒学大师郑玄注释《三礼》，应劭撰《风俗通义》，皆引其说，就连雄才大略的曹操下诏也引用过《说文解字》。晋吕忱之

① 顿嵩元，郾城顿庄人，生于1932年，毕业于河南师范学院（今河南大学）中文系，主攻训诂学。曾任驻马店教育学院中文系主任、教授。协助成立许慎研究会、许慎研究所，创办《许学研究集刊》，发起并协助举办首届许慎文化国际研讨会。

《字林》，南朝顾野王之《玉篇》，其部首几乎全依《说文解字》；其注文，据日本藏《玉篇零卷》之二千一百余字，引《说文解字》者达一千零四十三字，占二分之一。南朝宋刘义庆之《世说新语》，北魏郦道元之《水经注》，《史记》之三家注，晋灼《汉书集注》，唐颜师古之《汉书注》，李贤之《后汉书注》，李善之《文选注》，陆德明之《经典释文》，玄应、慧琳之《一切经音义》，无不引《说文解字》进行说解。就是唐之三大类书，即虞世南之《北堂书钞》、欧阳询之《艺文类聚》、徐坚之《初学记》也都引用过《说文解字》。唐代科举，要加试《说文解字》。自宋太宗命徐铉校定《说文解字》雕版传世之后，而研究《说文解字》者则群起。到了清代已趋鼎盛，研究者达数百家，其中最著名者四家；段玉裁之《说文解字注》，桂馥之《说文解字义证》，王筠之《说文句读》《说文释例》及朱骏声之《说文通训定声》。凡研究声韵、训诂、校勘、考据者，若不懂《说文解字》，则莫可涉足，且自感其惭甚！颜之推说：不懂《说文》，对汉字“则冥冥不知，一点一画，有何意焉。”清王鸣盛说：“《说文》为天下第一书，读遍天下书，不读《说文》，犹不读也。但能通《说文》，余书皆未读，不可谓非通儒也。”当今，天不爱宝，出土鼎彝、陶、简则更多，欲知其款识，校订其典籍，则更觉研究《说文解字》之重要。故自1985年以来，国内外专家学者会聚郾漯，专题研讨许学，拜谒许冢者达四次，为许学题字数百幅，就连当年许慎校书的洛阳东观遗址亦树起了许慎雕像。河南成立了许慎研究会，省社科院成立了郾城许慎研究所。1985年中国训诂学研究会在纪念许慎学术讨论会上，徐复、张舜徽、于安澜、赵振铎、许嘉璐、周大璞、杨春霖等学者特提出，要在许慎圣地郾城建立三个中心，即许学研究中心、许学资料中心和许慎圣地旅游中心。之后，郾漯各级党政领导不断为此而努力。

许学在欧亚美澳四大洲，研究者亦不乏其人。如俄国的康德基（著《说文部首》），新加坡的孙清水（著《六书浅探》）、钟自森（著《形声字造字通借法》），马来西亚的黄碧云（著《字群论》《说文解字的科学性》），韩国的权丙勋（著《六书寻源》）、金槿（著《说文通论》）、许璧（著《许慎与说文考》），还有研究《说文》的组织。日本赖惟勤（著《说文入门》）、白川静（著《说文新义》达十五册）、高桥由利子（女）（著《说文解字读》）、仓石武四郎（专讲《说文解字注》）。日本还建立有“说文会”“中国学”等研究许学的组织，各大学中文系都设有《说文解字注》研究课。日本内藤虎氏藏有独一无二的唐写本《说文》木部残本六纸一百八十八字，日本平子尚处藏唐宋间摹写《说文》口部残卷六行十二字，还有另一日本人藏《说文》口部残卷仅存四字。日本岩崎氏静嘉堂藏北宋刊本《说文解字》。

许慎之书法，古今书法家无不称颂之，特别是小篆，《书法字海》字字皆选。西晋卫恒《四体书势》说：“汉祭酒撰《说文》，用篆书为正。”唐开元间张怀瓘《书断》评许慎的篆书为“能品”，并说：“（许慎）少好古学，喜正文字，尤善小篆，师模李斯，甚得其妙。”张怀瓘称李斯为“小篆之祖”，称小篆为“神品”。李嗣真《书后品》认为“李斯，小篆之精，古今妙绝”“犹夫千钧强弩，万石洪钟”。其神笔无可伦匹的李斯，而许慎却能与之并称。宋代有名的《宣和书谱·叙论》说：“自斯而降，至汉得一许慎，而风流文物犹足以追往古而名一世。”但李斯传至今日的只是几通残碑拓片，而许慎留给我们的却是九千多小篆明珠。

《说文解字》是我国的传世珍宝。许慎是享誉中外的“字圣”。我们为之自豪和骄傲。

选自2005年《漯河文史资料》第十三辑

经国治世必读《说文》

孟巍坚[①]

古人云："士不通经不足以致用，训诂不明不足以通经。"凡熟读经史文化，必知其义理，知义理，必从音训开始；若通音训，当以许慎《说文》作奠基，这是诸多"许学"大家的共识。否则，生吞活剥，人云亦云，仅图"拿来主义"应变其事，怎能唤起人们潜心思维与热爱读书的精神呢？

鉴此弊端，切在于不识《说文》与训诂学之意义罢了。中国的用语文字有些必加申说义理，这是门专科学问。所以许慎的《说文》从汉代到清代已发展为一门科学的"许学"知识。《说文大字典·阿序》[②]记："上古圣人继天立极，所以察万类、分万象、统万事、治万民、格物穷理，以垂教于万世者，惟文字为教化之本，而六书实文字之源也。"该序首明《说文》义旨一即'六书'（象形、指事、会意、形声、转注、假借）为本。它演绎着上下五千年的文化，规范着中国语言声韵的一致；它不仅是一种小学启蒙知识，也是学者共同探讨的中华数千年文化流变所蕴含的奥秘。这里所指小学启蒙，就是学童所领会的中国文字的基本知识。

关于《说文》可供学者研究的问题则更为广深矣。今天所发掘的地下文物，大都是以古代各类文字所记的前朝种种往事。所以研究五千年来文字演变，即许慎苦于耕耘日积月累所汇集的文字——"六体"（古文、奇字、篆书、隶书、缪篆、虫书），实际上是研究人类为顺应社会

① 孟巍坚，1932年生，漯河郾城县人，高师毕业。历任乡长、小学校长、检察院检察员等职。

② 清人沙青岩辑《说文大字典》。阿克当阿为之所作的序。

发展与时代变迁而造出的各类符号与文字雏形。河南安阳殷墟的发现就是历史学家以先秦的大篆、籀书为基准，与地下文物排比对照、推演引申、逐件辨析，方复现殷商原有的物意。清末民初该地发掘的殷墟文字，已载入《河南方舆人文志略》，题名为《河南特有之文物》。其言："甲骨文，清光绪二十五年（1899 年）发现于安阳北小屯村。"又言"王懿荣、罗振玉、刘鄂及英美教士，将甲骨文分得"，遂由河南文字学家关百益又专门发掘并设馆收藏。罗振玉所著的《殷墟书契》当时就风行于海内外，关百益所著的《殷墟文字存真》莫不震惊于学界并著述于"文史"。由此不难看出，由于他们对中华文字与训诂知识的博通，方获如是的重大发现。所以要懂得中华固有的文明，必先了解古往今来的文字渊源与流变。清代乾嘉时期的"许学热"就是伴随着当时《四库全书》的整理和对历史文化典籍的诠释而兴起的。鲁迅在《关于章太炎先生二三事》一文中，也曾提到他在日本弃医学文后跟章太炎先生学习《说文解字》一事。

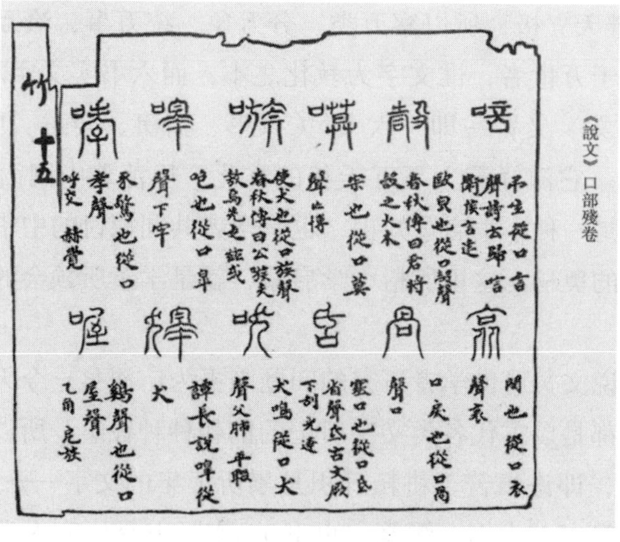

《说文解字》口部残卷

中华文字很早就传说有"鸾凤书"。该书经过唐代韦续审阅，编纂于《墨薮·五十六种书》。言："少昊金天氏作《鸾凤书》，以鸟纪官，文章衣服取象舌文。”这就是最初有关“六体”的古文记载。“奇字”相传于伏羲作“龙书”。韦续《墨薮》云：“太昊庖曦氏获景龙之瑞，始作龙书。”该书是以画为曲线形的文字，为文始于画而又源于画的派生。当时为顺应先民生活所用，将画的物象符号代为文字流通。到轩辕黄帝时，史官仓颉以鸟兽之迹，作文字象形之体，从而仓颉造字于世著称。《韩非子·五蠹》记：“古者仓颉之作书也。”《荀子·解蔽》云：“故好书者众矣，而仓颉独传者壹也。”《淮南子·说山》说：“见鸟迹而知书，以类取之。”即指仓颉观察自然生物方作出文字的象形。今河南洛宁县西四十里的阳虚山即遗有仓颉造字处。继仓颉之后，黄帝之孙颛顼即高阳氏始作“蝌蚪文”。商务光又作《薤书》（为篆体一种）。周太史籀作《籀书》。秦李斯作“八分体”，王次仲作“隶书”，程邈为隶而作“飞白体”。汉元帝黄门令史游作“行书”，汉颍川刘德升由“行书”创草体。皆独冠当世。

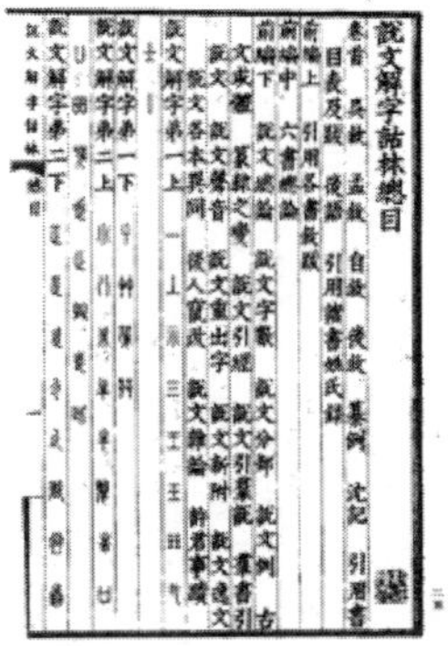

《说文解字诂林》书影

许氏汇集的“六体”及其注释与引申，涵盖着许多方面的训诂知识。它不但解明先秦时期的人和事，而且又详述着前朝所遗下的经史典籍。从孔子删修古文“六艺”（即六经：礼、乐、书、诗、易、春秋）后，中国遂奠定了儒家一尊的学术体系。孔子开展授徒讲学，广泛施教而多化民智，从而丰富了中国社会人文道德风范。其儒家思想、文明气习、传统礼仪代代承袭，显示着历代帝王以文经国之情，并渐为治世之标。《典论》称：“盖文章经国之大业，不朽之盛事。”但文风进入盛世空前者，唯有唐诗汉文深醇浑厚文采蕴藉，受到了历史的褒美和赞誉。鉴此，确感学习许慎《说文》的必要。

学习《说文》——求通“许学”的注解，应知“义证”的许学知识，必可鉴往知来，以明古今之事。从而潜心于文，方能左右逢源、得心应手、妙笔生花。许慎以毕生精力，不畏艰辛，苦于钻研，回环解说文字义理，方获世誉“五经无双许叔重”。于此，不免攀今揽古，上下忖思：凡学问大家，哪一位不是从苦中磨炼换取鸿富的知识呢！许慎晚年一心执着、呕心沥血，终聚“许学”之根基——《说文解字》。对此，笔者由衷敬佩！

自古文人多奇志，丹青难写是精神！

选自 2006 年《漯河文史资料》第十四辑

《说文解字》成书始末及献书时间考辨

陈满仓

1800多年前，东汉汝南郡召陵县万岁里许慎遣子许冲来到京城洛阳，向朝廷敬献了《说文解字》这部中国抑或是世界上的第一部字典。

据考，许慎始著《说文解字》应在其校书东观时，具体时间虽无记载，然而许慎进京为太尉南阁祭酒，依汉制当在他30岁举孝廉之后，抑或是当年。许慎约生于明帝永平元年（58年），其30岁，当在和帝永元初年，即88年。进京后，“初，慎以五经传说，臧否不同，于是撰为《五经异义》”“时人为之语曰：‘五经无双许叔重’”“又作《说文解字》十四篇”。由此可知许慎开始创作的应该是《五经异义》。《五经异义》具体成书始末亦无详考，而《说文解字》的创作应该在创作《五经异义》之后。据有关专家考证，许慎作《说文解字》应在公元90年后。当时一些“俗儒鄙夫，玩其所习，蔽所稀闻，不见通学”“怪旧艺而善野言，以其所知为秘妙，究洞圣人之微旨”“称秦之隶书为仓颉时书，云：父子相传，何得改易！乃猥曰：马头人为长，人持十为斗，虫者曲中也”等，“迷误不谕”。许慎对这种现象深恶痛绝，“恐巧说邪辞使学者疑”，于是“博问通人，考之于逵，作《说文解字》”，对汉字的形音义予以“探赜索隐”“以究万原”，从而达到“理群类，解谬误，晓学者，达神旨”的意旨。

汉和帝永元十二年正月初一（100年），许慎作《说文解字·叙》，说明书已作毕。《叙》曰：“粤在永元，困顿之年，孟陬之月，朔日甲申。”永元：是汉和帝刘肇的年号。困顿：年份在甲子的“子”上困顿。永元十二年，年份在庚子，这一年公历为100年。孟陬：孟，四季月份开头的一月叫孟月；陬，正月为陬。朔日甲申：朔日，每月初一为朔日；

甲申，六十甲子之一，在此用以记日。由此可知，《说文解字》从始创到草成，用了约十年时间。

《说文解字》线装书

有的学者以为，许慎是在作《叙》这一年，才开始写《说文解字》的，到公元 121 年完成，并遣子献书，共用了二十一二年创作时间。也有不少学者认为，许慎写《叙》的这一年，《说文解字》已草成，到公元 121 年这二十一年时间为修改完善时间。由此推算许慎创作《说文解字》用了近三十年的时间。据有关史料考证，后者的说法是比较可靠的。

许冲在《上〈说文解字〉表》中依次明确称“臣父，故太尉南阁祭酒慎，本从逵受古学”“考之于逵，作《说文解字》”“凡十五卷，十三万三千四百四十一字”。“慎前以诏书校书东观，教小黄门孟生、李喜等，以文字未定，未奏上。今慎已病，遣臣赍诣阙。”

贾逵是许慎的老师，是东汉时期古文经学派的代表人物，他于和帝永元十三年（101 年）去世，即许慎作《说文解字·叙》的第二年去世。许慎举孝廉进京，为太尉南阁祭酒，从贾逵受古学，考之于逵。作《说文解字》，不应是一朝一夕的事。若是贾逵去世的前一年才写《说文解字》，如何“考之于逵”？

清代著名许学研究大家段玉裁在《说文解字注》中释曰：“古人著书，不自为是，时有增删改窜，故未死以前，不自为成。”所以书成后，“以文字未定，未奏上”，到老年在家中生病，才遣子带着书稿到京城奏于朝廷。

应该特别提到的是，凡写作书稿，大都是在完成书稿以后才作《叙》的。况且在《说文解字·叙》里，对汉字的产生、演变脉络清楚；写书原因、创作目的明确；对汉字的分类、解释条理分明；全书的卷数、字数标列详尽，且编排检字部首于其中。“此十四篇”，即指除《叙》和检字部首以外的正文部分。“五百四十部，九千三百五十三文，重一千一百六十三，解说凡十三万三千四百四十一字。”这里对正文的卷数，说解对象字数，解说字数具体翔实。由上可知，《说文解字·叙》应写于书稿完成之后，即公元 100 年。书稿完成后的第二年，许慎的恩师贾逵去世。汉安帝元初六年（119 年），许慎辟洨长不久返乡，又二年遣子许冲上书。在这二十一年中应是对书稿“增删改窜”全面完善的阶段。

关于许冲上书的时间，其《上〈说文解字〉表》记载得很清楚，即“建光元年，九月己亥朔，二十日戊午上”。建光元年，是汉安帝在位的第十五年，即辛酉年，公历为 121 年。己亥、戊午，表示月、日次序。应是公元 121 年农历九月二十日无疑。又，汉安帝诏：“十月十九日，中黄门饶喜，以诏书赐召陵公乘冲布四十匹，即日受诏朱雀掖门，敕勿谢”。说明朝廷对许冲所上《说文解字》《孝经孔氏古文说》已审阅毕，并予以肯定，对许冲献书进行了表彰。

从九月二十日上书，到十月十九日颁诏表彰，经历了将近一个月的审阅，看来朝廷对《说文解字》是认真的，同时以后也应该是进行了认真的收藏和保护，以至于流传近两千年，历代研究不衰，今天犹盛，称为“许学”或“说文学”，并形成一种专门文化现象，叫作“许慎文化”。

还值得探讨的是：许慎遣子许冲进京献书，专家学者普遍认为许慎此时应居于家中，即万岁里。也就是说，许冲应在家中受父命携书稿到京城洛阳，献书朝廷。万岁里（今漯河市召陵区姬石乡许庄村）距京都洛阳有260余公里路程，即使许冲为公乘，可乘公家之车，恐怕由万岁里到洛阳也需要六七天的时间。许冲九月二十日上书，那么离家的时间至少要在此八九天以前。离家为何日呢？根据许慎做事认真、处世谨慎的态度，和当时的社会习俗，以及要把他毕生的心血献给朝廷，公之于世，这样的大事，他不会不考虑选一个恰当的日子让儿子启程的。他的《说文解字·叙》落款为农历的正月初一，恐怕也是有所考虑的。那么离家这个日子从献书时间前推，再除去路途时间，可能是农历九月九日。

九月九日是重阳节。据史料考证，重阳节始于远古，形成于春秋战国，普及于两汉，鼎盛于唐以后。《易经》把六定为阴数，把九定为阳数。阴数代表黑暗，阳数代表光明。九九日月并阳，古人认为是个值得庆贺的吉利日子，九九与久久同音，九在数字中又是最大数，有生命长久、健康长寿之意，故相聚宴飨为贺，俗以为节。九月九日又是收获储藏季节，民间也有庆丰收祭天帝的活动，选择这个日子上书应是顺理成章的事。况且与上书时间也是比较吻合的。

综上所述，许慎《说文解字》应始作于公元90年后，草成于公元100年农历正月初一，又经21年修订，公元121年农历九月九日，病中命儿子许冲乘车带书稿进京。许冲进京后于九月二十日上书朝廷，献上书稿。朝廷得书稿后，又派人经过近一个月审阅，于十月十九日下诏表彰，《说文解字》从此得以面世，并流传至今。

作者注：文中引文引自《后汉书·许慎传》、许慎《说文解字·叙》、许冲《上〈说文解字〉表》、段玉裁《说文解字注》等，不分别标注。

选自2013年《漯河文史资料》第二十辑

漫说许南阁祠

王云英[1]

许南阁祠位于漯河市海河路中段，与漯河市第四高级中学为邻。在清朝光绪二十五年（1899 年），郾城知县周云为了纪念伟大的文字学家许慎，筹款建立了这座祠堂。

位于漯河市郾城区海河路西段、漯河四高大门西侧的许南阁祠

周云，字世臣，是山东东阿县人。当时，他是朝中翰林院的庶吉士。因他是读《说文解字》而成名的，就毛遂自荐，自请到许慎的故乡郾城任知县，决心为纪念许慎做一些事情，以报答先贤，而惠及民众。周知县就任伊始，就访问祭酒墓冢所在，并亲临致祭。周知县认为

① 王云英，女，河南郾城人，生于 1947 年。郾城县教育局职员。

郾城为祭酒桑梓，非有特祀，不足以昭诚敬，而泽后学。于是便慷慨解囊，捐款889文，加上当地绅民捐献的100多文，共计1100余文。尔后，周知县便命许公之后裔许山凤负责办理此事。他们在城东北隅购地三亩三分，招工人、备材料、率民众、兴土木。坐北朝南，东西廊房各三间，均为凤阁出厦。大门上悬挂着“许南阁祠”横匾，门内有照壁，门外有石桥。祠内享堂为许南阁祠主体建筑，内供“汉先儒许慎之位”木柱，上悬“五经无双”金字匾额。四壁装有用紫檀木雕刻的《说文解字》五百四十部序目。另外，在享堂之东的空闲地方建景文书院数楹，为儒生们学习的场所，又建东西两厢房用来藏书。整个祠堂古朴典雅，庄严肃穆。八月三十日，周知县率同僚、诸许弟子及庠序之士，陪位于堂，亲奉祭酒木柱，以祀其中。从此以后，每年春秋二季，知县率领儒生及同僚，到祠中致祭。往来学者及官员无不亲临瞻仰拜祭。

“许南阁祠”匾额

会海监朱编修福诜提督河南学政周先生以建祠始末呈请立案，其文曰：“窃自嬴秦以狙诈得天下，焚弃先圣典籍。汉氏代兴，西京诸博士，竭蹶于煨烬之余，相与讲明而切究之，六艺之旨，始稍稍出，然其师法不同，各持长短，一字抵牾，至成仇衅。”许君叔重《说文解字》，凡孔子之微言，七十子所传之大义，与夫西京诸儒之家法得以不坠者，惟赖此书之存。唐以前甚重之，自是以后，则视为字书，仅习篆籀者抚拟而已。明之学者，以空疏浅陋之语释经，视古人训诂为无足轻重，则许学益微。赖国朝诸儒，崇尚古谊，奉说文先师，非其言而不敢言，许学乃以大明于天下。光绪二年，奉旨从祀文庙，甚盛典也。某今春二月，奉缴权郾城篆。郾城之地，在汉兼属颍川汝南二郡，汝南之召陵，许君之故里也，下车之日，思一诣庙庭，摩挲礼器，进老吏而询之，则云：自春秋两庑从祀外，每岁于黑许墓祭一次。黑许墓距城二十五里，县官以公事猥杂不往也，移之学官，学官亦不往也，诿之礼生，由来已久，习为固然。夫墓祭非古也，并墓祭而不举，是邑无许君其人也，甚不足以令稽古之士闻也。乃于六月间，在县城内东北隅，购地三亩，鸠工庀材，率作兴事，历三月而落成。为享堂五间，缭以周墙，重门洞开，广厦环抱。一切地价工料，共用钱一千一百余文，中有诸许子弟捐钱一百余文，其余则均由卑职捐廉发给。即于八月三十日，率同僚属，妥神于祠，诸许子弟及庠序之士，陪位于堂，恪恭将事，礼成而退。考后汉书载许君历职，终于洨长，世故多以洨长称之，惟说文十五卷所载公乘冲上书，称为故“太尉南阁祭酒”，当由洨长落职，又充公府掾，系官宜从其最后，蔚宗之书一时疏漏，不足为据，以公乘所称。颜“许南阁祠”……郾城为许君桑梓之邦，拟请列入祀典，地方官春秋致祭。

学政批曰：“特建专祠，俾知宗仰，庶几综五经之同异，识六书之源流，景仰前修，嘉惠后学，将高密之里，并传通德之门，侍中之乡，长据谈经之席，斯为盛典，足式来兹，准其列入祀典，由地方官春秋致祭，有举莫废，愿告后贤……窃以为，许君为中国第一有功文字之人，此非许氏一家之私言，而天下之公言也。”

许祭酒从祀文庙，举国人民当致其景慕，识其姓名。自卢汉铁路开通，漯河为干路通行之地，漯河车站距召陵故城十里，距郾许南阁祠十里，文人学士，道出其间。考献征文，有谒许祭酒墓于黑许庄者、有谒许南阁祠于郾城者。在光大学堂定章程时，都以《说文解字》为主课之一。新中国成立以来，国内大学课，把《说文》之学列为析音韵训诂的课程。辛亥革命后，地方把该祠改为学校，从此祠堂渐次被毁，后来仅剩一过厅。

1959年，郾城和西平一些教师，多次向上级有关部门建议，在郾城建立许慎纪念馆，收集许学专著，编写许慎逸事，征集当代名人字画等，以此来纪念字圣许慎。

1982年，中国训诂学研究会在苏州成立，与会的专家学者一致认为，许慎是我国历史上著名的经学大师和伟大的文字学家，他撰写的《说文解字》不仅是中国也是世界上第一部分析字形、说解字义、辨识声读的字典，是研究古代汉文字不可缺少的钥匙。因此，许慎被历代学者尊称为"五经无双""文化宗师""文宗字祖""文字鼻祖""字圣"等。训诂学研究会要开展纪念许慎的活动，并派河南大学于安澜教授专门向河南省委、省政府汇报此事。

1983年12月、1984年10月、1985年3月，河南省文化厅连续拨专款，对许南阁祠进行修缮，并把许南阁祠作为许慎纪念馆馆址，大厅正中敬塑许慎铜像一座，前面设汉先儒许慎之位。过厅门上悬挂着北京大学教授王力题写的"许慎纪念馆"匾额，两边楹柱上挂着当代著名文字学家周祖谟先生题写的赞联："考文字之本源存古留真诚乃儒林楷式，标诂训之旨趣探微索隐允推汉字宗师。"四周展柜内展示有许慎生平事迹、《说文解字》的不同版本和历代专家学者研究《说文解字》的著作。四壁展示着全国名人题赠的书画墨宝，整个展室庄严肃穆。

2011年，郾城区文化局又出重资，把《说文解字》全文雕刻在282块石碑上，并把这些碑刻镶嵌在纪念馆四周的墙壁上，让进祠拜谒的人们既能表达对许老夫子的敬仰之情，又能看到许慎留给后人的《说文解字》。

近年来，有许多许学专家学者和热爱《说文解字》的人到许南阁祠拜谒。如今，许南阁祠已被公布为省级文物保护单位。①

选自2014年《漯河文史资料》第二十一辑

① 2008年，许南阁祠被河南省人民政府公布为第五批省级文物保护单位。

许慎从祀孔庙简记

陈满仓

许慎（约 58—约 147 年），字叔重，东汉时期著名的经学家、文字学家，漯河市召陵区姬石镇许庄村人。许慎去世后，历代都有纪念。清光绪元年（1875 年），郾城县举人张金榜、张培阑，拔贡生赵桂丛，岁贡生赵振泰，廪生安澜，增生宋河清，附生许寰珏，武生程炳南等向郾城县儒学递呈建议，请将许慎牌位列入孔庙，同先圣先贤先儒共享祭祀。郾城县儒学接呈后，认为可行，报请县府，征得同意，即向河南学政行呈牒文，请以汉儒许慎从祀文庙。文中依《后汉书·许慎传》及相关记载，详细介绍了许慎的籍贯、经历、人品、学识、事迹、贡献以及对后世的影响，认为完全符合入祀孔庙的条件，恳请向朝廷禀呈。牒文行至许州时，河南学政张星鉴与阅文幕友费延厘正在许州视察，他们在许氏后裔许秀三处见到牒文，随后带回省学政，并附文上报。这年八月二十二日，国子监司业汪鸣銮得到河南学政文卷，即上报朝廷，请将汉儒许慎祔祀于孔庙之中。内阁奉皇上谕旨，请礼部审议。礼部审议后认为，河南学政“请以汉儒许慎从祀文庙”所请可行。许慎作《说文解字》的功绩可以与上古造字的仓颉相同；训释古代文字经艺的功绩可以与最早解释词义的专著《尔雅》相同；作《五经异义》的功绩又胜过东汉经学家、曾传授《周礼》于郑众（东汉经学家，有别于宦官郑众。传父郑兴之学。其父称先郑，郑玄称后郑）、贾逵（东汉经学家，许慎从其受古学。曾任侍中及中郎将等职。章帝时，同治今文经学的李育相辩难，从此提高了古文经学的地位）的杜子春；他的以文字证经义，以经传证文字的功绩又可以与东汉经学家郑玄相同。而杜子春、郑玄的牌位木主都能供奉于孔庙，许慎的牌位木主供奉于孔庙也完全符合规制。光绪帝准奏，圣旨下到礼部：拟如所请，准以汉儒许慎从祀孔庙。其位序在东庑先儒后苍之次。这年秋吉日，依礼制许慎牌位木主被奉旨袝祀于全国所有孔庙的东庑（文庙东配殿）。郾城县府及学馆在郾城孔庙（今仅存主体建筑大成殿，内供孔子画像）举行了盛大的供奉仪式。知县王凤森亲自撰文立碑，题为“许夫子从祀文庙碑记”，全文记述了许慎的功绩及供奉于孔庙的因由和经过。郾城县教谕王宗舆篆额，曰：“百世之师。”此碑现重立于许慎墓前。

列于文庙七十二儒之许慎牌位

孔庙又称文庙，主要是祭祀大成至圣先师孔子的专门殿堂，规格最高。后来，为了纪念为中国思想道德、文化教育作出突出贡献的圣贤，经朝廷允许、礼部定制，又袝祀有四配、十二哲、先贤等。先儒配祀始于唐贞观二十一年（647年），太宗诏以左丘明、公羊高、贾逵等22人从祀孔庙，后来历代都有增添改换。

先儒是指先世儒者，专指阐发儒学而被朝廷允许从祀孔庙的著名人物。为孔庙祭祀的第四等，在东西两庑南部从祀，木主牌位均书“先儒某某之位”。

两汉时期，罢黜百家，独尊儒术。研究儒家经典的人很多，有成就的也不下百十家，但能进入孔庙享受祭祀的，两庑仅有十人（东庑：后苍、刘德、许慎、董仲舒、杜子春；西庑：孔安国、毛苌、高堂生、郑玄、诸葛亮。贾逵曾从祀，明中叶罢祀，后未议复）。后苍是西汉时期的经学家，治《诗》和《礼》，汉武帝时立为博士，西汉“大戴礼”的开创者戴德和“小戴礼”的开创者、戴德的侄子戴圣以及今文礼学“庆氏学”的开创者庆普都是他的学生。所以后苍在两汉时期名气很大，明嘉靖九年（1530 年）木主入祀于孔庙东庑，而许慎木主位序在其后，可见许慎也是一位被中国历史上所尊奉的大儒圣贤。

选自 2012 年《漯河文史资料》第十九辑

秦始皇焚书与许慎的《说文解字》

孙发义[①]

秦始皇（前256—前210年）即位后，先后灭掉韩、赵、魏、楚、燕、齐等六国，建立了中国历史上第一个统一的中央集权制封建国家，建立了以皇帝为中心的封建官僚体制，统一了度量衡、货币和文字等。在他统治期间，焚书坑儒、滥发劳役、穷兵黩武，激起了社会的剧烈动荡。所以，他去世不久，便爆发了有史以来第一次全国性的农民起义。

秦始皇为什么要实行焚书坑儒呢？古人云："亡人之国必先去其史。"也就是说，要想灭亡这个国家，首先要消灭这个国家的历史，秦始皇之所以要焚书，就是要达到历史的专一。不是秦国的史书都要把它毁掉，使其后代不知道自己的祖国原来是什么样子，不再思念祖国，祖国也就没有复兴的可能了。秦始皇一面焚书，一面做统一文字的工作。商鞅变法也曾试图做过一些文字统一工作，但是他所采取的只是行政手段，而且仅仅局限于一定的地区。事实上他的统一文字只是罢去与秦文字不合者，即所谓官方立书，并没有对民间的文字起到多大的约束作用。再说秦王朝的统一总共不过14年。在这短短的时间内，要用小篆作为规范的统一的字体，是根本不可能的事。从实际情况看，秦书有八体，形体并不统一，这种情况继续波及古今文字交接过渡的两汉。从出土的文物看，秦朝的文字写法纷呈、点画不一，书体结构仍沿袭战国文字的遗风。至于《说文解字》成书前后的碑刻文字，也是别体繁出。汉代文字使用上的混乱状况仍很严重。

许慎的《说文解字》正是针对这一混乱现象而著的。

---

① 孙发义，鄄城县人，1961年参加工作，曾任教师、教育局办公室副主任，县志办副主任，县志主编，县史志档案办公室副主任等。

许慎于1800多年前用毕生的心血编纂了世界上第一部大字典《说文解字》。这部书“上溯三代造字之源，下穷隶草递变之迹”，集汉代以前语言文字、音韵、训诂之大成，开中国偏旁部首编纂字书之先河，为我国第一部运用“六书”探究字源、分析字形、辨声识读的字典。

清代学者段玉裁在《说文解字注》中称颂道：“此前古未有之书，许君之所独创。若网在纲，如裘挈领。讨原以纳流，执要以说详……”[1] 王鸣盛在《说文解字正义序》中也说：“《说文》为天下第一种书，读遍天下书，不读《说文》，犹不读也；但能通《说文》，余书皆未读，不可谓非通儒也。”许慎的儿子许冲在《上表》中指出：六艺群书之诂皆训其意，而天地鬼神、山川林木、鸟兽昆虫、杂物奇怪、王制礼仪、世间人事莫不毕载。这些广博的资料，分载群籍，许慎却能左右采获，按部类收纳，萃为一书，实是一伟大创举。

文字在人类文明史上有着极为重要的位置。从没有文字到创造了文字，这是人类文明发展的第一次重大飞跃。有了文字，文字就成为记述史实的工具。许慎在《说文解字叙》里讲得很清楚：“文字者，经艺之本，王政之始，前人所以垂后，后人所以识古。”

中国在上古时代就有了文字，经过不同时期的演变，到现在我们仍然用这种文字记载语言。我们日常应用的一些基本字在商代的甲骨文里就有了。后来由篆书变为隶书，由隶书变为楷书，体式和笔画虽然有不少的变化，可它依旧保持原形，为方框字。

我国是一个多民族的国家，在秦汉时期已经发展成为一个方言多而又包容着许多少数民族的大国。如果没有统一的文字，我们的国家就不会达到这样的统一。汉语地区的方言虽然逐渐减少，但并没有完全消灭。方言的语音不同就难以互相交际，所以汉字正符合中国实际的需要。我们听福建、广东、湖南人讲话觉得很难懂，可是在纸上写出来就会一目了然。由此可见，文字是多么重要，它关系着一个国家的统一和发展。

① 此段文字见于段玉裁《说文解字注》“叙篇”。

历史的经验告诉我们，国家要强盛，首先得尊重自己的历史。无论是竹简上面的文字或是龟甲上面的刻符以及出土文物的记载，都是历史记载，都需要考古。要考古，就得研究文字。那时的文字与现代的文字并不相同，这就需要我们懂得古代的文字，而许慎的《说文解字》就是一把钥匙。只有熟悉《说文解字》，才能更好地掌握古代文字，才能更好地阅读古文，也才能更好地研究中国历史，才能让祖国的文化遗产得以继承和发展。

许慎的《说文解字》诞生后，中国古代的文字才成为系统，才有章可寻。所以《说文解字》在中国历史上的贡献是无与伦比的。

选自 2006 年《漯河文史资料》第十四辑

话说许慎文化及文化产业

杨志有[1]

1800多年前，在现在的召陵区小许庄村，诞生了一位伟大的经学家和文字学家，他就是被时人尊为“五经无双”、被后人尊为“文宗字祖”的许慎。他以“探究字源、推考形音义关系”，自称“杂而不越，据形系联，引而申之，以究万原”为主要特征的《说文解字》，被誉为世界上第一部真正意义上的字典。自《说文解字》面世，我国的文字从字形、字义到读音有了一个统一的标准，成为历代启蒙教育和“小学”研究的“标准教材”，一代又一代的专家学者为之皓首穷经、研究不辍。到清代，以段玉裁为代表的乾嘉学派更是将许学研究推上一个顶峰，形成有名的清朝许学“四大家”。甲骨文出土后，以王国维、郭沫若、罗振玉为代表的学者借助《说文解字》进行研读，将我国有文字记录的历史直接上推到殷商时期。因此有人说，如果没有《说文解字》，我们只有两千年的文字史、三千年的文明史；有了《说文解字》，我们的文字史上推到了三千年，文明史上推到了五千年。时至今日，这部“博采通人，信而有证”的奇书所确立的“独体为文，合体为字”的文字理论和汉字造字法的“六书”理论，以及部首检字法仍为我们所采用。许慎在该书中对文字的作用和意义概括为“盖文字者……前人所以垂后，后人所以识古”更是对文字的作用做了精准的概括，为历代文字学家所推崇。

1800多年后的今天，在许慎的故乡，许慎宾馆、许慎幼儿园、许慎小学、许慎书店、许慎书画院等以“许慎”为名字命名的单位和机构不胜枚举，甚至连旅行社都要沾许老夫子的光，命名为许慎旅行社。许慎

① 杨志有，1963年生，1984年毕业于河南大学中文系，高级编辑，曾任漯河日报社总编辑。

的后人以各种不同的形式纪念、怀念这位伟大的文字学家。以顿嵩元、张汝鲤、陈满仓、潘清江、王云英等为代表的本土许学研究人员更是远离喧嚣、甘于寂寞，为许学研究默默地做着工作。在他们的奔走呼吁和社会各界的鼎力支持下，许慎纪念馆、《说文解字》碑林、许慎文化园的修缮建设等各项工作相继完成，以“许慎文化国际研讨会”为契机，弘扬许学文化，打造许慎文化产业为主要内容的许学研究、推广活动更是如火如荼。

一

2015 年 11 月 1 日，第三届许慎文化国际研讨会上，“中国汉字文化名城”花落漯河，为漯河的许学文化研究、文字学研究又添一金字招牌。

2015 年 11 月，中国文字学会、中国训诂学研究会授予漯河市“中国汉字文化名城”称号。

谈到历史文化，我们知道儒家的孔孟之道，知道道家的无为而治，知道秦始皇的统一中国，知道唐诗宋词元曲汉文章，相比之下，对记录传承我们中华民族优秀文化的工具——汉字以及为汉字的传承做出突出贡献的人物和历史却知之甚少。

汉字的发展历史，是一个不断丰富、演化的过程，又是一个不断规范、趋于统一的过程。殷商至西周时期的文字，受着官方的绝对控制，看起来比较统一。到了战国时代，诸侯割据的政治局面以及文化的繁荣与发展，促使通行的文字形体急剧变化，作为记录语言的工具，这就需要适时地进行文字的统一工作，使汉字的发展变化纳入规范化的轨道。商鞅变法，曾试图做一些统一文字的工作，但他采取的是行政手段，而且仅仅局限于一定的地区之内。史称秦始皇统一文字，但他的“书同文”事实上只是“罢与秦文不合者”，所谓官方立书，并没有对民间通行的文字起到根本的约束作用。再说秦王朝的统一局面总共不过 15 年，在这么短的时间内，要用某种字体作为规范统一的字体，事实上不大可能。从实际情况来看，秦书有八体，形体并不统一，这一状况继续波及古今文字交接过渡的两汉。如出土所见汉初的帛书简策，文字写法仍然纷呈不一，点画架构随便，书体结构承袭战国文字遗风。至于《说文解字》成书前的文字，无论是钟鼎文、籀文、大篆还是鸟虫书，也都是别体繁出，不可胜数。这说明秦王朝的书同文，在民间并没有起到太大的效果。文字使用上的混乱，已经阻碍了语言的书面交流和文化的传承，亟待统一和规范。

大众通用交流工具的最大特点就是要规范统一，大家都能够以一种方式、一种手段去使用这种工具，达到同样的效果。换句话说，公共交流工具的最大特点就是对使用者的平等性和公正性。如果你使用的交流工具与别人使用的工具不一样，你能使用的别人不能使用，这种工具就成为无法被对方破解的密码，不具备交流的作用，也达不到交流的目的。语言是这样，记录语言的文字同样如此。

对比一下，新中国成立后我们倡导的普通话和简化字，已经推广了几十年才达到目前这个样子，也就不难理解两千年前要在全国范围内统一文字是多么艰苦和漫长的一项事业。《说文解字》使官方和民间的汉字书写有了一个统一的标准和规范，使后人有所遵循，得以沿用至今。《说文解字》广泛搜集了汉隶之前的篆系文字形体，以字形结构分析为主，形音义融会贯通。这种正本清源的方法，具有很强的理论性和科学性，因而也就容易树立权威，使人信服，方便推广。《说文解字》的字形结构分析首先规范了小篆，从此以后，因为有了这么一个可以共同遵循的文字系统，汉字的运用及其发展变化，得以纳入规范化的轨道。

二

许慎所生活的汉代，在我国历史上曾经留下过前所未有的灿烂辉煌。那时，中华文明和多民族文化进入开放、融合的新时期。一方面来自印度的宗教文化和丝绸之路另一端的西方异域文化进入中国，汉语言吸收了不少来自佛教、西亚国家的词汇；另一方面，中华文化凭借高度发达的汉字为日本、朝鲜、越南等东南亚国家所借用，成为他们记录本民族语言的工具，对这些国家和地区的文明发展起到了十分重要的作用。日本文字的片假名和平假名由汉字的楷书偏旁和草书写法演变而来，现在日语文字中仍保留 1000 多个汉字，特别是人名地名等专有名词，基本上还是汉字的楷书写法，即使已经拼音化的越南文字和朝鲜文字在此之前也完全是“汉字当家”。目前，在东南亚国家乃至世界各文化发达地区，仍然有不少的汉学家在研究汉字、研究汉文化。漯河作为

许慎文化园大门及六书广场

许慎的家乡，历史上曾经为民族主流文化的发展和延续做出过突出的贡献，在中国国际地位日益提高、中华文化的影响力越来越大的今天，漯河市的许慎研究以及许慎文化产业的兴旺发达可以预期。

漯河有着深厚的历史文化积淀，漯河的文化建设有着得天独厚的资源优势。舞阳贾湖遗址出土过迄今所知人类最早的甲骨、陶器契刻符号。这些8000年前新石器时代刻画符号的发现，已引起海内外学人对中华文字起源的丰富联想和关注。许慎所撰写的《说文解字》，既是我国第一部系统解释古代汉字的重要字典，又是一部总结自春秋战国以来有关经学、小学研究成果，进而探究汉字字源，根据汉字的构形特征从理论上加以阐释的经典性文字学著作。文字是人类文明形成和发展的重要标志，汉字是中华民族创造的悠久历史文明的伟大成果。在世界文明发展史上，汉字作为一种文字体系，其负载的文化内涵的丰富性、历史的悠久性和影响的广泛性，任何其他的文字体系都无可比拟。汉字以其悠久的历史渊源、强大的超方言性和超地域性、严密的构形体系、浓郁的文化内涵和无与伦比的书法审美特征著称于世。可以说，汉字是传承中华文化的载体，是博大精深的中华文明的象征。汉字的发生、发展以及汉字的整理、研究都与中原、与漯河有着渊源关系。

事实上，漯河市历史上一直在围绕许慎做相关文化的保护、发掘和整理工作。“文革”时期，红卫兵要挖许慎墓，小许庄村许慎的后人以死相拼，使许慎墓得以保全；清代的重修许慎墓石碑同样得益于村民的保护，我们才有幸得见。改革开放以后，文化学术事业得到了全面复苏，激发起中原人民纪念许慎、研究许慎的热情。1985 年，在河南大学教授、中国训诂学会顾问于安澜的倡议下，郾城县政府组织人力重修了许慎墓，在许慎长眠的地方修整坟冢、立碑植树、整理墓地。墓碑由北京师范大学教授、中国训诂学会名誉会长陆宗达撰文，碑额上于安澜亲题“冠冕千秋”四个篆字；整修过的许南阁祠在保留祠堂格局的基础上，辟为许慎纪念馆，著名语言学家王力亲题“许南阁祠”四个大字。郾城学者张汝鲤的“一部说文明古训，千秋学术仰宗师”楹联恰如其分地概括了许慎生前身后功名。同年 4 月，全国纪念许慎学术研讨会在河南大学召开。会议期间，与会专家专程到刚刚整饬过的许慎墓前拜谒。1989 年在漯河市召开许慎研究会成立大会暨第二届纪念许慎学术研讨会。1990 年，20 余位许学专家共聚郾城，成立了许慎研究所。1991 年，“许慎与说文学”国际学术研讨会在漯河召开，同时成立了许慎纪念馆。

2005 年，漯河市政府投入巨资，以许慎墓为中心，建设许慎文化园，同时，盛邀国内外文字专家齐聚漯河，学习研究许慎及其《说文解字》。文化园内，除了字圣殿，叔重堂、许慎塑像、辞书博物馆、许学研究馆、说文解字碑林、书法纪念墙、汉字大道等一应俱全。当年的许学研讨会上，国内外专家学者一致同意，以此次学术研究为起始，以后每五年召开一次许慎文化国际研讨会。如今，研讨会已历三届，届届隆重热烈，影响越来越大，成为我国文字学研究领域的一个盛会。

三

不仅仅是漯河市，就连漯河周边地区也不乏对许慎顶礼膜拜、对许学研究情有独钟的莘莘学子。与漯河市原来同属一个地区的许昌籍学者王蕴智就是其中的一位。

河南省文字学会会长、郑州大学博士生导师王蕴智教授早年师从河南大学教授于安澜，对中国古代史、古代文化和汉字的演变发展有着独到的见解。他认为《说文解字》是许慎穷毕生精力弘扬和发展我国传统文化事业的结晶，在中华学术史上，占有非常崇高的地位。自《说文解字》问世以后的1800多年间，我国传统汉语文字学的研究，便是以《说文解字》为基础和对象。人们把对许书的研究称为“《说文》学”，或亲切地称作“许学”。过去的学者一直把《说文解字》放在与儒家经典相等同的地位。晚清乾嘉学派再度使传统国学得到了空前的繁荣发展，他们的学术贡献主要就是基于对《说文解字》的深入研究。历代研究中国文字学的学者和他们的著作，皆承继许慎所开创的事业，为汉字文化的教育和传播做出了重要贡献。直到今天，如果想要深一步地研究中国的语言文字和历史文化，也必须了解、熟悉《说文解字》。在民间，尤其是中原一带，人们一向习惯将四位著名历史人物尊称为“圣”。他们是“诗圣”杜甫、“画圣”吴道子、“医圣”张仲景和“字圣”许慎。惟“字圣”之名比较学术和专业，长期以来多被历代的士林学者所尊奉，把许慎视为汉字学的鼻祖，许慎家乡则为汉字学的发祥地，是汉字文化圣地。

说到“许慎文化”这一概念，王教授在接受笔者专访时谈道：许慎文化的内涵包括了许慎事迹和《说文解字》学两方面。这个界说还可以广义一点来理解，即“许慎文化”当是指华夏同胞热爱汉字、学习研究汉字的传统人文精神以及由许慎所发凡、创立的汉字学。要使许慎文化走出书斋、走向社会，单靠专业学者的力量远远不够。孔子开创的儒家学说能够影响国人上千年，华佗的精神至今能够鼓舞杏林志士，在杜甫的故乡，三岁幼童能够背诵杜甫的诗篇。与之相比，许学事业今后也应该更大众化、平民化，更深入人心。要达到这样的效果，首先是积极培育家乡人民像许慎那样热爱家乡、热爱汉字、热爱汉字文化的精神。对于许慎本人的敬仰，我们不能仅仅表现在尊许和祭许的层面上。作为后学，不能简单地依赖一部《说文解字》搞许学，因为我们今天毕竟看到了更为丰富的出土文字材料。一方面，我们需要像许慎那样沉下心来整理、考释早期文字，尤其是许慎未能真切感知到的商周古文字。另一方面，我们还需要像许慎那样花大力气，描绘出一部更为完整的汉字发展史展示给世人。如今我们开发家乡的许慎文化，首先是要进一步向全社会推广宣传字圣许慎的事迹，让漯河人都知道许慎，都了解许慎精神，普及汉字知识，都能对中华文字说上一二。相信伴随着漯河经济的腾飞和群众文化品位的提高，家乡父老也会越来越以魅力无穷的汉字引以为自豪。

“目前，汉学研究、汉字研究的最高水平还是在中国，而中原是中华文明形成和发展的摇篮，汉字文化与河南的联系极其密切。河南不但是历史文化大省，更是出土文字史料大省，又是研究汉字的故乡。这是我们的优势。在这方面，我们中原学者有着更深的认识，同时也应有更多的责任感和使命感。”说到弘扬许学的话题，书写《说文解字》碑林的书法家潘清江这样认为：“许慎所处的时代决定了他在资料占有、治学思想等方面的局限。假如许老先生能够活到现在，他也一定不会满足，一定还会重修一部新的《说文解字》。”王蕴智教授在谈到这一话题时进一步坦陈自己的心愿：当代学人应当发扬许慎精神，重修一部现代版的汉字大典，把故乡建成真正的汉字之乡。在文化产业建设方面，逐步把漯河建成河南乃至全国性的许慎文化研究中心、许慎文献资料中心和汉字文化圣地旅游中心。

围绕这“三个中心”的建设，漯河市正在紧锣密鼓又有条不紊地做着工作：在文化产业的开发建设方面，以许慎文化园为依托，打造汉字文化旅游景点和汉字研究成果展示区；在市区主要街道、河岸和中小学校，推广汉字文化知识；以《说文解字》为基础，开发书籍、邮票、纪念品等文化旅游产品；以五年一次的许慎文化国际研讨会为载体，开展许学文化交流和文化产品推广。总之，将许慎文化打造成漯河的一张文化名片，将许慎文化产业打造成漯河的一个新兴的文化产业。

四

翻开河南地图，我们可以看到，在中国的文字发展史上有着一个有趣的现象：最早的契刻符号发现地在河南舞阳，最早的成熟文字甲骨文的发现地在河南安阳，最早的汉字规范书籍《说文解字》的作者是河南漯河人，将汉字现代化、创造出五笔字型电脑输入法的王永民在河南郑州——整个汉字的产生、发展、规范、现代化都没有离开河南这片沃土。

目前，作为汉字现代化的一门技术，王永民的五笔汉字输入法早已风行社会；安阳作为甲骨文的发现地，建设的汉字博物馆也已开门迎宾；作为许慎的故乡，漯河也戴上了“中国汉字文化名城”的桂冠。安阳与漯河，同样将汉字文化产业作为发展培育方向，漯河怎样才能实现突破，进行差异化发展?

产业的发展向来分为两种形式，一是同一业态的积聚，形成优势互补，强强联合；二是专业垄断，获取超额利润和市场份额。在市场竞争越来越充分的情况下，专业垄断的可能性越来越小，依靠各自特点、形成专业细分，达到优势互补成为越来越重要的发展思路。漯河许慎文化资源的开发和安阳中国文字博物馆建设项目，两者同属文化产业开发，又都属于文字产业内涵，全部建成后，将在中原大地上以京广铁路为轴心，以东西两侧为两翼，形成独特的文字走廊，彼此呈南北呼应之势，二者相辅相成，共同营造一种别具特色的中原汉字文化景观。安阳的“中国文字博物馆”反映中原历史文化的面貌，侧重于出土古文字资料的整理与展示，强调的是资料品类的齐全和实物的呈现。漯河的许慎文化园以及纳入文化产业开发的贾湖遗址，则是一部具有让世人领略中华文明载体的“汉字大典”，是一部现代版的“说文解字”。它以翔实的资料、严谨的布局、科学的方法辅以现代化的高科技手段，高品位地荟萃历代汉字样本、字书样本精华，揭示古今汉字的文化内涵；真切生动地讲解古汉字的演化和构形特征，展现汉字发生、发展的历史轨迹，使人们感悟到先民的聪明智慧，审视到汉字的历史和未来，形成一个全方位展示古文字学、《说文解字》与中国文字学、汉字发展史、汉字书法文化、汉字印刷与汉字信息开发等各个文化层面的文字大观园，成为对世人进行中国文字和爱国主义素质教育的大型基地和相关文化产业开发的宝库。

选自2016年《漯河文史资料》第二十三辑

从《说文解字》到五笔字型

——纪念许慎诞生一千九百五十周年

张福祥[①]

岁在甲申，时届仲春。百川解冻，沙澧二河奏新曲；万木向荣，中原大地披绿装。在这百花争艳、姹紫嫣红的迷人季节，我们迎来了一代文化宗师、伟大的文字学家、汉字的开山之祖许慎诞辰1950周年。

一

许慎，字叔重，东汉豫州汝南郡召陵县万岁里人。许慎说他是炎帝神农的后裔，他的先祖在周武王时封于许国，遂以封地许国为姓。战国初年，许国被楚国灭掉，子孙失国逃散，其中一支自许迁往召陵，在汝水之滨的万岁里定居下来。他生于东汉光武帝建武三十年（54年）[②]，八岁入书馆（当时小学的名称），学习先秦传下来的《史籀篇》和李斯写的《仓颉篇》。这类书是三字一句，或四字一句的韵歌体，是秦汉时代儿童们的通俗读物，和后世乡塾所用的《三字经》《百家姓》《千字文》一类的课本体裁相近。

汉明帝永平九年（66年），许慎13岁，小学毕业，离万岁里到县城召陵攻读《易》《书》《诗》《礼记》《春秋》五经及诸子百家。永平十四年（71年），许慎18岁，学习告一段落。按当时学律规定，学童到十七八岁，学习结业后可到郡里应试，考试合格可当小官吏或在社会

① 张福祥，漯河市人，1932年出生，1950年参加工作。先后在漯河市文化馆、市文联、市干部学校、市供销社工作。

② 关于许慎生卒，目前较流行的有顿嵩元说、诸可宝说、陶方琦说、张震泽说。此处采用了顿嵩元说。

上谋职业。许慎这年应试中选，被郡府录用当上了一名文书小吏。在汝南郡许慎干了十年的文书工作。到了 29 岁，被提拔为郡功曹史，简称郡功曹，相当于总务长，兼管人事，旁及政务，辅佐郡首长料理政事。《太平御览》引《汝南先贤传》说，“慎为郡功曹，奉上以笃义，率下以恭宽。”意思是对上级对长者笃信诚恳，对下级对同事恭谨宽厚，得到上下级及同僚的高度评价。汉章帝建初八年（83 年），许慎 30 岁。由于他品德高尚才华出众，被推举为孝廉。所谓孝廉按《汉书·武帝纪》的规定：“孝，谓善事父母者，廉，谓清正廉洁者。”年龄必须在 30 岁地方官吏中选拔，许慎这一年正好 30 岁。后来年龄限制放宽，但孝廉的基本条件必须具备，这是东汉知识分子求官上进的必由之路。许慎被推举为孝廉之后，京都洛阳要选拔一批贤能之士往中央任职，许慎又以优异的成绩被选中，任职于太尉府南阁祭酒。汉代的太尉、司徒、司空被称为“三公”，是皇帝的左膀右臂，相当于宰相。祭酒的头衔是一个学官名，汉代有博士祭酒，是博士之首。这一职务通常是由德高望重的老人担任或学识渊博聪明威重者担任。许慎当属于后者。许慎在这个职位上干了 20 多年。在此期间，他写出了《孝经孔氏古文说》《五经异义》，可惜这两部书早已失传。在他 32 岁那年开始撰写《说文解字》，历时十六载完成了这部书的初稿。永元十二年正月初一，当人们欢庆新春佳节之时，47 岁的许慎还在伏案写《说文解字·后叙》。当时人们称赞他：“五经无双许叔重。”这个评价说明许慎的学术水平已高居文化泰斗的地位。

到了汉安帝永初四年（110 年）许慎 57 岁的时候，他和当时的几名大学者马融、刘珍、蔡伦等被执政的邓太后召进东观。东观是皇家的图书馆，邓太后是个雄才大略的女性。她“白天理王政，夜里诵诗书。”在她阅读过的诗书中，发现不少错误，所以才召见许慎等人入东观校对文字，查刊谬误。许慎在皇家图书馆接触了大量的图书档案资料，这使他的视野拓宽，他参照这些书籍进一步修订《说文解字》。与此同时，他还撰写了《汉书注》，可惜这部书也没有流传下来。这期间，比许慎小 25 岁的马融非常赞赏和敬仰许慎的人品和学问。《后汉书·儒林传》

上说："马融常推敬之。"马融是东汉著名的学者，是《广成颂》的作者，还当过许昌县令和武都太守，无论政治地位和学术水平都是显赫一时的人物。

汉安帝元初六年（119 年）66 岁的许慎告老还乡。在家继续修订《说文解字》。建光元年（121 年）68 岁的许慎终于把毕生呕心沥血写的《说文解字》修订完成。他把儿子许冲叫到跟前，双手颤抖捧着《说文解字》交给许冲，让儿子去京城呈献给皇上。

东汉建光元年九月，天高云淡。一辆四轮车奔驰在召陵往京都洛阳的官道上，车上坐着许南阁的儿子许冲。他心潮澎湃，激动不已，小心翼翼地怀抱着其父的巨著《说文解字》，他深知肩负的神圣使命，替父进京上书。九月二十日，许冲诚惶诚恐而又光荣自豪地上书曰："召陵万岁里公乘、草莽臣冲，上书皇帝陛下……"皇帝得表后大喜，并奏邓太后，召见上书者汝南许冲，并奖赏布四十匹。

又过四年，大约在延光四年（125 年）许慎 72 岁时卒于家。[①]

二

《说文解字》这部划时代的巨著一经面世，如石破天惊，震动朝野。后汉末的大学者郑玄注《周礼》《礼记》，应劭作《风俗通》都引用这部书。清代的大儒段玉裁在《说文注》中说："无《说文解字》，仓、籀造字之精意，周、孔传经之大旨，就不会流传下来。此千古未有之奇书，许君之所独创，如网在纲，如裘挈领，讨原以纳流，执要以说详。与其他书相比，不可以道里计。"现代语言学家王力教授说："《说文解字》是中国语言的宝藏，在古代词义的保存上，它是卓越千古的。"一千八百多年来，赞颂研究这部书的代不乏人。于是一门专有的学科"许学"受到人们的重视。

这部书的主要成就及其价值概括起来有以下四个方面：

① 许慎卒年目前较流行的有陶方琦说建和二年（148 年），享年 82 岁，诸可宝说享年 95 岁，顿嵩元说享年 96 岁。

第一，阐明了“六书”的要旨，总结出汉字的创字规律。

“六书”之说远在许慎之前的班固、郑众都列有名目，但没有提出具体的界定和实例，唯有许慎对“六书”的界定和名目作了明确的解释并举例说明。“六书”是：

（一）象形，顾名思义就是像实物之形。许慎的定义是“象形者，画成其物，随体诘诎，日、月是也。”（许慎所举字例为小篆体）所谓“随体诘诎”，就是随着物体的自然形状，弯弯曲曲地描绘出来。如日、月，就很像一轮红日和一弯新月高悬天空。再看“山”字，中间一峰突出，周围群岚环抱，很有“横看成岭侧成峰，远近高低各不同”的意境。

（二）指事。许慎的定义是：“指事者，视而可识，察以见意，上、下是也。”比如要表示木（树）的根就在木（树）的下部加上一道，表明根部所在，即“本”字。要表示树的梢部，把这一道画在木的上部为“末”。可见“本”与“末”的含义相反。

（三）会意。许慎的定义是：“比类合谊，以见指撝，武、信是也。”就是把两个象形字组合在一起，表示一个新的意思，如止戈为武，也就是说战争的目的在于消灭战争。人言为信，日月为明，三人为众，三木为森，三水为淼，休字表示“人依树而息”之意。

（四）形声，又叫谐声。许慎的定义是：“形声者，以事为名，取譬相成，江、河是也。”象形和会意有很大的局限性，世界上很多事物和抽象概念很难用象形会意来表示。比如鱼是整个鱼类的总称，但鱼的种类成千上万，不能为每一种鱼都造一个字。于是就出现了形声造字法。用“鱼”字作偏旁（或叫形旁）表示鱼的总类，再用与要表示的事物同音的字作声旁表示鱼的种类。如“鲤”“鲫”“鳝”“鳗”“鲶”等。有形有声，这就产生了大量的新字。

形声字随着社会的发展，越来越多。《说文解字》共收字 9353 个，其中形声字 7679 个，约占总数的 80%。宋代的《通志·六书略》共收字 24235 个，其中形声字 21343 个，约占总数的 88%。清代的《康熙字典》，共收字 47035 个，其中形声字 42300 个，约占总数的 90%。现在的《新华字典》《现代汉语词典》，形声字也占 90% 以上。

（五）转注。许慎的定义是，“转注者，建类一首，同意相受。考、老是也。”所谓“建类一首，同意相受”就是几个部首相同的同义字可以互相解释。如，“绩”与“缉”属于同一部首，读音相近，意义又相通，可以互相转注。

（六）假借。许慎的定义是：“本无其字，依声托事，令、长是也。”也就是说，当某个新事物出现之后，在口语里已经有了这个词，但在笔下却没有这个字，可以借用一个相同的字来代替（托事）。比如，令字的本意是命令、号令，但其读音与县令之“令”相同，这就可以借命令之“令”为县令之“令”。再如“长”字的本意是年长之意，但因其读音与县长之“长”相同，这就可以借年长之“长”为县长之“长”。

许慎对“六书”的综合分析，阐明了汉字的形、音、义，是千古未有的伟大创举。

第二，许慎根据字形分部建首，开创了部首分类编纂字典的体例。许慎把汉字相同的形旁定为部首，归纳为 540 部，用这些部首统摄所有的汉字，编排出系统的便于检索的字典。这种按部首编纂字书的方法是许慎的一大发明，这正是西方辞典学家所说的“编写现代意义辞典”的必要条件。这就是说，许慎早在公元 1 世纪就做了西方人十六七世纪才能做的工作。因此，许慎不仅是中国的文化伟人，也是世界的文化伟人。

第三，保存了秦汉时期的科学文化和生产方面的知识，成为研究古代文化的钥匙。许冲在《上〈说文解字〉表》中说“六艺群书之诂，皆训其意，而天地鬼神、山川草木、鸟兽昆虫、杂物奇怪、王制礼义、世间人事，莫不毕载。”《说文解字》记载着古代社会大量的文献资料，从天文历法到地理人事，从方言俚语到风俗习惯，从医学到动物、植物、矿物等，真可说是一部包罗万象的古代百科全书。明代李时珍著的《本草纲目》引用《说文解字》就有 47 处之多。

第四，许慎的《说文解字》纠正了当时文字使用的混乱现象。因此，它起到再一次规范统一文字的作用。我们的国家和民族经历了多次的苦难和折磨，无论是战争割据还是南北分裂，谁也阻挡不住中华民族的统一，这里汉字起着很大的作用。在幅员辽阔的祖国，尽管人们说着很多互不相通的方言，但无论天南地北，只要一看到汉字，彼此都能够交流思想和沟通感情。之所以如此，除了高度的民族文化、共同的民族心理等原因外，“书同文”则是一个极其重要的原因。

三

1828年美国密歇根州的威廉·柏特为其排字机取得专利，这可能是世界上第一部英文打字机。那就是说英文打字机已有176年的历史。中国发明的印刷术虽然为世界文明写下了辉煌一页，但在普及高速度排字方面却被拉丁字母后来居上了。特别是电脑问世以后，有人认为不是由字母组成的汉字越来越显得难以适应现代化的需要。

怎样才能解决汉字输入电脑这一历史性难题呢？其实还是许慎给后世研究这一课题的人提供了突破口。许慎在《说文解字·后叙》总结全书说：“此十四篇，五百四十部，九千三百五十三文，重一千一百六十三，解说凡十三万一千四百四十一字。”许慎把汉字分为两部分，他认为“文”代表了事物形象的根本，是汉字的根源；而“字”则是在“文”的基础上派生出来的。所以，许慎把他的书定名为《说文解字》。

五笔字型的发明人王永民教授说了一段意味深长的话。他说：“汉字是不朽的，但也差点被电脑置于死地。外国人发明电脑的时候，没有顾及汉字的特点，只设计了26个字母键。我们的祖先包括许慎也不可能预见到汉字会面临电脑的挑战。但还是许慎给了我们一把金钥匙。独体为文，合体为字。独体相当于原子，合体相当于分子。我们紧紧抓住独体（字根）把它归类、精减，然后再把它们按照组合规律和相容关系，分组安排在26个键盘上，然后，再按照‘日、月、明，立、早、章’的办法，把合体字组合起来，这不就像在键盘上写字一样，把汉字输入电脑了吗？对汉字来说，这叫置之死地而后生。”王永民教授正是从研究《说文解字》入手，创立了“五笔数码”（简称王码）输入法，使汉字的输入效率超过了西洋文字，使古老的汉字重新焕发了生机。

纵观许慎的一生，在他身上充分体现着儒家也可以说中国知识分子的优良传统，那就是“学而优则仕”。难能可贵的是，许慎无论是在郡功曹的位置上，还是在担任太尉府南阁祭酒时，都始终不忘“仕而优则学”。他的高尚道德品质，他对事业的执着追求，他出众的才华，他不朽的历史功绩，被历代人奉为“字学宗师”、中国“字圣”。他的人格魅力将光耀千秋。

选自 2005 年《漯河文史资料》第十三辑

关于许慎的故事

张福祥

温知县为许慎立碑

康熙四十六年三月，春深似海，百花盛开。在这令人陶醉的季节里，郾城知县温德裕去郾城东部老窝、召陵一带查看民情。当他走到姬石西边的时候，不知道是道路坑洼不平抑或轿夫贪看景色，一不小心，打个趔趄，把知县大人从轿内颠了出来。轿夫们马上把他搀扶到轿内，打躬作揖请温大人原谅。温德裕摆摆手说："算了，走这么远的路，哪能没个闪失？"他并不怪罪轿夫。不过他却问一个年长的轿夫，"这一带有没有古圣先贤？"这位轿夫用手往西边一指，说道："大人你看，西南高岗上有一大土冢，那就是许圣人的坟墓。"温德裕接着问道："许圣人，哪个许圣人？""就是许慎呀！""是不是著《说文解字》那个许慎？""是啊！就是他。"温德裕一听，恍然大悟，可不是吗，这里是召陵之地，正是许慎的故乡。想到这里，他慌忙下轿，和轿夫一块步行到许慎墓前。温德裕跪倒在地，磕头作揖，并惭愧地说："后生小子温德裕不知道许老夫子在此长眠，我路过此处本该来此拜谒，不但不拜，反而坐在轿内自高自大、冒犯圣贤、唐突古人，实在是不知道天高地厚，违背了孔孟之道。"他接着又说："清明节马上就要到了，我们给许老夫子培土添坟。"说着自己就带头铲土添了起来。然后，又恭恭敬敬地站在墓前说："我回去以后，立即给你老人家竖一通碑。"

温德裕离开许慎墓后又步行好远才敢坐到轿内。从此以后，凡路过许慎墓的官员，"文官下轿，武官下马"，成了一条规矩。

温德裕回到县衙找到最好的石料和石匠，亲笔题写了碑文。碑的右边沿用汉体真楷摘录《后汉书·许慎传》几句，并略有更改：“公讳慎，字叔重，召陵人，为郡功曹，举孝廉，再迁除洨长。卒于家。所著有《五经异义》及《说文解字》十四篇传于世祀乡贤”。中间突出“汉孝廉许公之墓”七个大字。后边落款是：“康熙丁亥三月，三原后学温德裕立。”温德裕是陕西省三原县人，自幼好学，熟读经书，进士出身，他对许慎恩礼有加也是很自然的了。康熙丁亥是康熙四十六年，即公元1707年。到2007年，这通碑恰好三百周年。

其实，这里还有一通碑，是光绪二年郾城知县王凤森所立。碑顶横书“百世之师”。碑文题目为《许夫子从祀文庙碑记》，全文记述了许慎的功绩。落款为“大清光绪二年岁次丙子（1876年）某月谷旦立，赐进士出身诰受奉宪大夫同知衔郾城县事王凤森撰并书，县教谕王宗舆篆额。”

许庄人的护碑行动

1946年冬季，不知因为什么，传言邻村的人要毁许慎墓前这两通碑。这令许庄的老少爷们忧心忡忡、坐卧不安。许发祥、许贵法等几个人到墓地一看，果然碑后有破坏的痕迹。他们认为这碑不仅是老祖宗许慎的光荣，也是他的后代整个许庄人的光荣，村庄上有识之士特别是几个上点岁数的人，下定决心要把这无价之宝保护起来。在临近冬至的一天夜里，许贵法、许发祥、许德正几个人，手拿麻绳，还有两颗手榴弹，许贵法让年龄最小的许德正（当时才12岁）观风瞭望，他们俩把绳子和手榴弹连接起来，埋到碑的东西两头。过了三天，没啥动静，再看看碑也没有毁坏的痕迹。原来，不知道谁

“汉孝廉许公之墓”碑

放出风声说，许慎墓碑前埋有手榴弹，吓得谁也不敢去了。又隔几天，许贵法他们认为这也不是长久之计，于是他们把两通碑抬到了许长建家牲口院里，保护起来。这一放就是近 40 年。到了 1985 年，中国首届纪念许慎学术讨论会，才又把这两通碑重新竖立在许慎墓前，恢复了它们应有的尊严。

许慎墓究竟多大

许庄的老人们说，许慎墓可大了！有多大呢？站到漯河万庄万大庙沙河堤上就可以看到它，占地大约是一亩三分。黑龙潭乡土城王村有一个人名叫王世明，现年 66 岁。1959 年他在黑龙潭乡供销社当营业员，他经常从河沿李过河到康洼黄集、大周一带送货，路过许慎墓。这年的三月三日，他有个想法，看看许慎墓究竟有多大。他把挑子一放，用步丈量一下：周围 72 步（当地习惯，一小步为一造，两造为一步，五尺，1 米多），72 步也就是 120 米。高约三丈，合 10 米。墓上面长满了淮草和酸枣树，墓顶雾气腾腾。罗庄人 80 岁的罗根老先生说：我年轻的时候，常到许慎墓上逮蚰子，那墓比现在大多了。2005 年 11 月许慎铜像揭幕式，王世明又来到许慎墓查看，心里很不是滋味，墓咋会这么小呢？原来，“文化大革命”期间，漯河某单位来了一个姓杨的住队干部，他到墓地一看，说，谁家的坟这么大！这么多好地。他一声令下，犁了！这犁，好像犁在许庄人的心上。白天有人犁，晚上有人添（土）。于是，村上流传着说，许圣人显灵啦！并流传一首顺口溜：“许圣坟墓座龙脊，地下风水好吉祥。脚蹬大沙河，头枕蔡（上蔡）和襄（邓襄），任凭人毁暴雨冲，年年月月不断长！”说是这样说，经过“文化大革命”，许慎墓还是平去了大半。今年的 12 月 12 日，王世明把他在 1959 年丈量的草图画出来，用玻璃框镶起来，写上当年墓的大体情况，送到了许慎陵园。之后，他带着皮尺来到墓地，把墓重新量了一下，现在的墓围是 48.5 米。

许慎墓园

书画尽焚　龙牌残存

58岁的守墓人许志乾对我说:“我老太爷的老太爷许安民是个有学问的人。清朝乾隆、嘉庆年间，江苏嘉定县是个经济繁荣文化发达的地区，这个地方出了不少研究许慎和许学的人。这些人大都来过召陵许庄，一方面景仰许慎的学问和人品，向许慎墓拜谒祭奠，一方面把他们的著作和字画捐赠给许安民留作纪念。都谁来过说不清了。我看了一下光绪六年（1880年）的《嘉定县志》和民国17年（1928年）的《嘉定续县志》，研究《说文解字》的人确实不少。主要有钱大昕《说文答问》、钱大昭《说文统释》、钱肇鳌《说文分韵》、吴凌云《说文形声会元》、毛际盛《说文解字述谊》、诸玉衡《说文述略》等，可以说嘉定人研究许慎和《说文解字》蔚然成风。他们当中的一些人肯定来过召陵的许庄并捐赠过字画。不过，有一个人我还是记住了，这个人名叫段玉裁。

“段玉裁？你知道他是谁吗？”我打断他的话说。

“不知道。”

“这也是一位世界级的文化大师，他是乾隆年间的举人，当过四川巫山县知县，他著的《说文解字注》对后世影响巨大，是研究许学的必读之书。《辞海》有他的条目和他的画像。不过，他不是嘉定人，他是江苏金坛人。你是怎么知道他的？”

许志乾长叹一口气，说道：“这一类的字画还有古版书，俺家有两大捆。许安民把这些字画传给他的儿子许广全，许广全是清朝同治、光绪年间人。现在，许慎墓东边的那座光绪二年文庙祭祀碑就是许广全立的。他又把这些字画传给他的儿子许德芳，就是我的曾祖父。这是一位老秀才，他更加珍重这些字画。许德芳又传给他的儿子许长明，也就是我的爷爷，我爷爷又传给我的父亲许海滨。到了俺父子这一代，这些字画和古书可遭大殃了，因碰上了‘文化大革命’，俺家是富农，红卫兵抄俺三次家，目的就是要搜这些字画，要是真搜出来那可是弥天大罪。我和父亲把这些字画藏到麦秸莛里，又藏到棚子上。一次次地抄家，全家人担惊受怕。有一天深夜，母亲说，这些字画，老鼠啃的啃，尿的尿，破烂不堪，保存一二百年了，也没见给咱家添啥福。现在又赶上‘文化大革命’，成了罪孽，还不如把它烧了算啦！母亲这么一说，全家人也都同意。只有父亲好像心思很沉重，一言不发。大家都等他说话。他长叹一声，说：‘老祖宗传下来一二百年了！’看样子他很有点舍不得。可是，当天夜里他还是把这些字画烧了。烧到最后一幅书法，我看到落款是段玉裁三个字，所以至今记忆犹新。”

我说：“您家几代人为了保存这些珍贵的书画付出了艰辛和心血，也历尽了酸甜苦辣，真值得尊敬。要是保管到现在，那价值可大了！”

许志乾说：“有一件文物还是保存下来了，那就是神主龙牌。它高约二尺，宽约一尺，厚约一分，木质，底色赭红。上写金字‘汉先儒许慎之位’。字体为颜体，粗壮有力，庄重大方。更为珍贵的是木牌的两边雕刻两条金龙，顶端有一颗核桃大的珠子，标准的二龙戏珠，看上去金光闪闪，富丽堂皇，让人生威起敬。是老祖先哪一代传下来的说不清了。我父亲说，啥毁也不能把龙牌毁了，但真要保管好也不是一件容易的事。这龙牌藏到哪里也不放心，因为它不像字画可以折叠。万般无奈把两边的龙锯下来烧锅了，光剩带字的木牌了。我用黄胶泥把木牌抹上一层，放到门顶过木上。由于天热，泥干得很快，与过木浑然一体，全家人这才放心。一直到‘文化大革命’结束，木牌才重见天日。”

1982年，中国训诂学研究会首先提出要召开全国性纪念许慎学术讨论会，要求尽快修复许慎墓和许南阁祠，收集有关资料，筹建许慎纪念馆。1983年的夏天，郾城县文化局干部张汝鲤来到许庄，他是为筹建许慎纪念馆收集资料来的。经打听得知许志乾家放有许慎的龙牌，喜之不尽，立马到了许家。经说明来意，许家很快地把龙牌贡献出来，但又有点依恋不舍，毕竟是许家几代人的传家之宝。许家要求：全家人围着龙牌照一张合影像留作纪念，张汝鲤当即满口答应，让他们祖孙三代摆好姿势，许海滨老两口坐着怀抱龙牌，许志乾和他的三个妹妹、儿子、女儿站着，张汝鲤的司机取出照相机很精心地为他们全家照了一张合影。这张照片，2005年11月召开许慎国际研讨会的时候，还登到《漯河日报》头版。许志乾还作为特邀代表列席会议，并作了发言。

龙牌现保存在郾城区许南阁祠内，这里现为河南省社科院郾城许慎研究所。

斗麦刀纸写《说文》

公元105年，中国有一大发明，那就是造纸术，是中国四大发明之一。发明造纸的人是中常侍（皇帝的秘书）蔡伦。他本来是主管制造御用器物的尚方令，他感到自春秋战国甚至秦汉以来，供书写用的东西不是竹简就是缣白。竹简太笨重，据说，秦始皇每天批阅的文件就有六筐，那字的数量也不过有现在一份《人民日报》那么多。缣白是一种丝织品，价格太昂贵，一般人用不起。他总结西汉以来用麻质纤维造纸经验，改进造纸术，采用树皮、麻绳头、破布、旧渔网为原料造纸获得了成功，后来的人称为“蔡侯纸”。汉安帝元初元年（114年），注重文化建设的邓太后封他为龙亭侯。公元110年，许慎56岁，这年，邓太后请当时文化泰斗级的人物许慎、马融、刘珍、蔡伦等校书东观（皇帝的图书馆和档案馆），汉安帝并任命蔡伦为馆长（监典其事）。这是因为具有雄才大略的邓太后“日理王政，夜则诵读”，感到当时出的书，谬误错讹太多，很不满意，于是，请以上大师们校对、更正。许慎在这里一干就是十年，他接触了大量的图书资料和档案文献，使他的《说文解字》不断完善和充实。公元119年，65岁的许慎称病告老还乡，在召陵他的老家继续修订《说文解字》。公元121年许慎67岁，《说文解字》定稿。这年的九月二十日，许慎的儿子将其父所著《说文解字》上书朝廷。去年，许慎国际研讨会上，许嘉璐副委员长提议，每年的农历九月二十日为许慎纪念日，得到了全体与会者的热烈掌声。

自公元105年纸的发明到公元121年《说文解字》定稿，16年来，纸为许慎提供了不可估量的作用。至今，许庄的老人们传说，许慎一斗麦换一刀纸用来写《说文解字》，说明许慎为了研究学问、普及知识是很舍得投入的。什么是一刀纸呢？这是过去人们计量纸的单位，不论什么规格的纸，一刀就是一百张。一斗麦是多少呢？按容量就是10升，按重量就是35—40斤。

许慎陵园的导游小姐

2006年12月6日，濮阳市的旅游团一行20人到许慎陵园参观，召陵区文化局的导游王臻全程为旅游团进行讲解。当参观的人员走到许慎墓时，王臻幽默地说，大家要是围绕许墓走上一圈，你的子女可以考上大学本科；走上两圈，可以考上研究生；走上三圈，可以考上博士。说得大家都笑了。参观的人员大多是三四十岁、四五十岁的人，兴高采烈地互相鼓动着说，争取都走上三圈！当转到墓后一棵柏树的时候，王臻又说：“大家看，这棵柏树格外高大挺拔，苍翠嫩绿，现在我不说为什么，给大家留个悬念。待会儿，当我们返回到铜像跟前时，再回头看看这棵柏树对你意味着什么。”说话不及，来到铜像跟前，当人们驻足瞻仰这棵柏树的时候，各自发表各自的看法。有的说，这棵柏树得到了许老夫子的灵气，所以越长越旺，越长越水灵；有的说，松柏本身是高洁的，它象征着许慎的高风亮节；有的说，这棵柏树，昂首挺胸，气度不凡，象征着许慎的才华横溢："五经无双"，天下第一，名震京都嘛！也有的说，这棵柏树格外苍翠，象征着许慎心灵的净化和圣洁，做学问要像他那样甘愿寂寞，对我们是一种启迪和感召。最后旅游人员征询王臻的意见，看谁说得对？王臻爽朗地笑着说，大家说得都对！又是一阵欢笑声。接着，参观人员纷纷与许慎铜像合影留念。

2005年扩建后的许慎陵园大门

选自2007年《漯河文史资料》第十五辑

遗址遗迹

漯河市沙澧河沿岸的原始文化

陆献瑞[①]

我国是一个历史悠久、文物丰富的文明古国。据专家们鉴定，中原地区是中国古代文明发源地之一，而漯河市又是中原地区的中心，历史文物非常丰富。如漯河东郊翟庄遗址、舞阳贾湖遗址，相当于裴李岗文化遗存，是8000多年前的历史文化遗址。漯河南北郊区、马夫张遗址、郝家台遗址、舞阳胡岗遗址、郾城傅庄遗址等是6000年前的文化遗存，都属于母系氏族公社时期。这些遗址都坐落在土地肥沃、利于种植、离河流近，又免于水患的河谷阶地上。这就为原始人类种田、打猎、捕鱼、养畜提供了有利条件。

在漯河市的沙河、澧河沿岸，发掘出不少母系氏族时代的文物，如翟庄、贾湖遗址，出土有房屋、陶窑、窖穴、墓葬等遗迹，还有石、陶、骨、螺等原始劳动工具。这些工具，按制作方法分为两类。第一类是按打制方法做成的，有砍伐器、切割器、刮削器、敲砸器；第二类是用磨制方法做成的，有石斧、石锛、石铲、石镰、石磨盘、石磨棒、石凿、甲骨契刻、磨制骨笛等。这些工具反映了当时人类从事生产活动和文化娱乐的状况。

根据出土文物来分析，当时的生产以农业为主，也有打猎、捕鱼和采集等活动。从窖穴中发现的粟米、蚌壳、禽骨、鱼刺等可做证明。裴李岗人是我国最早的农民，他们已发明了种植和用粟米磨面的方法。文化、艺术方面，如甲骨契刻符号可能是中国最初的象形字，骨笛则可能是中国最早的乐器。

在仰韶文化时期，已发现有渔猎工具，如三角形长条状、圆粒状、

① 陆献瑞，周口市人，生于1923年。高中文化，1951年供职于漯河市源汇区文化馆。

扁平状等各式各样的箭头，精致的骨制鱼钩和常刺、双刺的鱼叉，看起来捕鱼在当时人们生活中占有重要地位。在彩陶器的图案上有鱼网、鱼纹，反映出当时人们的装饰艺术和生活状况一代比一代先进。

陶器是日常生活的主要用具，裴李岗文化中出土的有陶壶、陶制三足器、陶鼎、汲水用的尖底瓶、葫芦瓶和小口壶、盆、碗、杯等，其中除少量的灰色陶外，大多为红色和红褐色的陶器，是手工制品，形象古朴生动，是我国最早的陶塑艺术。

手工业的制造技术，是在一定历史条件下生产力发展水平的标志，对探索人们实际生活状况和精神观念有重大意义。裴李岗文化和仰韶文化制陶工艺一代比一代先进，仰韶彩陶在我国达到了一定的工艺水平。

母系氏族的埋葬制度是，成人墓大多为单人仰卧直肢葬，小孩墓多为瓮棺葬。文物学家发现有多人二次合葬，男女老少均排列得非常整齐，头部都向西，随葬物大多是日常生活用品，以陶器、石器为主，也有骨制的生产工具。从这些埋葬办法推测，属于对偶婚时代。因为死后夫妻双方各自埋在自己氏族的公共墓地，而且是兄弟姊妹分开埋葬的。根据这个时代男女分葬和同姓合葬这种制度，正好说明裴李岗文化和仰韶文化时代的人类，从外婚时代发展到对偶婚时代。由于这种婚姻制度缺乏稳固的经济基础，所以两种关系比较松散，结合的时间短，生了儿女随母生活，因而“民知其母，不知其父”①这是很自然的事。

在母系氏族社会中，全氏族可分为若干母系家庭，全体成员生活在一起，他们过着族外的对偶婚姻生活，男女双方分别住在自己氏族中，每个氏族为成年妇女准备房屋，以接待外族来的伴侣，而少年和老人在公共聚会的大房里（从陕西半坡遗址中发现的房屋有一座大型房屋，周围很多小房子，就是这种生活的反映）。从8000年到6000年前的遗址中留下来的丰富资料可以推断出，当时的人类正处在母系氏族公社阶段。恩格斯说过：“氏族一旦成为社会单位，那么差不多以不可克服的必然性（因为这是极其自然的），从这种单位中发展出氏族、胞族及部落

①《吕氏春秋·恃君览》原始时代的传说。

的全部组织。这三种集团代表着不同程度的血缘亲属关系，并且它们之中每个都是闭关自守、各管各的事情，但是又互相补充。归它们管辖的事情包括低级阶段上的野蛮人的全部公共事务。”[①] 所以我们遇到某一种氏族，也就可以找出类似前面所讲的部落组织。裴李岗、仰韶两种文化时期的氏族社会，无疑已有胞族部落的组织，按专家们的推测，一条河流区域的若干聚落，形成一个胞族，再由若干胞族形成一个部落。漯河附近河流两岸的遗址可能就是一个部落的领地，每个氏族在整个部落中是紧密相连的一个有机体的构成部分。

父系社会文化遗存

龙山文化是继仰韶文化之后，在黄河中下游普遍发展起来的氏族部落文化。1953 年至 1956 年，河南省文物工作队两次在漯河市发掘的南岗遗址（市一中）、澧河遗址（牛行街西北段）都是龙山文化遗存，出土有房屋、窖穴、烧陶窑址和各种工具，并有大量日常生活中用的陶器和石、骨、玉制造的生产工具和装饰品，发掘的实物资料明显表明，比仰韶文化时代有了新的发展和变化。比如房屋形状，均作半窖穴式，中间有一通道，平面形象如“吕”字，要加上宝盖，就是个“宫”字，因而“吕”和“宫”的象形字，很可能就是根据这种建筑形式演变而来的。这个时期由于工艺技术进步，新的生产工具不断创造出来。已发现的石斧、石锛、石刀、石凿、石镰、石和陶制的鱼网坠等劳动工具与仰韶文化时代相比有很大改进。如石斧大都是体形圆扁，磨制光滑，石铲大而薄，刃部锋利，用于收割的长方形或半月形的刀子，精巧适用，铲、刀都有穿孔。除石制工具外，还有大量采用坚硬的蚌壳制作工具，陶器制作由手制发展为轮制。从漯河市 6 座遗址中出土的蛋壳陶，是一种技术很高的工艺品，说明这个时期农业和家畜饲养、手工业都有很大发展，这些都提高了原始公社的生产效率。

除农业的发展外，畜牧业的繁盛也有很多证明。比如我们漯河市仰

① 《马克思恩格斯选集》第四卷，第 92 页。

韶文化时期，发现有猪骨、狗骨两种，可是在龙山文化时期，发现有马、牛、鸡，渔猎和采集经济也很发达，如打猎以鹿类和其他小动物为主，从漯河龙山文化遗址中发现有鹿角、禽骨、鱼刺、蚌壳、箭头、矛头、鱼钩、网坠等。当时所用的武器，有弓箭和石、骨、角等材料制造的矛头、渔具、鱼钩、陶坠、石坠、渔网、石蛋丸等。陶器的制作以灰色陶为主，从手制发展到轮制，这时的陶器也有红色陶和黑色陶，只是数量较少。器物的纹饰以蓝纹、绳纹为主。由于生产种类增多，工具改进技术进步，以及男子出于体力的考虑，就提出了新的社会分工问题。根据专家们的鉴定和漯河市龙山文化遗址中发现的随葬品，反映出死者生前的分工不同。男人的随葬品大多是劳动工具，有石铲、石斧、石镰、陶器等工具；女子的随葬品大多是纺轮、骨针、玉制装饰品等物品。这说明男子主要从事农业种田、牧畜、制陶等，妇女着重从事编织、缝纫、操持家务、养育子女等，也反映出当时的居民贫富的分化。由于男子从事了生产活动，掌握了经济大权，因而他们在氏族家庭中逐渐取得了统治地位，所以形成了父系氏族公社。

父系社会的主要特点有以下几种：1. 占卜之风兴起。2. 祖先崇拜的萌芽。3. 礼教器物的发现（陶具）。4. 工艺技术的进步，导致了农业生产的发展和畜牧业的繁盛。这些特点构成了奴隶社会的条件。

选自 1990 年《漯河文史资料》第四辑

历史悠久古迹众多的舞阳县

胡德周[①]

舞阳，民风古朴，文风兴盛，灿烂悠久的历史，源远流长。早在原始社会晚期，也就是新石器时代，这里已为仰韶文化和龙山文化发祥地。

1987年，考古工作者在北舞渡贾湖遗址，发现出土的甲骨契刻符号和骨笛，被测定8000年前这块富庶的土地上就有了甲骨文化的发展，我们的祖先就在这块土地上繁衍生息、勤劳耕作。这一发现将中国的文明史上溯了3000年。尚能吹奏美妙乐曲的骨笛，是迄今发现的世界上最早的完整乐器，这一稀世珍宝的出土，揭开了我国文字和音乐源研究的新篇章。北京中华世纪坛青铜甬道第三块上专门给予记载，使舞阳蜚声中外。

据志书记载，“舞阳”的名称最早见于战国时候。《史记》中苏秦曾对魏襄王说过：“大王之地南有舞阳。”

“舞阳”的来源，据太史公书记载，自夏禹时，因城邑在沅水之阳而得名。舞阳的“舞”据传原为三点水的“沅”，后来经讹传变成了今天舞蹈之“舞”。舞水指的就是今天城南干江河流入境内的三里河，即洪河的上游。传说，澧河在明朝嘉靖以前，很少溃决泛滥，到了嘉靖以后，水患就多了。这是什么原因呢？原来澧河上游的干江河，本来是入舞水向东，每逢夏秋之交，山洪暴发，流入舞水，进向洪河，为害成灾。嘉靖时，有一次洪河又发大水，有一位家住西平县的南京都御史（省级地方长官）认为洪水淹了他家的祖坟，破坏了风水。这位都御史

① 胡德周，汉族，舞钢市人，生于1962年5月，大专文化。1980—1984年在北京军区某部服役，转业后曾任舞阳县史志档案办副科级干部，县政协文化和文史委主任。

奉命调查灾情，便利用他的政治地位，蒙蔽朝廷说：“干江河原入澧河，为了防止灾害再发生，应命回归故道。”这是干江河改流澧河的由来。据传说，这位都御史在干江河与洪河之间用铁锅堵塞，将水流截断。故此地名为“锅堵口”。此后，每逢澧河水涨成灾，人们即说应当把锅堵扒掉。舞水本来是可以行船的，后来逐渐不行了，到民国初期河边还曾有残留的船板。

舞阳地区，早在春秋时期有胡、柏、不羹三国，大致都是周朝初期姬姓、嬴姓、柏皇氏的封地，后来逐渐被楚国所灭，舞阳地区也就成了楚国的领地。到了战国时期隶属魏国，后分属韩、魏，韩国设定陵邑，魏国设舞阳邑。秦朝时将定陵、舞阳合置为县。在后来的历史中，舞阳曾在南北朝时，分设过西舞阳、北舞阳。西舞阳的城邑在今天的上澧河店，北舞阳的城邑在北舞渡镇。隋开皇元年（581 年）也曾置北舞阳，东汉末魏初曾置舞阳郡，后又改为县。几度改名，几度迁徙，治所曾在上澧河店、北舞渡镇。到唐朝开元四年（716 年）城邑由北舞渡镇迁到现在的舞泉镇。唐元和十三年（818 年）县城迁到吴城镇，金朝天辅二年（1118 年）县城又迁回舞泉镇。元朝至元四年（1267 年）舞阳县废县置巡检司归入叶县，舞阳只设北舞渡镇巡检司。到 1303 年又复置舞阳县。

在历代行政归属上，舞阳曾归属颍川郡、襄城郡、许州、叶县巡检司裕州，明时属南阳府裕州，民国初属南阳道，1914 年 8 月改属汝阳道。1927 年废道，舞阳隶属南阳第六行政区。1928 年撤行政区，直属河南省政府。1947 年底，舞阳解放后，属中共豫陕鄂七地委七专署。1948 年 6 月，七地委改为二地委，舞阳随属二地委。1949 年 2 月 22 日，建许昌地委、专署，舞阳归许昌地委、专署。1986 年 1 月 18 日，成立漯河市，舞阳归属漯河市。

与舞阳这个名称同时见于战国时期的定陵（即现在的北舞渡镇），历史也相当悠久，甚至在某些历史阶段其名声胜于舞阳。关于定陵名称的来历，据传说是楚平王的陵墓在那里的沙河岸边，才有了定陵这个名称。战国时设定陵邑，汉朝与舞阳同设县，秦合舞阳定陵为一，东晋与舞阳合置舞阳县。王莽时曾一度改为定城，南北朝时设北舞阳，北魏永安二年（529年）设定陵郡，属广州。隋开皇元年废郡设北舞阳后，归属过道州、仙州、许州，唐开元四年（716年），复置舞阳县，城邑由定陵迁至今天的县城。元初舞阳废县，归叶县，北舞渡镇专设巡检司。

发源于鲁山县二郎庙流入舞阳北部的沙河，古名滍水，这条河流注定了北舞渡镇的特殊历史地位。沙河通帆船，在历史上沿河的商业大镇，东为周口，再东入安徽境至正阳关，入淮河，可通江苏的清江浦。西为舞阳北舞渡镇，为盐、粮商的集散地，筑有砖城，古时的富庶和繁荣远过舞阳县城。从元朝到清朝，特别是明末清初时期，北舞渡一直是水陆交通要道，是江南华北物资交通的桥头堡。那时，商业特别繁盛，群众流传说："装不完的赊家店，填不满的北舞渡。"南方商人将货物由武汉经汉水运至老河口，再经洪河运至赊店，从陆路到北舞渡，装船东下周口、界首、颍上、寿县和蚌埠，并由贾鲁河转到山东、河北、陕西及整个华北，南来北往，货物直到北京、上海、武汉等。各地商贾云集于此，车辆、船舶众多，各种行当兴盛，经常有数百只船停泊，有人形容船杆多得像竹林。

据传说，北舞渡现在的千亩大坑就是被那时的商人买去，建土窑10多座，烧砖瓦，供商人建筑市宅，如中山街、顺河街、太平街、西新街、官厅街等门面，多是外地商人修建。鼎盛时期有商号500多家。

由于北舞渡处在商运路线上，区域市场发育成熟，商人会馆自然在这里形成，商人们以此为核心组织起来，办理慈善事业。聚会祭祀，团拜宴饮，以密切同乡情谊，会馆自然成了商帮的物化符号与权威中心。清代乾隆年间，山西、陕西二省商贾，以"通乡谊、通商情、安旅、故询"为盛举，在北舞渡修建了山陕会馆，馆内建有春秋楼、大拜殿、钟鼓楼、廊房、里戏楼、包厦、配殿、道院、照壁、铁旗杆等，形成壮观的建筑群。道光五年（1825年）增建的彩牌楼，庄严精致、玲珑大方，被誉为河南清代牌楼之冠，已载入《中国名胜辞典》一书。直到清朝后期，随着封建专制的腐朽，战乱不断，商业逐渐萧条。后京汉铁路通车，南北货物由火车运输，北舞渡商业渐渐不振，直到20世纪50年代后期水路中断，商业才越发萧条。

舞阳被誉为藏龙卧虎之地，闻名遐迩的一些历史故事和历史名人也来自舞阳这块大地上。早在西汉时期，刘邦推翻了秦王朝，建立了汉朝，刘邦的功臣樊哙于汉高祖六年（前 201 年）被封爵列侯，定食舞阳 5400 户，号称舞阳侯。舞阳樊村的樊姓，自称是樊哙的后人。三国时，魏明帝封司马懿（黄河北温县人）为舞阳侯，增食襄城等县，当时舞阳大如郡，但并没有置郡。东汉末年的公元 23 年 7 月，绿林军在南阳附近大败莽军后，一路由刘演率领攻下宛城，一路由王凤、王常、刘秀率领北上攻克昆阳、定陵、郾城，准备取洛阳。王莽看形势不对，立即派大将王邑、王寻带精兵 42 万很快包围了昆阳城。当时昆阳城内的绿林军只有八九千人，形势非常危急，但身为农民军将领的舞阳人王常与王凤率义军一面据城坚守，一面派刘秀等十三人轻骑突围到定陵，去郾城一带召集绿林军前来解围。援军到后直捣敌军指挥中心，莽军阵势大乱、溃不成军，王寻被杀。有关刘秀在舞阳的传说还有很多，如卸甲店、奶母营等。宋朝名将武襄公狄青，驻兵舞阳，据传马村即为狄青养马处。马村乡的湖西蔡和姜店乡的湖东蔡之间的狄青湖，相传为狄青饮马处。舞阳县还曾是春秋时楚平王的封地，马村是元朝一位公主的封地。过去，马村以高楼闻名，高约二十丈，最少有七八层，是这位公主所造。

众多的发生在舞阳的历史典故，使舞阳地区遗留下来很多古迹、古墓、寺观等建筑和遗址。贾湖古文化遗址已经蜚声世界。那里出土了古人类墓葬中的骨器、龟甲、兽骨、石器、陶制品等各种质料的遗物数千件，具有原始形态的栽培粳稻尤为引人注意。贾湖遗址曾被评为 20 世纪全国重大考古发现之一，是我省同时期文化遗存中保存最好、面积最大、文化面貌最为丰富的遗址，对研究新石器时代早期文化、早期聚落形态、农业尤其是稻作起源、家畜起源、全新世环境与气候变迁、音乐起源、汉字起源、卜筮起源等许多重要学术课题均有极为重要的价值。2001 年，国务院公布为第 5 批全国重点文物保护单位。另外，县内还有阿岗寺遗址，在马村乡的岗寺村附近。还有侯集乡湖南村附近的湖南郭遗址、吴城惠庄村附近的大悲寺遗址。

古迹方面：舞阳县城坐落在今县城的南端，是其他任何县城所无法比拟的，它方方正正，外为土城，内为砖城，而且外土城城门与内砖城城门不相对应，据推究这样修可能是为了防水患。这座城据传为楚平王所建，周围 6 里 307 步，城围高二丈、壕深二丈、宽二丈，唐朝元和九年（814 年）吴元济叛唐，曾焚毁县城。明朝正德六年（1511 年）流贼刘惠作乱，知县周逵修筑砖石结构的城墙，高三丈。其四门东为怀德门、西为振威门、南为拱翠门、北为环清门，四门建有城楼，并有角楼 4 座，窝铺 20 所，垛口 3000 多个。1518 年四门增建瓮圈 4 座，城周增建敌台 20 座。嘉靖二年，知县樊景麟又将城壕阔为三丈、深二丈。此后又经数次重修，由于时代变迁，现只有土城墙遗址了。

其他古城遗址有，章化乡古城村一带为楚国时所建的不羹城[①]，据传北舞渡镇也曾为不羹城，说舞阳曾有西不羹、东不羹两个不羹城。有保和乡马岗村的霸王城。现在的吴城，为唐朝吴元济叛唐所筑，以抗唐兵。城西北隅有樊哙城，传说是樊哙的故居。章化乡简城村附近有简襄王城遗址。莲花镇胡城集村为胡国城遗址。另有章化台，在古城村西方，传说为春秋时楚灵王所筑，高丈余，方五亩。

较有名的古墓有老荆山之麓的汉朝尚书令大司空韩棱墓、有城北 30 多里樊村的樊哙墓。据记载，樊哙墓在两千余年后的明朝嘉靖年间被居民郭询所掘，樊哙墓西有祠堂，还有辛安镇青冢集村的狄青冢。

全县古建筑较多，现存的有城隍庙，建于元朝至大四年（1311 年），东邻开元寺，明朝洪武、正德、嘉靖、万历、崇祯年间及清代均有修葺或增建。庙内有拜殿五间，殿前东西两侧各有廊房六间。拜殿后有正殿五间，再后为寝宫。前有东西厢房各三间。大殿东西两侧有数间配殿。2000 年 9 月被省政府公布为河南省重点文物保护单位。

开元寺建于唐朝开元年间（约 738 年），明朝、清朝经过数次修葺，现存大殿、拜殿各一所。还有位于侯集乡高寺村附近的彼岸寺，建于元

---

① 羹，音 láng。

朝，现仅存天王殿与中佛殿。

县城内历史上还曾有过许多寺观庙，文庙、文昌庙、火神庙、真武庙、龙神庙、仓神庙、库神庙、马王庙、岳神庙、留侯庙、樊哙庙、八腊祠、樊侯祠、周公祠、万公祠、潘公祠、大通寺、普照寺、显庆寺、黄莲寺、清凉寺、寿圣寺等等。还有社稷坛、风云雷雨山川坛、邑厉坛、文峰塔等古建筑。

舞阳位于河南省中部偏南，全县南北长而东西窄，地势南高北低，南部为山区，中部为岗地，北部为平原和洼地。山区属伏牛山余脉，占全县总面积的四分之一。最高山脉海拔800多米。境内由北向南有沙河、澧河、洪河，宛如澄练。其次是灰河、泥河、尧河、洄曲河、骂子河、干江河、塘河、卷河、三里河、韦河等组成纵横交错的河网，均属淮河流域水系。狄青湖、贾湖、贾菱湖犹如三面宝镜，镶嵌于舞阳大地。气候四季分明，光照充足；土地肥沃，物产富饶，种类俱全。舞阳在历史上得到了许多文人雅士的赞美和夸耀。舞阳有八大景致：一为南山叠翠，二为舞水流清，三为章化夜月，四为沙河晚渡，五为县治西湖，六为樊侯马鬣，七为田丹麦浪，八为官界桑阴。八大景将舞阳的人文景观和自然风光进行了优美的描述。从清流不断的舞水之源，到远眺章化月色明的章化台，一眼望去，万里长空、碧天云净、玉河横流、山川秀丽。再看那泛舟惊雁、风来绿水千层浪、月上黄芦两岸花的沙河晚景，又将县城“客停柳岸观鱼藻、风放莲舟荡藕花、不是寻常游衍地”的西湖景色跃然纸上。在樊哙祠前颂扬给舞阳带来荣耀横刀立马的舞阳侯的同时，还会令人欣喜地看到植物茂盛、阵阵风翻翠若流的万顷良田。野鸡时隐时现，沙鸥频频飞翔，一边扬鞭放牧，一边垂竿静钓，完全是一派“满野柔桑发绿枝，茧缫应见女工奇。舞阳风似豳民厚，国泰民安两无忧”的社会境况。

选自2007年《漯河文史资料》第十五辑

历史悠久的沱沟文化

齐　放[①]

田园风光，诗意乡情；古韵盎然，源远流长。乡村，历来是风雅之士心中最具浪漫情怀的居所；乡镇，更是承载了中华五千年农耕文明的基因宝库。

在召陵区邓襄镇沱沟村，东岳庙、东岳庙会、古郾城八大景之一的“老桧烟笼”、古桥……一处处历史文化遗存如散落在小村的珍珠，绽放夺目的光彩。

东岳庙

“我们村的东岳庙会刚刚被认定为市级非物质文化遗产了！来我们村看看吧，这儿有好几处历史文化遗存，很有看头呢！”7 月 27 日上午，沱沟村村民刘恒业兴奋地告诉我。

7 月 29 日，探访沱沟村。从沱沟村向北走，远远就看到前面有一处建筑，旌旗招展。走近看到，房屋前墙上半部分挂白，下半部用蓝色涂料粉刷，墙上绘制着吉祥图案，出厦的四根立柱红漆打底，金龙环绕，在阳光的照射下光彩夺目。大门用红漆刷过，门上方有三个黑色繁体字“東嶽廟”。

刘恒业说，原来的东岳庙已被毁坏，如今的东岳庙是在原址旁边重建的。东岳庙现有庙宇六间，办公室两间，厨房一间。在东岳庙的对面，矗立着几通高大的石碑，上面的字迹已被风雨侵蚀，模糊不清，但

① 齐放，本名齐国霞，男，汉族，1974 年出生于开封尉氏县，大学本科毕业，供职于漯河日报社。

仍能隐约辨认出有关重建和修缮东岳庙的字样。

有关资料显示：清乾隆二十九年至三十年重修东岳庙大殿、太子殿、城隍祠、土地祠，光绪二十一年又进行了重修。据史料记载，当时东岳庙修建得非常气派，占地十余亩，并有戏院一处。两院相距 150 米，都坐落在村北东西狭长的土岭上，周围圈占土地 200 余亩。在东岳庙内供奉的是东岳大帝黄飞虎。黄飞虎是殷纣时的一员大将，被封为武成王，后因纣王无道，弃暗投明，与姜子牙合作，共保武王姬发灭纣兴周，战功卓著，是开国元勋。死后敕封为东岳泰山齐天仁圣大帝，监管幽冥府事，司掌人间祸福。历代建庙祭祀，享受人间烟火。

原郾城县文化局退休干部张更新说：当时的东岳庙有楼房近百间，庙内亭台楼阁，雕梁画栋，各种神像造型逼真，栩栩如生。香客游者每日络绎不绝，吃喝招待皆由庙中供应。新中国成立后仍负盛名，“文化大革命”期间被改建成学校，庙内文物流失殆尽。

东岳庙会

被列为市级非物质文化遗产的东岳庙会，又有着怎样的吸引力呢?

虽然东岳庙已非当年模样，因东岳庙兴起的庙会却流传下来。每年农历三月二十五晚至二十八晚，为沱沟庙会时间。因在三月，又称三月会；又因临近麦忙，赶会者多以麦货交易为主，又称麦货会。

以前东岳庙会在庙前的开阔地举行，会期三天，大戏少则两台，多则十几台，方圆百里的赶会者提前半个月就从四面八方赶来。南北商贾，口音各异。西有郏县的石货，南有嵖岈山的山货，更有蒙古的牲口、苏杭的丝绸、两广的铁锅等，特别是过麦季的麦货最负盛名。相传，天气炎热时，赶会的人把村中的井水都喝干了。有些商贩为了抢占有利地势，过罢春节就来沱沟圈占地盘，于是就流传下了“只躺沱沟睡，不赶别的会”的俗语。

沱沟庙会以前有庙会组织，参加组织的村庄分为二十四道，每道有若干小村，各道都有一会头，每年唱戏由各道会头轮流主持，二十四年一个轮回。凡吃喝招待，来往人员都由会头安排，庙会期间会场管理严格，从无欺诈行骗行为，流氓无赖、小偷赌徒不敢胡作非为。晚上女人不许看戏，否则会犯会规。各种商品分类沿街道摆放，管理井然有序，商家都喜欢到沱沟赶庙会。

沱沟村东岳庙会规模盛大，历史悠久，有很多美好传说至今仍在民间流传。据说，从前每到庙会要先给东王爷烧香上供，生猪活羊不用人赶，会一直跑到供案前，扑通下跪，任人宰杀。庙内除供有东王爷外，还有东王奶奶、送子奶奶殿、功名殿、月老殿、擎天殿、祖师殿、阎罗殿、十八层地狱、金银桥、奈何桥、极乐世界图等，不但是善男信女求神问卜的庙宇，也是一个教人向善的场所。以前香客游人络绎不绝，名闻数百里，为豫中著名的东岳庙。

张更新说："等明年庙会时，你来看看吧，太热闹了。"现在东岳庙会会期五天，一南一北大戏两台，相距二里余，做生意的人云集于此，把村中街道占得满满的，延伸到村外数里。赶会看戏的人流不断，每天的交易额有几十万元。目前，沱沟村东岳庙会是召陵区历史最悠久、规模最大的庙会，也是促进当地经济发展的物资交流会。

村民刘寅卯介绍，为了更好地保护东岳庙，更好地让东岳庙会传承下去，去年，我们村村民自发成立了以村民王盘根为主的东岳庙会申遗小组。现在，市级申遗成功了，我们还将继续努力，申请省级非物质文化遗产，并通过各种渠道、多种方式，筹集资金，重建东岳大庙、配殿及各种设施，对外开放，使这里成为一个旅游观光之地。

洄曲河上古石桥

在沱沟村南侧，有一条早已干枯的河道，它就是洄湗河，如今当地人称之为枯河。据史料记载，洄曲河在古代是条运河，唐代名洄湗河，后因河道干枯名枯河。洄湗河是连接汝水和泥河的水道，从古代发展水上运输这一点来看，是功不可没的。河南"75·8"特大洪水，这条河对拦洪泄洪起到了巨大作用。

洄溡河的干枯始于元代。原因是洄溡河因河沙淤积，年久失修，河床逐渐抬高，成为地上河。加之弯道过多，逢汛期行洪较慢，汝水暴涨的时候，漫堤现象十分严重，沿河流域百姓深受水害之苦。又因不断发展的陆路交通，人们逐渐意识到这条河水患之弊已大于运河之利。到了元至正年间，洄溡河从汝水流出改道入沙颍河。若干年后，此河便慢慢枯干。

如今，在沱沟村东南隅的这条古河道上，一座石桥历经风雨沧桑，依然顽强地屹立在河道上。据现在保存完好的一通建桥石碑记载，此桥建于清道光七年，叫刘家桥。

这座三孔石桥，下用石磙做桥墩，上面用巨大的石条做桥板，结构紧凑，坚固异常。桥面平整，上面还保留着古代车轮碾压的痕迹。现在，石桥依然能通行行人和车辆，不过由于道路废弃，年代久远，很少有人从此经过。此桥原来两边有石栏、石柱、雕刻等，在“文化大革命”“破四旧”时被砸掉，埋入河床内。桥两端的引桥上，一些石磙和桥板已坍塌，散落在河道内，可以看出，石桥少有人问津，缺乏保护和修缮。

刘恒业说，据考证，这里曾经是官道，这座石桥是当时官道的必经之地。沱沟村交通位置非常重要，自古以来就是兵家必争之地。

战国时，沱沟是楚国的北部边缘，它三面环水，魏晋隋唐时期的古运粮河在此经过，溯河而上可西达郾城、舞阳、叶县等地；向南有渡口，古称“沱口”，直达上蔡（古蔡国）、西平（古棠国）等；向北可到召陵、郾城（古时均为县）。在《魏书·卷八·世宗纪》中记载：北魏宣武帝永平元年（508年）冬十月，悬瓠城民白早生率众杀死豫州刺史司马悦，占领悬瓠城。北魏急派尚书邢峦羽领精骑前往剿灭。白早生派大将胡孝智率众7000人，去城200里，与魏军战于鲍口（郾城东南之沱口，今称沱沟），被击败。《清史稿》记载：大溵河东南歧为洄溡河，经沱口镇、五沟营，其故渠自西平入左合淤泥河，汇入上蔡。

沱沟处于水陆交通的主要枢纽，古代在此建有这一带规模最大的寺院、庙宇，供人朝拜。沱沟村南与西平县五沟营镇毗邻，西和一望无际的老王坡相连。沱沟村历史悠久，清代以前称“沱口镇”，为中州历史名镇之一。沱沟的历史文化达 5000 年以上。在沱沟村东北角有原始社会末期古人类活动遗址，夏商古墓群、夏商村落遗址；东南有龙王庙遗址；西南有三官庙遗址；在村西北有魏晋时期的金钟寺，唐宋时期改名为明禧寺，明清时又改名为普济寺，为当时中原地区有名的寺院。相传这座寺院是唐朝皇帝御批的，寺中有唐朝重臣“敬德督工”碑，新中国成立后仍存在。所建之砖塔，高九层，为当时全国名塔之一。民国时期中原混战，寺院渐废，只留一高大的砖塔，在“文化大革命”中被扒掉。现在，在沱沟村及周边村中仍有保存完好的塔砖 20 余万块。

“老桧烟笼”的传奇

村民王立云自豪地说:“郾城八大景之一的‘老桧烟笼’就出自我们沱沟村。”

王立云介绍说，“老桧烟笼”在召陵区邓襄镇桧树王村，而桧树王村是沱沟行政村中的一个自然村。相传，唐代该村西边，洄湝河岸边有一棵桧树，高 20 米，树围三人合抱，浓荫遮天蔽日，人们常到此避雨乘凉，也是村上老少爷儿们的吃饭场儿，人们都很爱惜这棵古老的桧树。因为传说树上住有仙人，谁也不敢亵渎和毁坏。每到阳春三月和仲秋时节，树冠上常有轻烟浮云缭绕，更显得神秘莫测。“老桧烟笼”这一景便由此而来。桧树东西各有一村庄，河东岸叫桧树王村，河西岸叫桧树李村。明代诗人谢公翼题诗赞美道：虬干凌霄绝世姿，千秋雨露共相宜。村中尽日惟樵牧，不及秦皇汉武时。清代诗人杨祥元也曾写诗赞道：贞干凌霄几百春，森森古树抱龙鳞。樵夫不敢操斧问，烟霭云深如有神。

站在沱沟村的土地上，四顾环望，感叹这里曾经的繁华已成过眼云烟，更感激这里有一群关心历史文化的村民，让小村悠久的历史文化得以保护、延续和传承，使小村有了独特的魅力和韵味。

历史悠久的古村落

沱沟文化的主要整理者刘恒业说：召陵区邓襄镇沱沟村是一个古老的村庄，有5000年的历史文明，有原始社会末期的古人类活动遗址、夏商古墓群等，是一个文化底蕴非常深厚的村庄；唐宋以来就是中原地区有名的宗教活动中心，有著名的规模宏大的皇家寺院、名扬数百里的东岳庙等。研究沱沟历史文化，可以为我市研究宗教历史和古村落的变迁提供丰富的有价值的历史资料。

沱沟村的东北角有一道南北方向约500米长、100米宽的高土岭，高土岭的最南端是一个约十米深的大坑。刘恒业说，20世纪50年代，这附近挖坑塘时挖出两大坑兽骨，一为兽骨，一为鹿角。

当时兽骨被丢弃，鹿角让人用筐抬到大队卫生室，后来不知去向。由此可知，在几千年前的原始社会末期，这一代属于温带湿润气候，有河流蜿蜒流过，河两岸草茂林密，各种野兽穿梭其间，以鹿最多。原始人群聚集在此，过着渔猎生活，把捕获的动物烤熟，共同食用。他们已有原始的卫生意识，把鹿角放进一个坑，其他兽骨放进另一个坑。

据史料考证，到了夏商时期，沱沟村一带已有原始部落在此定居，成为早期的固定村落，南边是河流，北边是高地，是一个极适合人们居住的地方。他们依河而居，打猎、捕鱼、耕种，又饲养家畜。人死后葬在这一带的高地，随葬品有磨制精美的石器、玉器等。20世纪80年代，村民在这里挖土建房，曾在几米深处挖出许多玉器、石器：石锛、石斧、玉佩、玉虎和多种陶制器皿，现在就留下这么一个大坑。后文化部门来人制止，经考证后认定为商周古墓群。

沱沟村隋唐以前称为沱口，在《魏书·世宗纪》中记载有鲍口之战（鲍口为沱口之误）。从北宋开始到清末称为沱口镇。在中国的史书中也多次提到郾城县沱口镇：北宋王存等著的《元丰九域志》记载，郾城县有沱口镇;《金史》记载，郾城属许州，镇二，其一为驼口（即沱口）。《清史稿》中亦记有沱口镇，后来发现的几处刻石都称郾城县沱口镇。

由此可见，沱沟村在几百年前是一个在中原地区经济、文化都非常繁荣的集镇。

刘恒业不但爱读书，更爱藏书。他多番考证后认为，据史书记载，在沱口发生过两次重大战役，一次是在北魏宣武帝永平元年（508 年）；一次是在唐宪宗元和十二年（817 年），平定蔡州吴元济叛乱。以第二次的沱口之战最为重要，在《资治通鉴》240 卷以及《新唐书》《旧唐书》中都有详细的记载。

据《资治通鉴》记载："唐宪宗元和十二年（817 年）李佑言于李愬曰：'蔡之精兵皆在洄曲及四境据守，守州城者皆羸老之卒，可以乘虚直抵其城。'愬然之。冬十月甲子，遣掌书记郑澥至郾城，密白裴度。度曰：'兵非出奇不胜，常侍良图也。'……裴度帅僚佐观筑城于沱口（注：《九域志》载郾城县有沱口镇），董重质帅骑出五沟邀之。大呼而进，注弩挺刃，势将及度。李光颜与田布力战拒之，度乃得入城，贼退。布扼其沟中归路，贼下马逾沟，坠压死者千余人。"

《新唐书》记载："裴度筑赫连城于沱口，率轻骑观之。贼以奇兵自五沟至，大呼薄战，城为震坏，度危甚，（李）光颜力战却之。先是光颜策贼必至，密遣田布伏精兵沟下，扼其归。贼败，弃骑去，颠死沟中者千余。由是贼悉锐士当光颜，而李愬得乘虚入蔡矣。董重质弃洄湖军降愬，光颜跃马入贼营大呼，众万余人投甲请命。贼平，（李光颜）加检校司空。入朝，召对麟德殿，赐与蕃渥，归刍米二十车。"

而《旧唐书》与《新唐书》所载基本相同。

由此可见，在沱口之战中，宰相裴度险些丧命于沱口。《旧唐书》中说："是日无光颜之救，度几陷矣。"沱口之战在平定吴元济的叛乱中起到巨大作用，为李愬雪夜入蔡州的成功创造了条件。沱口之战的大败，使吴元济错误地调集重兵猛将在洄湖及五沟一带抵御裴度及李光颜之兵将，致使蔡州城空虚，李愬乘虚而入，平定了吴元济的叛乱，稳定了唐朝淮蔡地区的局面，去掉了唐宪宗数年的心腹之患。对唐朝中后期的社会稳定、经济发展起到了巨大的作用。裴度等诸将班师回朝后，都受到奖励和提拔。

刘恒业说："以上所引诸书均为中华书局二十五史及《资治通鉴》点校本。为了验证这两次的战役记录，我又查了明末清初大史地学家顾祖禹撰写的《读史方舆纪要》一书（中华书局点校本），其记载郾城县有沱口镇，里面也详细记载了北魏和唐朝的两次战役。"

刘恒业介绍，在我们村，曾经有远近闻名的一寺一塔，就是普济寺和沱沟塔。沱沟村西北一处高岗地，就是普济寺和沱沟塔的遗址，在此处建寺修塔，原因有二，一是此处高岗向东南绵延而去，一直到上蔡县的上蔡岗，像一条巨龙盘踞于此，以古代风水学来说是一块卧龙之地，唐朝皇帝在此建造寺院来镇风水。二是由于沱口之战为李愬入蔡州平定吴元济叛乱创造了条件，稳定了唐朝数十年割据的淮蔡地区，使唐朝中后期出现了社会稳定和短暂的繁荣。再加上宰相裴度险些丧命于沱口赫连城，唐宪宗为纪念这次重要战役，下旨在沱口修建寺院一座。由于是唐朝皇帝御批寺院，又鉴于上述原因，历代都有扩建重修。北宋初年，又在寺院前面建造佛塔一座，高 11 层。

寺院规模如何？佛塔是个什么样子？为此，我们走访了召陵区文化局干部张贵立，他介绍，历史上沱沟村的宗教文化非常繁荣，不但有著名的东岳庙，还有原郾城县著名的二十四大寺之一的普济寺。该寺初建于唐宪宗元和年间，当时叫明禧寺。寺院规模宏大，按皇上诏赐的建筑蓝图，设有山门、大雄宝殿、天王二殿、东阁观音殿、西阁地藏殿、钟鼓楼、接引殿、罗汉殿、伽蓝殿、庑房等，建筑宏伟壮观，廊腰缦回，檐牙高啄，雕梁画栋，流金溢彩。

历经五代战乱，宋初重修，并在寺院前面建 11 层砖塔，属密檐楼阁式佛塔。该塔粗壮高大，古朴美观，是宋代砖塔的典型建筑。

寺院建塔，其作用有三：一是保存佛舍利；二是佛塔高耸，衬托得普济寺更加壮观；三是作为普济寺和一个地方的标志性建筑。元朝大兴佛教，明禧寺又进行扩建，同时改名为普济寺，规模更大，周围圈地数百亩，寺院财产富殷，影响周围数县，方圆几百里。

经过元末战乱，明朝又重修普济寺。据明嘉靖十二年（1534 年）张臣撰写的《重修普济寺记》载："寺在县（郾城县）东南四十里，寺前有浮图，高数十仞。”到了清朝前期，又对普济寺进行重修。新近发现的有重修普济寺碑、重塑佛像金身碑，重修伽蓝殿碑等。寺院香火更加兴旺，方圆数百里，善男信女，香客游人，整日熙熙攘攘，络绎不绝，顶礼膜拜，许愿祈福。到了民国，中原战乱不断，僧侣四散，寺院逐渐败落，香火冷落。新中国成立前夕，仍有大雄宝殿和一些配殿。新中国成立后到“文革”前，寺院已无踪影，只留一高大的砖塔和无数烂砖碎瓦。“文革”中，沱沟塔又被扒掉，现在遗址已成为田地。

普济寺砖塔明代就叫沱口塔，本来是11层，却只剩9层。有明代《沱口塔造像记》载：“塔在普济寺前，旧有九重，有顶，最上一层欠缺。”此处缺一层疑为缺两层，当地老百姓还流传有种种传说。塔顶部经数百年的风雨剥蚀，形成突兀状，远望之，如半截塔。清代文人郭子嶙曾赋诗一首《沱沟半截浮图》，诗曰：“塔心少梨木，久被苍龙绝。四角沐春风，九层半泯灭。殿寒唯佛存，垣坏无僧歇。梵宇且凋零，人间何曾说。”后来不知何时，人们在塔顶加上一根两人合围的柏木桩，塔的形象方才完整。

“文革”中砖塔被扒掉后，此柏木桩被沱沟学校做了几张床。

刘恒业介绍：“塔因沱沟而得名，沱沟因塔而扬名，方圆数百里都知道有一个沱沟塔。因为沱沟塔有一千余年的历史，所以关于沱沟塔民间传说很多，我收集了一些。”

因塔很高，方圆几十里都能看到。从前，有一个人在老王坡拾麦，在家带的馍，嫌携带不方便，就看着塔的方向选了一个地方埋到了地下，等到晌午饿了来找馍吃，可无论如何也找不到。有人问他放到哪里了？他说：我照着塔的方向埋到了地下。众人大笑不已。

沱沟塔是怎样建成的呢？据说一天晚上，天宫两个仙女偷偷下凡到人间，她们一时没事干，就想了一个办法，说要进行修塔比赛，到黎明前看谁先修起。于是她们各自选了一个地方开始修建。到了黎明，姐姐先修起，又高又大，就是沱沟塔；妹妹修了一半，据说就是郾城黑龙潭附近的半截塔（该塔也在前些年被扒掉）。她们返回了天宫，塔就这样留在了人间。

民间还有传说，古代郾城有三高，一是五沟营（现属于西平县）的魁星楼，二是沱沟塔，三是召陵岗。民间曾这样流传：五沟营有个魁星楼，一下耸入天里头；沱沟有个沱沟塔，插到天里一丈八；召陵有个召陵岗，把天磨得唧唧响。

选自 2015 年《漯河文史资料》第二十二辑

穿越 4000 年沧桑岁月的郝家台遗址

王 培[①] 杨 旭[②]

在郾城区孙庄乡有一座不起眼的村庄——石槽赵村。在村子的东北角，有一块椭圆形台地，茂密的杨树林将其拥在怀中，大片的玉米地覆盖其上，如果不是一旁矗立的石碑，很难注意到这里就是著名的郝家台遗址。穿过 4000 多年历史的云烟，曾经的古城早已沧海桑田，只有考古发掘出的大量遗迹和文物，见证着古文明的光辉。

探寻：农田里埋藏的古文明

石槽赵村东北角的沃野，阡陌纵横，玉米苗壮成长，微风吹来，杨树林沙沙作响，仿佛带来了几公里外沙河的温润水汽，令人心旷神怡；鸟语应和着蝉鸣，一派田园趣味。不远处的京广线上，不时有列车呼啸而过，打破田间的宁静，也昭示着现代文明的发展。

走着走着，面前出现一座石碑。石碑正面“郝家台遗址”五个大字很醒目，并有“全国重点文物保护单位”的标注。背面的铭文记载了郝家台遗址的简介，据碑文显示：郝家台遗址是一处原始社会晚期河南龙山文化至二里头文化时期遗址，遗址年代距今约 4100—4700 年之间。在此发现的龙山文化时期的城址，是我国目前发现的几处早期古代城址之一。它的发现，标志着古老的氏族社会的结束，新的文明时代的开始，对研究我国古代国家的起源具有重要价值。

① 王培，女，1983 年 9 月出生，2007 年毕业于哈尔滨师范大学，漯河日报社记者。
② 杨旭，男，1988 年 1 月出生，2011 年毕业于郑州轻工业学院，漯河日报社记者。

掩映在树林中的郝家台遗址碑

阅读碑文，我们惊叹于如此平凡的田间，竟有如此厚重的文化，也燃起了对它进一步探寻的好奇心。被黄土掩盖的城址是何时走入人们视野的？这里又出土了哪些珍贵的文物呢？

考证：精美的出土文物

1986 年，一队文物考察人员的脚步打破了石槽赵村的平静，他们的目的地是村东北的一块椭圆形台地。

这是一次为配合基本建设而进行的大面积考古发掘，历时两年，先后发掘面积为 3000 多平方米。遗址内西南部发现有城堡遗迹，大面积成排房基，并有木板地面遗痕。另有窖穴、墓葬、灰坑、陶窑等遗迹以及城墙基和外围防御沟。城址平面呈长方形，南北长 222 米，东西宽 148 米，面积近 3.3 万平方米。现存城墙宽 5 米，高 0.8 米。东城墙中部有一个宽 8.8 米的缺口，可能与城门有关。东墙、北墙和四个城角保存尚好，南墙和西墙被破坏。城内发现为数不少的房基、窖穴、瓮棺葬等。该城址据碳 14 测定并经树轮校正为 4606±121 年，相当于龙山文化中晚期。

二期陶鼎

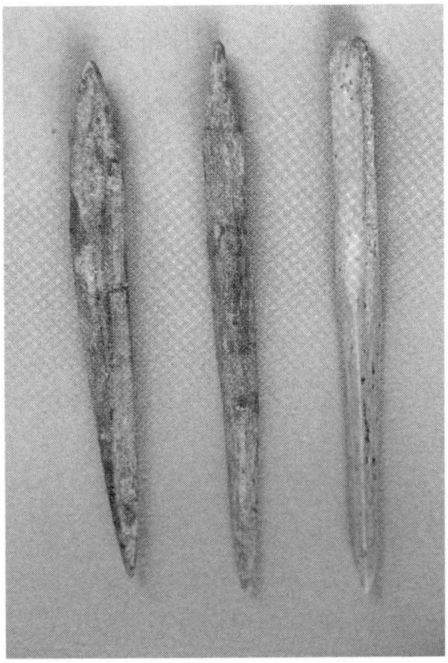

五期骨镞

遗址中发掘出很多墓葬，出土了大量精美文物。墓葬中，成人为长方竖穴土坑墓，无葬具，也多无随葬品，以仰身直肢葬为主，也有少量的屈肢葬。幼儿为瓮棺，以鼎、罐为葬具，用盆和碗扣合。文物出土有陶、石、骨、蚌器数千件，陶器以灰陶为主，黑陶次之，有少量蛋壳黑陶和红陶。纹饰以篮纹为主，其次是绳纹、方格纹。器纹以矮足鼎、深腹罐、瓶、觚形器为特色，此外还有甗、甑、盆、钵、圈足盘、刻槽盆、豆等。陶色、纹饰、器形也因其时代早晚而变化。

1986 年，郝家台遗址被河南省人民政府公布为省级文物保护单位，2006 年 5 月又被国务院核定为第六批全国重点文物保护单位。

溯源：悠久的龙山文化

遗迹的发掘和文物的出土揭开了郝家台的神秘面纱，也为龙山文化书写了新的一页。拂去4000多年的尘土，龙山文化也以越来越清晰的面目浮现在世人面前。

龙山文化泛指中国黄河中、下游地区约新石器时代晚期的一类文化遗存，是铜、石并用时代的文化，年代为公元前2500年至公元前2000年，在河南、山东、山西、陕西等省均有分布，因首次发现于山东历城龙山镇（今属章丘）而得名。1928年春天，考古学家吴金鼎在山东省历城县龙山镇发现了举世闻名的城子崖遗址。在此之后，考古学家们先后对城子崖遗址进行多次发掘，取得了一批以精美的磨光黑陶为显著特征的文化遗存。根据这些发现，考古学家把这些以黑陶为主要特征的文化遗存命名为“龙山文化”。

河南境内的龙山文化遗存分布广泛，经济生活以农业为主，种植粟类作物，生产工具多用石、蚌、骨料制造，常见穿孔石刀、石镰、蚌镰、骨铲等，也有木耒一类工具。居民饲养猪、狗、羊、牛等家畜，以养猪最为普遍。制陶业进步，以表面饰有绳纹与篮纹的灰色陶器为突出特征。

除郝家台遗址外，在登封王城岗与淮阳平粮台也发现有城址。河南龙山文化城址的发现，对探讨中国古代城市起源及文明起源等问题有重要的学术意义。纵观中国古代文明发展历程，可以说，河南龙山文化孕育发展了中国文明初期的青铜文化，是探索夏文化的对象，并提供了追寻商文化渊源的线索。

传说：消失的古代寺庙

对龙山文化的了解为我们认识郝家台遗址提供了清晰的脉络，也令我们对郝家台遗址的敬仰之心更加坚定。而对于世代生长在这里的一些村民来说，他们虽然对于遗址的文化背景了解不深，但对当时发掘的场景却记忆犹新。

56岁的高付立家住附近的小高庄村，他告诉我们：“小时候遗址高出四周很多，现在随着耕种已经差不多平了，一里地外的一条河现在也没有了。1986 年来了很多专家，在地里拿着刷子刷，我们也不懂，就围着看，看到出土了很多马骨和人骨。感觉那时候的马和人都比现在的高大。”

在石槽赵村，我们也听到了类似的说法，不过相对于郝家台遗址，他们更热衷于向我们讲述一个当地的传说。过去遗址这里有一座庙，曾经香火鼎盛，住着很多和尚，后来寺庙损毁，和尚们也各寻生计，只留下庙中的一个香炉。村民们把香炉拉到地里耙地，被一个路过的南蛮子看到了，南蛮子一眼就认出这个香炉是件古物，便在村子里住了下来，趁着一个月黑风高之夜将香炉盗走。这个传说在村民中世代相传，至于那座古庙是否存在，又是什么原因损毁，就有待专家考证了。

遗址也好，传说也罢，都为石槽赵村增添了文化魅力。但令人惋惜的是，村中的年轻人似乎对这些文化不以为意。一位 25 岁的赵姓村民表示，他对于郝家台遗址并不了解，因为即便有厚重的文化，对于今天的村子来说，也没有带来旅游资源，村民们也没有因此而受益。年轻人的想法固然有理，但文化资源的开发和利用正是以对其的保护和传承为前提。郝家台遗址经历了数千年岁月的沧桑之变，又何必担心其不能闪耀出迷人的文明之光呢？

选自 2016 年《漯河文史资料》第二十三辑

齐桓公召陵会盟背后的故事

傅胜利[1]

春秋五霸之首齐桓公因首倡“尊周攘夷”和“九合诸侯”而享誉史册，更以“召陵之盟”奠定了其霸业之举的巅峰。“召陵之盟”因“以战促和、协商和平、稳定中原”而彪炳千秋。后世史家对“召陵之盟”赞许有加，历代史不绝书。但人们对于因何会发生“召陵之盟”知之甚少，史家对“召陵之盟”发生的前因讳莫如深，语焉不详。今笔者不揆粗陋，考诸史籍，以求剔伪存真，拨复历史原貌。

一、召陵之盟真相——美女引起的战争

“召陵会盟”的前身是齐桓公联兵伐楚，那么，到底是什么原因促使2600多年前在召陵这个地方发生了齐桓公联兵伐楚及“召陵之盟”这件惊动当时中国的重大事件呢？请看历史记载：

（鲁僖公）三年春，不雨。夏六月，雨。自十月不雨至于五月，不曰旱，不为灾也。

秋，会于阳谷，谋伐楚也。

齐侯为阳谷之会，来寻盟。冬，公子友如齐莅盟。

楚人伐郑，郑伯欲成。孔叔不可，曰：“齐方勤我，弃德不祥。”

齐侯与蔡姬乘舟于囿，荡公。公惧，变色。禁之，不可。公怒，归之，未绝之也。蔡人嫁之。

——《左传》

① 傅胜利，汉族，1971年12月出生，漯河市召陵区人，政工师。先后任召陵区史志档案局副局长，召陵区政协文化和文史委员会副主任。

（齐桓公）二十九年，桓公与夫人蔡姬戏船中。蔡姬习水，荡公，公惧，止之，不止，出船，怒，归蔡姬，弗绝。蔡亦怒，嫁其女。桓公闻而怒，兴师往伐。三十年春，齐桓公率诸侯伐蔡，蔡溃。遂伐楚。

——《史记·卷三十二》

从上述古籍记载可以分析齐桓公联兵伐楚缘由：

蔡姬是蔡穆侯的妹妹。春秋时期蔡国是夹在齐国与楚国两个大国之间的小国，不得不在夹缝里生存。齐桓公为“春秋五霸”之一，为当时诸侯“老大”，蔡穆侯为祈求“老大”庇护，于是就将自己的妹妹蔡姬嫁给了齐桓公。这时齐桓公已娶王姬、徐姬二人，但都无子早逝。

蔡姬是个年轻活泼的姑娘。公元前 657 年的一天，蔡姬和齐桓公在园中乘舟游玩，顽皮的蔡姬故意晃动小船来逗桓公，桓公有些害怕，再三叫蔡姬停止，但蔡姬却觉得齐桓公害怕的样子很好玩，反而故意让船摇晃得更加剧烈。划完船后桓公余怒未消，派人把蔡姬送回了蔡国，但没有说与她断绝夫妻关系，蔡穆侯看到齐桓公竟为这么点小事将妹妹撵回来，十分恼火。于是，又把蔡姬转嫁给了南方新兴强国楚国的楚成王。

齐桓公本想要蔡姬回娘家后反省，杀杀她的娇气，没想到蔡穆侯竟然又将她另嫁给了楚成王。于是，齐桓公一怒之下，依从管仲的密计，打着“楚国不给周王上贡”和“周昭王南巡死在楚国”的幌子，率领九国诸侯联军讨伐蔡国。蔡国本是一个小国，根本不经打，一打就投降了。齐桓公又挥师南下，讨伐楚国，很快打到汉水北边的陉山。

联军到了楚国，楚国人心知肚明，就问齐国为何征伐楚国，管仲就以“楚国不给周王上贡”和“周昭王南巡死在楚国”为由，征伐楚国。屈完的回答也很有意思：“周昭王死了，问我们做什么？你们问汉水去！”

齐桓公知楚国有方城、汉水之固，且楚军早有准备，就把军队撤退到召陵。楚国见诸侯联军阵容强大，就派大臣屈完到召陵与齐国宰相管仲谈判，最终以齐、楚双方结盟而和平解决。

齐桓公回师经过蔡国的时候，各路诸侯又帮着蔡侯求情，齐桓公此时因为划船引发的莫名恶气也消了。这场战争就这样结束了。

二、齐桓公为何在召陵与诸侯结盟

关于公元前656年齐桓公伐楚订立“召陵之盟”之事，据《春秋左传》记载：

（鲁僖公）四年春，齐侯以诸侯之师侵蔡，蔡溃。遂伐楚。…… 师进，次于陉。夏，楚子使屈完如师。师退，次于召陵。齐侯陈诸侯之师，与屈完乘而观之。…… 屈完及诸侯盟。

在2600多年前的春秋时代，齐桓公亲率九国诸侯联军伐楚，为啥驻军召陵并在召陵与楚国签订盟约而非别地？这里面原因很多：

其一，召陵位于春秋时期纵贯南北的官道上，齐国率领八国诸侯军队伐楚，走的就是这条道路。为什么要走这条道路呢？一方面因齐国位于召陵的东北方向，走这条道路伐楚路线最近；并且从召陵这条路线伐楚，是楚国防御的薄弱地带，易于进攻。当然，春秋时期，从齐国到楚国的官道很多，像我们熟悉的小商桥，古代也是南北官道，但走这条道路较远。另外也可以走从许州到舞阳的官道伐楚，但走这两条官道伐楚，均要面对楚国的方城，方城也就是楚长城，是中国秦代以前的长城，这里易守难攻，齐国等九国联军难有胜算。

其二，召陵为丘陵高地，向南去依次是平原和沼泽鸿隙坡（今老王坡），地势险要、易守难攻。需要说明的是，今天的召陵岗是漯河市海拔最高的地方，而古代的召陵岗比今天还要高10米左右。为什么？一方面由于风雨的摧蚀和砖瓦窑场烧砖取土的消减；另一方面由于洪水的侵蚀，古代漯河当为河流汇聚之地。

其三，召陵在当时属于蔡国，位居中原诸侯国与南方强国楚国之间，为当时两大战争集团的缓冲地带。

其四，古人有高地结盟的习惯。认为高地距离上天近，容易上告于天。召陵周围为平原，在平原之上突兀起来的召陵岗上结盟言和，能够起到登高招呼、镇抚远夷的作用。

三、齐桓公“召陵之盟”文化涵义及现实意义

齐桓公“召陵之盟”是华夏诸侯第一次联合抗楚，迫使楚国暂时中止向中原扩张，其意义自然非同一般。

齐桓公“召陵之盟”当今到底有哪些文化涵义呢?

其一，召陵这个地名具有独特文化涵义：从字面上解读，“召”字代表召唤、呼唤，“陵”即高处、高地，“召”“陵”合起来解释，寓意着登高处召唤朋友，合作共赢。

其二，齐桓公“召陵之盟”是“召陵”地名的最早记载，是召陵特有的人文故事：齐桓公与八国诸侯等一批领袖级人物在召陵结盟，大人物、大事件与高地交相辉映，构成了召陵的独特文化坐标。

其三，齐桓公“召陵之盟”是真实发生在召陵大地上的重大历史事件。“召陵之盟”通过谈判和结盟，平息了刀光剑影，避免了生灵涂炭，换来了中原百年和平。

其四，“召陵之盟”是齐桓公称霸天下的重要里程碑。其协商谈判和友好结盟解决问题的方式，对今天的和平解决各种争端具有借鉴意义。

今天，尽管齐桓公“召陵之盟”已成为尘封千年的往事，但“召陵之盟”的美好传说和它倡导的“用结盟和平解决争端”思想成为千古佳话，仍旧为召陵区民众所津津乐道，代代传承。

选自2016年《漯河文史资料》第二十三辑

春秋时期召陵境内的三次会盟

傅胜利

召陵名称源自地理实体，以位岗据陵而得名。《说文》:“陵，大阜也。”“阜，大陆。山无石者。”查阅《中国地图集》(谭其骧主编，中国地图出版社出版)，召陵岗周围诸水环绕，中间高，四周低，成为豫东南黄淮平原的独特地势。春秋（前770—前476年）时，召陵为陈、蔡、郑、楚四国通衢和战略高地要冲，故诸侯纷争常抢占此地。

会盟：古代诸侯间聚会而结盟。(《辞源》1980年修订第一版《四卷本》第1470页）召陵为春秋时中原文化繁盛之地。据《左传》《史记》等文献记载，春秋时期发生在召陵境内的诸侯会盟主要有三次，均产生了深远的历史影响。兹分述如下：

一、蔡侯郑伯邓襄会盟，这是华夏诸侯首次会盟抗楚。周桓王十年（前710年）七月，楚国不断向北扩大领土，蔡、郑两国受到威胁，蔡侯、郑伯于邓（今漯河市召陵区邓襄镇邓襄寨）会盟，商讨对付楚国。“中国之患楚也，自此始也。”[①]

二、召陵之盟，奠定齐桓公霸举的里程碑，因“和平解决争端”成为诸侯会盟的典范。周惠王二十一年（前656年）正月，南方楚国势力北扩，先后灭邓、息等国，侵蔡袭郑，威胁中原。齐桓公号令齐、鲁、宋、陈、卫、郑、许、曹等八国之师伐楚，势如破竹击溃蔡国，进军至陉（今漯河市召陵区召陵岗南）。齐桓公挺兵召陵（今漯河市召陵区召陵岗）以静制动。夏，楚大夫屈完到联军阵前谈判，双方在召陵订立盟约，齐桓公许和退兵，史称“召陵之盟”。这是华夏诸侯第一次联合

① 见《左传·桓公二年》。

抗楚，使楚国暂不敢北进。(见《史记卷五·秦本纪第五》[①]和《史记卷三十二·齐太公世家第二》[②])

三、桧圣台十八国联合抗楚，春秋时规模最大的一次诸侯会盟。周敬王十四年(前506年)春三月，晋国同齐、鲁、宋、蔡、卫、陈、郑、许、曹、莒、邾、顿、胡、藤、薛、杞、小邾等十八国诸侯和大夫在召陵开会，商讨伐楚事宜。原因是楚令尹子常向蔡昭侯索取"佩和裘"，"蔡弗与"。便将蔡昭侯拘楚三年。后蔡国贿赂送到，蔡昭侯才被放回。蔡昭侯为报此仇，请晋国组织伐楚。晋国召集十八国诸侯代表在桧圣台开会，商议联兵伐楚。这是春秋时期最大的一次会盟。相传此次会盟地为召陵。但因晋国大夫荀寅求货于蔡，蔡君没答应，他就促使晋国罢兵，结果各国军队都未与楚军交战便撤退了。蔡昭侯再请吴国伐楚，吴军占领楚国首都郢，楚昭王逃亡。(《左传·定公四年》)[③]

选自2015年《漯河文史资料》第二十二辑

① 见《史记卷五·秦本纪第五》。

② 见《史记卷三十二·齐太公世家第二》。

③ 见《左传·定公四年》原文:【经】四年春王二月癸巳，陈侯吴卒。三月，公会刘子、晋侯、宋公、蔡侯、卫侯、陈子、郑伯、许男、曹伯、莒子、邾子、顿子、胡子、滕子、薛伯、杞伯、小邾子、齐国夏于召陵，侵楚。

儒佛圣地化身台寺

王学儒[①]

郾城区龙城镇的化身台寺，是我市一处佛教圣地，虽几经战火，却历经两千年而不衰，主要原因是孔圣人曾经在此讲过学。

公元前496年，诸侯称霸。孔子感觉自己“恢复礼乐制度”的政治抱负难以施展，遂带领颜回、子路、子贡、冉有等十余位弟子离开“父母之邦”，开始了长达14年之久的周游列国生涯，其间颠沛流离、四处碰壁。然而，在郾城，他和弟子们却受到热情接待，度过了一段美好时光。

化身台寺大门

① 王学儒，男，1972年7月出生，1990年漯河师范毕业，后进修河南大学中文专业。先后供职于邓襄镇政府、阴阳赵乡政府、龙城镇政府、郾城区委宣传部、郾城区文化旅游局，现任郾城高中支部书记、校长。

公元前 491 年，孔子在从蔡至陈的途中，突然听到楚国不再重用自己的消息，他百感交集，既不愿无功而返，又不知道该往哪里去，正当他左右为难的时候，却发现了郾城西 8 公里处的一所私塾。此时此刻，这对于自 30 岁开始授徒讲学、打破“学在官府”创设私学的孔子来说，不亚于冬雪里发现一处新绿。他对这座私塾产生了浓厚的兴趣，经过向当地人打听，原来办私塾的地方叫化身台。说起这个化身台，还有一段美丽的故事：在很久以前，这里曾有一对夫妻，结婚不满三日，丈夫就应征去边关服役，从此便杳无音信。其妻思夫心切，每日包一包土垫于脚下，以望夫归。日复一日，年复一年，垫脚的土垒成了高台，而她也从满头青丝的少女变成了白发老妪，丈夫却仍然没有回来，思念痛苦的她最终绝望而死，从此这里就叫望夫台，也叫化身台。再后来，秀才们便在这里办起了私塾。听了这个故事，一向推崇礼教的孔子被这个节妇的精神所感动，毅然决定留下来讲学，希望在此宣扬自己的思想，实现政治抱负。而一向淳朴尚学的郾城名士听说孔子及几位高徒到了这里，便热情邀请他们到私塾里讲学。

孔子讲得很认真，大家听得也很专心，他的许多名句和做人的道理都是在这里讲授的。由于他讲得深入浅出，既有治国的策略，又有治学的方法，所以，方圆百余里的读书人都争相来听他讲学，以至于从私塾到县城 15 里之内的客店都住满了，因此，私塾东面的村子后来便改名为十五里店，一直沿用至今。孔子从这里走后，有个姓孔的学生不忍离开，就在私塾里整理孔子讲过的知识，同时教授学生。后来他在这里娶妻生子，繁衍后代，这就是现在化身台寺南 1 公里的孔庄。

再说这座私塾，由于孔圣人在此讲过学，当地人便把孔子的牌位供奉在了这里。不论是过往的客商还是赶考的秀才，到了这里都要进去烧炷香、许个愿。说来也怪，凡是到此许过愿的，都很灵验，经商的赢利，赶考的及第。以至于后来方圆几十里的群众，只要谁家有了孩子，都会来拜一下孔圣人，请孔圣人保佑孩子聪明伶俐，将来上学有出息。

到了隋唐时期，佛教兴盛。尤其是武则天统治时期，为了从宗教上打击李姓，武则天对佛教采取了纵容态度。她诏令佛教在道教之上，全国各地广建庙宇，因此，全国各州基本上都有佛教寺院。而到了开元年间（713—733 年），唐玄宗又开始推崇道教，抑制佛教发展，禁止再造寺庙、铸造佛像、传抄佛经等，对于官员和僧尼的交往也进行禁止，这使佛教在玄宗时期受到了很大的打击。然而，在这样的情况下，开元元年，当地官府却出资在化身台寺建造了兴国寺（现存明嘉靖二十四年〈1545 年〉所立石碑为证）。这是为什么呢？原来，唐玄宗对孔子是很尊崇的，这从他写的《经鲁祭孔子而叹之》一诗中我们就可看出："夫子何为者？栖栖一代中。地犹邹氏邑，宅即鲁王宫。叹凤嗟身否，伤麟泣道穷。今看两楹奠，当与梦时同。"因此，当他听说化身台寺曾与孔子有关，便特批准在化身台建造兴国寺，这在当时是独一无二的。从此，每任县令来到郾城后都要先到化身台寺拜一下孔圣人，祈求保佑这里风调雨顺、黎民平安。

1140 年，金帅兀术率大军进犯中原。岳飞把部队驻扎在郾城，为防止附近的化身台寺遭金兵破坏，专门派一员副将保护化身台寺。后来，不但岳家军大获全胜，而且保全了化身台寺。后来的 200 多年间，战火不断，化身台寺曾一度被毁。到了明万历三十六年（1608 年），当地官府又出资对化身台寺进行了重修，这些在现存万历四十二年（1614 年）所立的石碑上有记载。其间，香客们又专门从外地移了一株白果树植于化身台寺内。说来也怪，此树不但长得茂盛，传说还能预兆时运年景。它伸向哪个方向的枝条长得茂盛，哪个方向就风调雨顺、五谷丰登。而且还有人说，谁家若有了病人，只要来这里烧炷香，捡几片白果树叶回去熬药喝，病人马上就好。从此，化身台寺声名远播，规模越来越大，鼎盛时占地达到 100 余亩。虽然屡经战火，但在当地政府和群众的保护下，得到了很好的整修。

选自 2008 年《漯河文史资料》第十六辑

巍巍大成殿　琅琅读书声

王　培　杨　旭

“天下之无道也久矣，天将以夫子为木铎。”在孔子生活的那个“礼崩乐坏”的年代，时人曾发出这样的感叹。有汉以来，孔子和他所创建的儒学便被历代帝王推崇备至，汉高祖刘邦曾亲以太牢之礼祭祀孔子，开创了帝王祭孔的先河。自公元前478年，曲阜的第一座孔庙（又称文庙）建成以来，孔庙的香火便绵延至今，几乎不曾断绝。时至今日，世界各地仍分布着数千座孔庙，传承着“大成至圣先师”震古烁今的思想学说。

在郾城区，坐落着一座古代文庙的主体建筑——大成殿。它是河南省第三批重点文物保护单位之一。在过去的数百年间，这里曾经群贤毕至。如今修缮一新后，它又焕发出勃勃生机，时而传出琅琅读书声。

现状　大成殿巍然而立

大成殿位于郾城区文化旅游局后院，是郾城文庙的主体建筑。沿着砖石铺地的甬道前行，两旁树木枝繁叶茂，青翠欲滴，花坛里草绿花红，蝶舞蜂飞，在喧闹处营造出一方清凉、静谧的天地。“桃李不言，下自成蹊”，更何况巍巍大成殿就在眼前，笔者脚下的路不知曾有多少风雅之士纷至沓来，满怀崇敬地前去瞻仰。

甬道尽头两侧，一对石狮镇守殿前。拾级而上，木质镂雕的殿门触手可及。木门呈黄褐色，古色古香，与周围环境浑然一体，自然天成，门柱上斑驳的红漆不失庄重，却又呈现出岁月的沧桑感。大殿为单檐歇山顶，灰色、绿色琉璃瓦覆盖其上，殿角斗拱飞檐之上各有瑞兽盘踞。

殿内梁柱皆漆朱红，墙壁正中悬挂孔子画像一幅，殿中井然有序地排列着朱漆翘头案，案上一尘不染，仿佛刚刚还有学子在此谈经论道、说古评今。

复至殿外而观，一座石碑立于殿旁，碑文镌刻《重修大成殿碑记》，记载着今人崇孔尊儒、重修大殿的功德事迹。红墙褐瓦的院墙边上，零星有几尊石刻、石碑立于碧草之上，装点着整个院落的盎然古意，显示出郾城文庙在当时的崇高地位和无限风光。

历史　老文庙古建筑群规模大

郾城文庙在古代时是专供儒生聚学授书的地方，始称儒宫，为唐代元和年间溵州刺史高承兴建，元至正后相继扩建，明洪武三年改称孔庙，明永乐年间又恢复原称。明清时代又修建了16间。乾隆十七年（1752年）于文庙西侧创建景文书院，形成了初具规模的古建筑群，有魁星门、泮水池、廊房、启圣祠、明伦堂、大成殿等。

郾城文庙学术氛围浓厚，景致庄严，曾以“东黉暮鼓”之美誉位居郾城老八景之首。明代知县王季立诗赞郾城文庙曰：“文明耀中邦，儒庠俨东峙。鼓节严昏昕，宏音通遐迩。渊填震华堂，雍容集冠履。进退周折旋，讲经析玄理。伟矣弦歌声，洋洋满人耳。师严道亦尊，进学讵能止。”透过诗文，可以想见当时文庙内是怎样一番讲经析理、师道尊严的景象。

然而古建筑成群的文庙终究无法抵挡历史的侵蚀，多数建筑已损毁，只有大成殿独善其身。现在的文庙大成殿是一处带有元代建筑风格的明代早期建筑。据记载，大成殿前原有古柏十余株，虬干凌霄，郁郁葱葱，有明清民国时期碑刻十余通，主要记载文庙的修建以及孔子的功德。大殿左右角门，西曰“鸾旗半藻”，东曰“棫朴菁藏”；再往前有东庑七间，其北有陈设所三间；南有洗盥所三间，又有西庑七间，其北有礼器所三间，南有烹饪所三间；正前有戟门三间，与大成殿相直对，戟门左右各有一门，东曰“德配天地”，西曰“道冠古今”；再往前中有木枋，木枋上以浮雕蟠龙饰边，其上为红日当空，下为海水翻腾，中为双凤朝阳，南为万仞宫墙，由彩砖砌成。大成殿内正中祀“大成至圣先师”孔子之牌位。

郾城文庙大成殿

大成殿走过500多年风雨沧桑，虽然得以保存，但也早已不复当年之容貌。幸而今逢昌明盛世，大成殿又迎来了新的生机，“修旧如旧”的修缮使它完成了又一次重生。

保护　再次进行维修加固

文庙大成殿为歇山式木构斗拱建筑，其中升昂、斗拱等都具有典型的明代建筑特点。据省古建专家鉴定，大成殿对研究我国古代木结构建筑有一定的参考价值。

文庙大成殿建于明代嘉靖年间。由于年久失修，殿顶琉璃瓦多处下滑，前后檐瓦脱落，殿内梁柱虫蚀腐朽，岌岌可危。

修葺一新的大成殿

“文庙大成殿经过了多次修葺。如今距离上次修葺已经有十几年了，出现了一些问题，大殿木结构有点变形，整体向东倾斜，墙体有些下沉，急需再次进行维修。”郾城区博物馆馆长张二华说。为了保护文物古迹，传承历史文化根脉，2014 年郾城区专门组织相关部门召开会议，专题研究大成殿修复、保护事宜。随后，郾城区文化旅游局多次邀请专家来郾城文庙实地勘察测量，制订维修保护方案，并逐级上报。2015 年 1 月，省文物局正式批准立项，要求按照原建筑风格尽快进行修缮。据了解，文庙大成殿采用的是木框架及简金柱作为支撑，所以这次维修重点主要是框架部分的加固。为了能够达到不改变原貌的效果，此次修缮采取“落架大修”方式。所谓“落架大修”，是将建筑构架全部或局部拆落，修配后再按原状安装的维修方法。2015 年 4 月，郾城文庙大成殿维修加固工程正式开工，至当年 9 月，维修结束。

文庙大成殿前立着的一块碑上详细记载了此次维修成果：“修葺一

新的大成殿，顶列九脊，坡起四面，斗拱歇山，立柱飞檐，进深三间，面阔五间，重塑圣像，巍峨壮丽，岿然如初，完整再现了明清古建筑风貌。”

价值　成为弘扬传统文化的场所

文庙大成殿原是祀奉和拜谒孔子的场所，古时儒生聚学授书之地，也是推广和弘扬儒家文化的重要场所。如今的文庙大成殿，已成为郾城区重要的思想道德教育基地，成为一个弘扬和传播孔子儒家文化的重要场所。

为了更好地传承中国传统文化，2013 年 10 月，社会自发组织的国学班在文庙大成殿开班，国学班学员聚集在孔子像前，弟子虔诚地跪拜孔子，随后在国学老师的指导下诵读国学经典《论语》。据学生家长介绍，自进入国学班开始学习国学经典，学生和家长都受益匪浅，学生变得不再任性，讲礼仪懂礼貌，并且养成了读书的好习惯，有时随手拿起一本书，都能认真读认真看，陪读的家长也对国学经典有了深刻的认识。

国学班大概开了有一个多月的时间，大家就发现大殿房顶漏雨，还经常落土。于是就从郑州请来古建筑维修方面的专家进行现场勘测，勘测后专家说这座建筑有很大的安全隐患，赶快把人员都撤离，国学班就暂停了。后来就向上级提请修葺大殿。去年 9 月大殿修好，今年三四月份国学班又开始上课了，对象是成年人。儒家文化对当今社会的人们，仍然有着举足轻重的作用。希望儒家文化能得到大力传播，中华文明能得到大力弘扬。

选自 2016 年《漯河文史资料》第二十三辑

踏访子路问津地

张拴根[①] 陈晓东[②]

子路问津地——问十，位于漯河市源汇区西南部，距市中心 20 公里，是问十乡政府所在地，漯舞公路、漯舞铁路穿境而过，交通便利，是源汇区与舞阳县交界处的一个区域中心，历来经济文化繁荣。

问十原名问津寨，至今已有 3000 余年的历史。新中国成立前是郾城县通往南阳途中的一个重镇，而且一直是周围乡村经济文化中心。问津寨建于 1848 年左右，建寨原因主要是为了防止“洪蠡贼”（即洪秀全起义）。寨内由张店、梁庄、索庄、傅庄四个自然村组成，其中张店村最大，人也最多，梁庄次之，索庄、傅庄最小，现在姓傅的只有几户人家，姓索的仅剩一户。

问津寨由来

寨建起后，叫什么名字，绅士们向孔圣人请教，《论语·微子》：“长沮、桀溺耦而耕，孔子过之，使子路问津焉。”相传两千多年前孔子去叶返蔡途经此地，一条大河拦住去路，孔子派学生子路前去打探渡口。依据这件事，后来读书人为沾孔圣人的光就将寨取名为问津寨，以此作为纪念。

为什么改为问十？其一：后来发现子路问津处河南就有多处，当时乡绅们考虑，本地无子路问津的特定历史环境，用问津做村名过于牵强。其二：长沮桀溺批评了孔子，也是对孔子的不敬。于是决定改村名。

① 张拴根，男，1949 年出生，中学高级教师。曾任问十中心校校长、党总支书记。
② 陈晓东，1976 年生，本科学历。源汇区委组织部电教中心副主任。

改为什么？继续向孔子请教。因寨内主要以张店村为主，张姓户大、人多，读书人也多，为了突出原张店村的含义，将村名改为问十。其依据是:《论语》为政篇中记载有“子张问:‘十世可知也？’子曰:‘殷因于夏礼，所损益可知也。周因于殷礼，所损益可知也。其或继周者，虽百世可知也。’”意思是孔子的学生子张问孔子：十世以后的事可以知道吗？为此问津改为问十沿称至今。

问十村牌楼

问十历史沿革

明洪武年间，实行里甲制，民户十户为一甲，一百一十户为一保，全县共为二十二保。问十为“忠诚保下五图”，该图共有三十个自然村。这三十个自然村是：沈张、黄李、望天岗寨、吴宁村、陶桥村、宋庄、师庄、后李庄、前李庄、小河王村、寺西张村、武庄、坡陈村、董庄、周庄、印板王、问津寨、前问十村、骆坡村、曹店村、后魏、李庄、彭庄、小王庄、南王庄、后菜园、大刘店寨、武庄。新中国成立后，问十为大刘店区（后曾称大刘公社、大刘乡）所辖，1992年区划调整，从大刘乡分出，设立问十乡。

问十寨的建筑特点

解放前问十寨威武雄壮，许多兵匪望而生畏绕寨而行。问十寨的建筑风格与众不同，除东南西北四门之外，还设有东西两个小角门，角门平时作为农民出寨耕作方便，战时作为安全通道。四个门均建有青砖绿瓦的高大寨门楼，楼内战时作为巡寨者安歇和指挥场所，平时供人们游寨远眺，观物赏景。四门一侧各设一尊口径为半尺有余的生铁大炮，使寨门楼更显威严。寨门高一丈多，宽九尺，厚约半尺，外裹铁皮，枪炮不入。寨墙高约三丈，宽约二丈，寨墙垛像锯齿一样匀称地排列四周。寨墙外几丈宽的壕沟清水不断，满壕芦苇生机盎然。

问十寨牌楼

问十寨内景观

四门各建有庙宇，意为恭请诸神保护，其实是丰富了历史文化。东门内建有文庙，庙内主要有孔子的塑像等，庙院内翠柏葱绿，大殿外分别立有大石碑、小石碑和方石碑，碑文记载了孔子周游列国的经历。文庙外建有坐东朝西的魁星阁楼，高大的魁星塑像手握巨笔，意思是问十的状元从这里走出。每年农历二月十五，周围村庄男女老幼潮水般涌往这里赶庙会。南门里建有火神庙，西门里建有二郎庙，北门建有祖神庙，十字街建有坐北朝南的土地庙，庙门前有一棵大槐树，因此又称土地庙为槐神庙。槐树下有一块碾盘大的花岗岩石板，据说这里是蚊蝇的禁地。传说王莽追刘秀时，刘秀晚间曾在这块石板上睡觉，蚊虫骚扰，刘秀挥手驱赶并说："离开，离开，不要来这。"从此这棵大槐树下再也没有蚊子。其实，这里是寨内制高点，位于十字街中心，四面通风，故少有蚊蝇。

问十寨古寨墙

问十村双凤桥残桥

寨内建有东、西、南、北四条正街，东西大街的设置与众不同，它克服了笔直之俗，故作曲状，一为战争防御，二为纳财聚宝。

问十寨外古迹

寨外还有许多名胜古迹，西门外有双凤桥、马刨泉、暖流河，南门外有好汉坟和铜底铁帮百步倒流水的掩龙河，东有打狗冢。

双凤桥是一座石桥，桥两端各塑一女神，故称双凤桥。

问十村马刨泉遗址

马刨泉位于双凤桥西，相传王莽撵刘秀时，刘秀行至双凤桥下，刘秀战马口渴，遂用前蹄扒刨几下，泉水立刻涌出，马饮此水赶路西去。从此这里泉水源源不断向外淌出，马刨泉故此得名。后来马刨泉淌出的水流入河里，河水不仅清而且暖，数九寒天其他河段已冰冻雪封，而马刨泉附近的河水不仅不结冰，还不时冒着热气，所以人们称它为暖流河。每年端午节这天，周围各村的人们纷纷提着瓦罐，端着盆钵前来马刨泉取水，说是此水甘甜治病，用来和面蒸馍味香好吃。新中国成立后政府曾拨款修建此泉，并列为保护对象，“文革”时被挖河毁掉。

问十村梁氏祖茔碑楼

打狗冢也是王莽撵刘秀留下的传说，据说刘秀被王莽追至东门外，恰遇一老农在耕田，刘秀求救，老农将刘秀藏在沟底，用柴草掩盖，王莽带一狼犬追至，问老农，老农用手指向远方，告诉王莽人已走远。但王莽的狼狗四处乱嗅，将老农的饭罐扒倒，面疙瘩汤淌了一地，老农大怒，趁势举起鞭子将狗打死，后来将狗埋在此处，人们称这里为打狗冢。据说这位老农是天上神仙显圣，特来搭救刘秀。以后这里的面砂礓多，说是老农面疙瘩汤所致，人们油漆家具熬桐油需要面沙礓都到此寻取。

好汉坟位于问十西南，传说这里埋着一位行侠仗义、除暴安良、打抱不平的好汉。有一年，附近有一恶霸抢占民女，为救民女，好汉与恶霸搏斗至死，人们把他埋在问十南地跳沟（地名）上沿，取名为好汉坟。

20世纪30年代，西门外又耸起了梁冠英将军兴建的碑楼、牌坊、祖坟。这些楼、碑在近百亩松柏园林的映衬下，气势恢宏，为问十平添一景。

梁冠英（1895—1968年），中将，名子超，生于1895年1月2日，陆军大学特别班第3期毕业。1913年，投入冯玉祥部当兵；1925年，任国民军第一军二师五旅旅长；1927年，任国民革命军第二集团军第一方面军第三军一师师长，参加北伐；1928年10月，任国民革命军第二十一师师长；1930年4月，任反蒋联军第二方面军第二路第一军军长，参加中原大战，失败后投蒋，任第二十五路军总指挥。1932年，任鄂豫皖剿匪总司令部右军第三纵队总指挥；1933年，兼任第三十一军军长，并兼任第三十一军三十二师师长；1936年5月辞职，改任军事委员会中将高参；1946年，任河南省政府总参议；1948年9月，任河南省政府顾问，同年秋受中共委托赴蚌埠劝刘汝明起义，后曾任苏州市政协委员；1968年7月，在苏州病逝。

重修后的梁冠英功德碑

问十文化昌盛，自冠英小学建起以后，学校教学质量位于郾城、舞阳、西平三县之首，为郾、舞、西三县培育了大批英才。问十还属于革命老区，1938 年 10 月中共郾城县工作委员会机关就设在问十冠英小学，发展了周云章、李俊保等一大批优秀共产党员，像师凤翔、麻继先等人成为我军优秀将领，从政的也遍及全国，不少人成了国家高级干部。

问十自古经济繁荣。从前问十街设有烟厂、酒厂、染坊、钱庄、银匠铺、铜匠铺、铁匠铺、屠行、粮行、盐店、饭馆等手工作坊和生意门面。一街两行作坊、店铺林立，生意兴隆。特别每年两道古会，“四月四”“六月六”两台大戏对唱，会期半个月，郑州、南阳、信阳、汉口、淮阳等地商贩云集问十，商品琳琅满目，应有尽有，四街人山人海，围绕麦收前后进行物资交流，既活跃了农民文化生活，又繁荣了当地经济。

选自 2015 年《漯河文史资料》第二十二辑

漫话光武帝与严子陵在郾城

孟巍坚

东汉光武帝刘秀，字文叔，是汉高祖的九世孙。自王莽篡权后，莽取代汉朝天子，为此刘秀起兵讨伐王莽，并展开一场史无前例的“昆阳大战”（其战场在今叶县城北），而王莽惨遭败北，就此结束了他的性命。旋刘秀被拥立汉家皇位，定都洛阳，建立东汉政权。

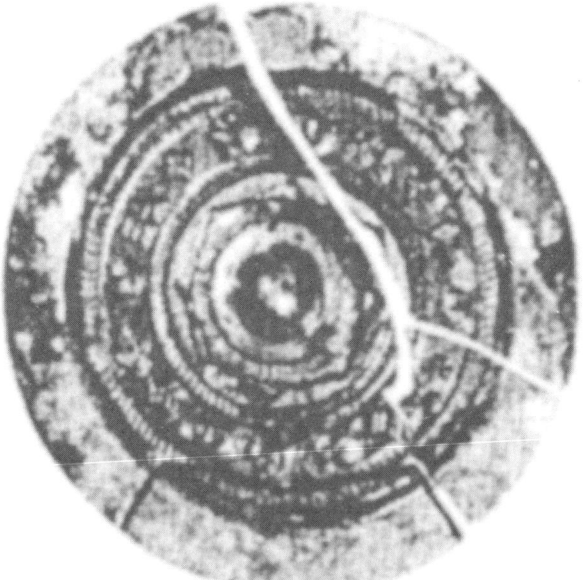

汉代中国透光镜（即国际称东方神镜）

刘秀推翻王莽政权，关键在“昆阳大战”，而昆阳之战的取胜决定于郾城与定陵调兵遣将的成功。公元 23 年 6 月间，王凤、王常、刘秀率部攻占了昆阳城，而王莽遂组织 42 万大军合围该城。当时刘秀因寡不敌众，便于深夜带领人马十三骑从昆阳突围东向，走定陵，到郾城搬兵。是夜在王莽的追兵下东奔，寄宿在一个集镇上，当时莽军驻在村西，刘秀宿于村东。他们均按鸡鸣时间登程（至今，民间传说村西天明鸡叫，村东半夜鸣叫），双方相距甚远，于是刘秀便顺利地到达郾城，休息于如今的台坡魏村西头一所寺庙里，由此这里原刘秀所停的车马痕迹传于后世（解放前这里放有刘秀车）。他行程到召陵以东，又停下来休息，后人将该处命名为刘秀的“歇马店”。又往前走，便到了刘家训练营的根据地，当时刘秀的最亲密好友严光（字子陵）即在此处。严光全心全意地为刘秀策划军事大计，死后葬于该地。这里有庞大的汉墓群，方圆约 20 里，死者均为战争将士。今环顾该处，仅留突兀高冢三个，三角分布，各自相距三华里，探知东北为严光衣冠冢，东南为严光死后的血食生活冢（其内有泥塑猪、羊和黑陶碗等物），而正冢居于西，为严子陵所葬地。其墓发掘有汉代的“子母砖”，砖侧压制汉代的线条纹。实物印证严子陵葬于此可信。所以，坟前有一村便称“严冢铺”（今老窝乡），严光冢就在该村的东头。1980 年以来，在此汉墓群中出土数百件文物。如大型汉墓砖，重量约 80 斤至 200 斤，长短有一米和二米两种，皆为土制模压花纹（其中线条形与花朵形两种）。还有陶瓿、陶钟、酒器之类，这些酒器的腹部模压有怪兽图案。同时，汉墓已出土的古铜镜，经研究它是国际上所称的“东方神镜”，日本博物馆即保存有这类中国汉代古镜，国内又称此为“透光镜”（详见《汉语大词典》透光镜词条，有图案）。其镜面亮度至今仍可照人，背面图绘，日本和中国存放的铜镜相同，但所铸造文字有别。该处出土的汉镜除各种花纹外，另有八个篆体字：“见日之光、天下大明。”汉墓内还发现有长刀、短刀、匕首之类，最珍贵的便是一口紫铜剑，其锋至今不锈，往往有群众用于砍物砍树，仍不愧为一口利剑。

该汉墓群东邻商水地界，西靠郾城老窝辖区。汉墓的南面有一村名叫“十哲店”，原属西华县。《西华县志·疆域》载该村名之义：“十哲店，不是指儒家的十哲”，而是军事家的“十哲”，其意即指刘秀和严光在此。宋代范仲淹曾评其二人：“（严）先生之心，出乎日月之上；光武之量，包乎天地之外”。[1] 刘秀和严光之德，可称为“量”与“节”的超凡，诚然可贵，二人作为高尚，以身教化，启迪后人（见《祠堂记》）。所以当地民众就以他们二人在此，方名“十哲店”于世永存。同时该村还遗有跑马场和饮马坑（井），它是岑彭、马武在此军事上的训练地。过去该村原为一座土寨，寨北门的门楣上，有横额一方，石刻着“彭武寨”三字。

为何刘秀在郾城募兵和建立军事训练营的根据地？究其因，便是“天时、地利、人和”的条件所具备。首先是刘秀的姑表兄来歙将军，曾被封为征羌侯[2]，被封的城池，如今即是郾城的砖桥，而刘秀在此募兵当然有利了。其次是，刘秀的父亲刘钦在项城县西南的古南顿县当过县令，刘秀即生于此，长于此，如今的项城县南顿还建有刘秀的庙宇，专设着汉光武刘秀大殿一处，不言而喻当地人已视刘秀为本土人。“昆阳大战”，他专门回郾城搬兵，还因严光亦在此地，为他谋略献策作支持。其诸多因素刘秀方得“昆阳大捷”，消灭了王莽集团。

选自 2004 年《漯河文史资料》第十二辑

① 见《古文观止·严先生祠堂记》。

② 见《后汉书·来歙传》。

彼岸寺经幢和彼岸寺

张汝鲤

郾城县八景之首的“龙塔古篆”，新中国成立后以“彼岸寺经幢”名义被公布为河南省第一批重点文物保护单位[①]。1978年修葺后，它宛若一个焕发英姿的历史巨人，昂首挺胸，耸立在郾城县第二中学校园内。

全国重点文物保护单位——彼岸寺碑

① 2006年5月，彼岸寺碑被国务院公布为第六批全国重点文物保护单位。

据考证，“彼岸寺经幢”的原名应是“重修许州郾城县彼岸寺碑铭”。因为“重修”二字剥蚀过重，《郾城县志》就省称为“彼岸寺碑铭”；由于它的基座和底盘刻以香水海故事，历代僧人又称其为“香水海石幢”；士农工商则因为其形体似塔，基座雕有八根蟠龙支柱，碑身刻以古老隽秀的篆文，而俗呼之为“龙塔古篆”。乾隆本《郾城县志》云：“龙塔，邑西门内彼岸寺，镌小篆文”；《开封府志》云：“彼岸寺在郾城县西北一百六十步，有古塔存焉”，皆系指此。

龙塔通高 12.1 米，由底盘、须弥座、篆文碑、造像碑、宝盖等主要部分构成。

底盘为直径 5 米的八角形香水海池，内刻海浪蛟龙、龟鳖鼋鼍；海岸浮雕，为亭台楼阁、禅堂佛殿、街市村舍、百工农夫、高山流水、苍松翠柏、仪仗出行、车銮肩舆、西天取经故事、讲经说法活动……内容丰富多彩。

须弥座在海池正中，高 2.2 米，直径 3.5 米，分上下两层：下层，周遭为八根透雕蟠龙石柱，二龙柱与四龙柱相间，龙头朝外，张牙舞爪，玲珑剔透，形象生动；中间为一巨石八面体浮雕——天龙八部各占一龛，相貌凶恶，森然可怖。上层，四角有四根八棱体角柱，纹饰饕餮，构图古朴；中间为一坛面宽 2 米的长方体浮雕：四天王神像各占一龛——持国天王操琵琶，增广天王握宝剑，广目天王抓长蛇，多闻天王执宝幢。传说，宝剑为风，琵琶为调，宝幢为雨，长蛇为顺。四天王所主，风调雨顺。《佛典》云：四大部洲当中有须弥山，处大海之中：高三百三十六里——半腹称四王天，为四天王所居，率天龙八部，镇守四面八方；顶为帝释天（仞利天）所居。想此设计，当源于《佛典》。

篆文碑高 2.9 米，宽 1.3 米，重 9 吨余，为一长方体抹棱大青石，是整个建筑的主体部分。碑题在东面，它与正文皆小篆体；落款在北面，为八分书。由于年久风化，剥蚀过重，大部分字迹已泐尽。立碑时间虽不可辨，但文中有“太平兴国”字样，便可确定是北宋。碑上所镌小篆，用笔沉挚古朴，笔法潇洒清逸，行笔精美有致，结构变化无端；刻镂线条流畅，刀法奇古精绝，刀痕明显浑圆，字划柔美幽深。真是龙飞凤舞，耐人寻味，怪不得后世讹传它是东汉中郎蔡邕或元代松雪道人赵孟頫的手笔。明代谢公翼曾写诗咏之曰：“石幢孤影映山门，古篆蜿蜒迹尚存。松雪中郎何可问，笔锋总已重乾坤。”虽然今已断定它非蔡赵之笔，但从此亦可看出其功底不浅。

造像碑高 3.09 米，呈八棱，每面雕 57 尊小罗汉和 3 尊佛像，共计 456 尊罗汉和 24 尊佛像。佛像低眉含笑，慈善可亲；罗汉或佝偻龙钟，或横眉怒目。总之，表情迥然，姿态各异。造像碑座分上下两层。上层为莲花盆，取诸佛菩萨坐莲台之意；下层为八个人首鸟身、张翅欲飞的伎乐嫔伽雕像，他们或吹竽，或吹螺，或排箫，或击筑，或拍镲，或打鼓，或舞蹈，或鸣笛，其中拍手鼓者又为双首共命，其形象逼真，惟妙惟肖，优美多姿，栩栩如生。

宝盖为砖石结构，以牙子砖砌成七级密檐式八脊挑角飞檐。檐下配置仿木构砖雕斗拱檐，上葺以蓝瓦。顶上置以两亚腰葫芦形青石攒尖顶，象征忉利天，在极高处，帝释居其上。

不论从建筑学、雕刻艺术，还是从文字学、书法艺术上讲，龙塔古篆都是一件难得的古代艺术珍品，怪不得历代都把它列在郾城八景之首。在建筑上，它由多层次青石叠成，其连接处均为榫枘衔扣，布局严谨，构造精巧，具有我国建筑法式中所少见的风格；在雕刻艺术上，善于变化，每个局部，各具特点，精雕细刻，独具匠心。它表现了我国劳动人民的伟大创造力以及宋代在建筑技术和雕刻艺术方面的高度成就，对研究我国古代建筑、雕刻艺术，甚至佛教活动和社会生活等方面都具有一定的参考价值。从文字学角度看，小篆是籀文大篆的续承，八分书是隶书的先导，二者皆系秦书八体之一，在我国文字发展史上占有重要的一页；从书法角度讲，不管是用笔运笔，还是间架结构，造诣都很深，给人以古朴幽深的美感。它对研究古篆、书法艺术和字体的演变，都具有很高的参考价值。虽然它“风霜蚀尽龙蛇迹，不使人知晋魏年”[①]，然

① 引自清顺治时郾城知县荆敕五的七绝诗《八景新题》。前两句是“谁敕方幢古佛前，纵横玉筋峄山巅”。见《郾城县记》。

而懂得它价值的人却说："但使文章堪寿世，即留一字抵千金。"[①]

郾城县第二中学校园原为彼岸寺的一部分。寺所以名彼岸，是因为：（一）郾城县原治沙河南岸，而寺则在沙河北岸，取寺与县治相对之意；（二）取人类赖以生存的现实社会与佛教所宣扬的极乐世界相对之意。《郾城县记》云："因其地近㶏水（即沙河——笔者注），故曰彼岸；而释经亦曰：'苦海无边，佛为彼岸'，或缘此而为名之所由起。"

相传，彼岸寺创于东汉，寺额"彼岸寺"三字与龙塔古篆文皆为蔡邕所书，因查无实据，故不可靠。陶汝弼为《彼岸寺千佛阁记》又说："寺肇于隋之迁邑"。由于迁城是在唐开元十一年（723年）[②]，因此此说亦不可信。据考证，彼岸寺很可能建于唐初。因为：（一）旧时寺内有石刻经幢十一座，其中有唐仪凤元年（676年）、永昌元年（689年）、咸通元年（865年）、光化二年（900年）立者，皆述佛陀波利译经始末而不及寺之创建时代，可见唐高宗时香火已经很盛；（二）开元五年（717年）杜甫曾于此看公孙大娘舞剑器，元和十二年（817年）韩愈又与李正封在此联诗并刻于寺之西壁，可知中唐时彼岸寺规模已相当宏阔。

到了唐末，因"秦蔡挺灾，朱梁炽暴"[③]，偌大一个彼岸寺被秦宗权和朱温烧毁，唯余寺之古柏依然挺拔森郁。宋代大诗人苏辙游历到此，感慨不已，写诗咏之曰："曾看大柏孔明寺，行尽天涯未见之，此树便当作子行，他山只可作孙枝。"太平兴国年间（976—984年），东京尉氏县僧祖契宗大师，"为传扬教法，传继衣钵"，于是募资重建。历时十五年，"兴土木者至九百余间"[④]，并请画师武宗元于壁上画文殊玄奘像。为记重建彼岸寺的由来始末，便立了"重修许州郾城县彼岸寺碑铭"，即龙塔古篆。

据《郾城县记》载，寺于元末复毁于兵燹，明洪武十五年（1382

① 引自郾城举人杨祥元的七绝诗《龙塔》。前两句为"银钩石面列森森，半剥风雷未可寻"。见《郾城县记》。

②《唐书·地理志》："郾城本治溵水（同㶏水，即沙河——笔者注）南，开元十一年因大水移治溵水北。县城肇始定地之由也。"

③ 引自《郾城县记·金石篇》。

④ 此三段引自《重修许州郾城县彼岸寺碑铭》。

年）叶县高僧宗岩“乃重修之，规如前制”[①]。成化八年（1472年），寺僧道昱“病甚隘而扩之”[②]，计正殿五楹，天王殿与金刚殿各二楹，三山一座，伽蓝堂与祖师堂各三间，左右廊房各二十间，方丈与斋房各五间，厨舍与禅堂各三间，僧院十所，石塔一座，钟楼一所，饮水井三眼，尊胜幢十所，松柏五百株。嘉靖三十八年（1559年），邑人刘彦璋等再次重修。清康熙十二年（1673年）知县李应宗又主持捐修，增建千佛阁、水陆殿、大佛殿、天王伽蓝、六祖古佛、阎王圣僧殿及韦驮殿等。乾隆二十四年（1759年），清查寺地时，东至火巷，西至城垣，南至西街，北抵城墙，“佛殿居其中，前后左右列诸神之殿，廊庑环抱者五十余楹，若拱极之状，殿前有石幢；古塔屹然中立，绿筠翠柏森然可观”[③]，并寺地九十一亩。

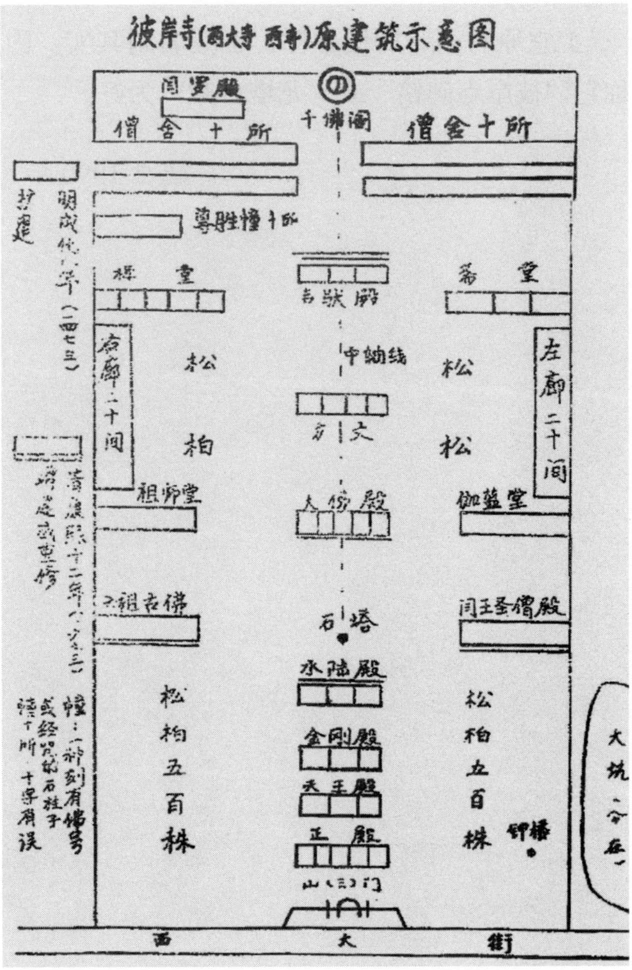

彼岸寺建筑分布示意图

自清中叶以后，因干戈交加，风雨飘

① 引自宗岩撰《重修彼岸寺记》。
② 引自曹恒撰《鄄城县彼岸寺重建本末事实碑》。
③ 引自曹恒撰《鄄城县彼岸寺重建本末事实碑》。

摇，庙貌神像倾颓日甚。辛亥革命后，废科举而兴学堂，彼岸寺的一部分变成了学校。至今，古刹不复存在，唯余“龙塔古篆”仍岿然屹立。

顺便再说一点，我个人认为，称“龙塔古篆”为“彼岸寺经幢”是不确切的，因为：（一）它记述的是契宗大师经营十五载重修彼岸寺的土木之功，而不是镌刻的经文或佛经的传入、翻译等；（二）除它而外，真正的“经幢”还有十余座，虽今俱废，然也不可以它作全权代表；（三）它原有名，即使省称，也应名副其实。因此，我认为，还不如仍称它“彼岸寺碑铭”或“龙塔古篆”为好。

选自 1990 年《漯河文史资料》第四辑

彼岸寺经幢

孙发义

彼岸寺位于郾城县城内西北隅，现为实验中学所在地（原为县二中），是一座古老的佛教寺院。因其地近溵水（今沙河）之北浒，故曰“彼岸”。彼岸寺又以佛经“超荐众生于彼岸极乐世界”而得名。

彼岸寺碑旧貌

彼岸寺创建年代无考，毁于唐末。北宋太平兴国年间，东京尉氏县契宗大师巡游郾城，视寺院破败不堪，便募金修寺“翕然众心不谋而合”，纷纷捐资献财，兴师动众，大兴土木，修盖房屋900余间，恢复殿阁设施，占地200余亩，植柏500余株，历时15载。彼岸寺经幢即此次修寺所建。

彼岸寺经幢，高12米，分上中下三层，其连接处均由巨石雕刻衔扣。下层幢基为直径5米的八角形香水海池，牢牢承托整个经幢，故又名“香水海石幢”。池底饰波涛海兽，浩瀚壮观；池岸环饰佛经故事，有仪仗出行、人物风貌、高山流水、苍松翠柏、亭台楼阁等浮雕图案，僧侣活动各具姿色，充满浓郁的佛家生活气息。其山是八角形须弥座，各角以透雕蟠龙柱相支。蟠龙跃跃欲试，张牙怒目，伸向四方。中有八组佛龛，为拥护佛教的天龙八部，俗称“龙塔”。再上为四角形护世四天王龛，各角有八棱形角柱。佛龛、天王龛①均以花卉、仙子饰边。构图古朴，气韵生动。中层为2.9米高、1.03米宽、9吨重的四棱碑。碑文是古老挺秀的八分篆刻，刀痕显明，笔势锋锐，情趣盎然，耐人寻味，堪称一绝。尚存部分依稀看出寺院兴衰始末和创建经幢概况。上层是3米高的八棱千佛造型碑，挺立于巨石雕刻的莲花盆中。盆外壁饰以双首共命鸟②，振翼欲飞，伎乐嫔伽，手持吹竽、吹螺、排箫、击筑、拍镲、手鼓等乐器，画面惟妙惟肖，栩栩如生。八棱造像碑上，雕刻456尊罗汉、24尊佛像，排列有序。刀法浑圆有力，线条遒劲流畅，神态各异，生动逼真，颇有飘然欲出之势，不愧为浮雕艺术之珍品。彼岸寺经幢为研究我国古石建筑、雕刻艺术、佛教活动提供了实物资料。

---

① 原文及多篇文章中均为“大王龛”。经查阅《中国佛教梵汉字典》（新文丰出版公司1988年版）和《中国佛教文化简明辞典》（北京联合出版公司2014年版），均无“大王龛”说法，此处疑为笔误，结合上下文内容，改为“天王龛”。

② 原文为“双首共笔鸟”。《佛本行经》（南宋·释宝云著，时代文艺出版社》）记载：“往昔久远之时，雪山下有二头鸟，共同一身，一头曰迦喽鸟，一头曰优波迦喽鸟。此二鸟，一头若睡，一头便觉。迦喽鸟偶睡，时，近有一果树，名摩头迦，优波迦喽鸟思曰：我独食此华，若入腹中，二头俱除饥渴。遂未告知迦喽鸟而食之。其后，迦喽鸟闻之，即生嗔恚嫌恨之心，作如是念：其所得食，不语我知，不唤我觉，即便自食；若如此者，我从今后，所得饮食，我亦不唤之而自食。后，游行经历，忽遇一毒华，迦喽鸟即食之，二头俱死。”共命鸟是佛教艺术中常见的题材（见于《营造法式》卷三十三），它们通常都是双头鸟的形象。在敦煌壁画的《西方净土变》中常常可以看到共命鸟和迦陵频伽一起出现在阿弥陀的西方极乐净土世界。《漯河文史资料》多篇文章中，均有“双首共笔鸟”的写法，此处疑为笔误，故改为“双首共命鸟”。

彼岸寺碑拓片

经幢建成后，寺院声誉大振，文人骚客，士宦廷僚纷纷前往游览观瞻，吟诗作画，亦有高僧名徒传经讲佛。北宋画家武宗元专程至彼岸寺，为寺院画了文殊和唐玄奘画像。同代诗人苏子由也慕名前往，目睹武宗元名作被“风雨侵蚀”十分惘惜，即慨然命笔：“……本朝惟有宗元近，国本长留后世模。出世真人气雍穆，人藩老释面清癯。居人不惜游人爱，风雨侵陵色欲无。”寺院的参天古柏更激发诗人情怀，于是又题《古柏》一首：“首看大柏孔明寺，行尽天涯未见之。此树更当称子行，他山只可作孙枝。”1958年、1970年先后出土的两批铜币，更可佐当年寺院香火之盛。在经幢附近，发现西汉到南宋时期的铜币30多种，1500余斤，数量之大，种类之繁杂，历史罕见。

1963年，河南省政府公布为第一批省级重点文物保护单位[①]，1978年6月22日又拨专款修复，1979年竣工，经幢完全恢复历史原貌。

选自2003年《漯河文史资料》第十一辑

① 2006年5月，彼岸寺碑被国务院公布为第六批全国重点文物保护单位。

举世瞩目的国之瑰宝“三绝碑”

范子文[①]

以文物古迹著称，举世闻名的“三绝碑”，现存于河南省临颍县西北15公里的繁城回族镇原汉献帝庙（今为回族学校）内，为河南省重点保护文物。“三绝碑”的名称是怎样缘起的呢？这需要回顾一下历史，先从受禅台谈起。

“公卿将军上尊号奏”碑额原拓

东汉（25—220年）末年，“汉室倾颓，奸臣窃命”“自董卓以来，豪杰并起，跨州连郡者，不可胜数”。曹操拥有百万之众，势力的发展最为突出。公元196年，曹操带兵把汉献帝刘协劫持到许（今许昌张潘镇），“挟天子而令诸侯”，取得了政治上的优势。公元220年曹操死后，子曹丕继承王位，竭力培养私人势力，逼汉献帝让位。然曹丕又不愿担篡位之名，要献帝仿古尧舜的禅让，迫汉献帝下诏，在颍阴县繁阳亭（今繁城）东南隅筑起高21米、长宽各75米的受禅台（今在），并在台上建立行宫，举行仪式，进行禅位。延康元年（220

① 范子文，男，1921年生，郾城县人，1949年参加工作。曾任郾城一、二中，孟庙、商桥、李集等乡镇高、初中教师。

年）十月十三日，受禅台前，旌旗招展，文臣武将四百余人，御林军二十余万列队台下，寅时一到，军乐齐鸣，汉献帝把传国玉玺、诏册献给了曹丕。曹丕拜谢，受禅即位，登上了天子宝座，国号大魏，自称魏文皇帝，封其父曹操为魏武皇帝，改许县为许昌县，改繁阳亭为繁昌县，以示其皇家基业应地名繁荣昌盛。为了纪念这一历史事件，曹魏群臣立了两通石碑，以昭久远：一名“受禅表”，一名“公卿将军上尊号奏”，合称“受禅碑”。

“受禅表”记载了汉献帝让位于曹丕的过程。说汉室气数已尽，魏王理当代权。赞扬曹丕德行如日月之明，才干在天、地、人之上，受到普天下人的爱戴。是献帝下了圣旨，把皇帝位让给曹丕，曹丕再三谦让，满朝文武多次劝请，曹丕才答应，并高筑灵台举行受禅大典的。

“公卿将军上尊号奏”记载了汉室的46位文武大臣联名奏请曹丕，劝他出来做皇帝的事，也叫“劝进表”。大意说，汉献帝是受天意让位的，公卿将军劝曹丕接受献帝禅让，也是按照天意办的。尧让位于舜的美事现在又出现了。并赞扬曹丕德高望重，超过三皇五帝，早该接受禅让了。

公卿将军上尊号奏碑

该碑系“鱼子石”制成。石料奇特，质地坚硬，色彩绚丽，不怕风雨侵蚀。均高9尺、宽3.2尺、厚9寸，圭形碑额皆为阳文篆字，“受禅表”“公卿将军上尊号奏”，碑文为阴文隶书，字大1寸2分，字体方正。

“受禅表”碑文22行，每行49字；“公卿将军上尊号奏”正面22行，背面10行，每行49字。二碑由东汉末年御史大夫王朗撰文，选部尚书梁鹄书丹，侍中守司隶校尉钟繇镌刻。文章、书法、镌刻皆出自名家之手，实属精湛上乘，世称“三绝碑”。所谓“三绝”：一曰文表绝——文辞婉妙，深入浅出；气势磅礴，论述有力；语言简洁，详略得宜。二曰书法绝——方笔斩截，豪迈纵逸；凝重遒劲，气态雍容；结体严谨，体势方正。三曰石刻绝——字字一格，丝毫不差；中规中矩，不犯不离；相互映衬，韵趣无穷。

受禅表碑（局部拓片）

两碑存原汉献帝庙内。献帝庙原为魏文帝（曹丕）庙，南距受禅台1500米，当时有甬道相通。这是曹丕为了配合受禅大典耗资万两白银修建的。庙内塑有曹丕的全身像。到明孝宗朱祐樘弘治（1488—1505年）年间，许州知州邵宝巡察到繁城，一见文帝庙，咒骂曹丕为篡位奸臣，下令毁其塑像，改塑为汉献帝像，改庙为汉献帝庙。由于历史的变迁，庙已化为乌有，但遗址尚在，记载这场改天换地事件的受禅碑，还立于庙前的空地上。

举世瞩目的“受禅碑”，古往今来引起了文人学士、墨客骚人、文官武将极大的关注，受到了历代书法爱好者的推崇。东晋王羲之（303—361年）、唐代颜真卿（709—785年），徐浩（703—782年）、刘禹锡（772—842年）都曾到此观碑咏叹。特别是宋代欧阳修（1007—1072年）不仅多次到此观赏临摹，并写出了《读繁城受禅碑》和《受禅表跋》两篇文章刻石立碑为记。康有为观赏二碑后，写下了“今禅表遗笔犹存，鸱视虎顾，雄伟冠时”的评语。民国时期（1912—1949年）冯玉祥前往观看后，赞叹不已。蒋介石北伐时曾亲往一观，并要走临颍牛老四存放的一部较完整的《受禅碑》碑帖拓片。1947年农历十月二十二日陈毅将军由两位同志陪同，从驻地临颍县城东南任庄丁焕英家出发到繁城参观《受禅碑》。看后对清真寺阿訇舍学仁说：“此碑很有价值，要好好地保存。”1948年秋，刘伯承将军坐车到繁城参观了《三绝碑》，对该碑大加称赞。可惜该碑年代久远（距今已1779年），风雨侵蚀，加之人为破坏，下部已斑驳泐损，漶痕累累，有些字已难辨了。

“受禅碑”和“受禅台”是汉魏政权更替的实物见证，是研究三国历史的宝贵资料。清末建碑房三间，已被破坏。1963年河南省公布为省重点文物保护单位[①]，1973年碑文拓片在日本展出，深受日本学者的欢迎，1982年国家拨款重修了保护房，保留了汉代建筑形式，使之焕然一新。现围房另辟园地，设专人看护。

选自2003年《漯河文史资料》第十一辑

---

① 2001年6月，受禅碑与受禅台被国务院公布为第五批全国重点文物保护单位。

古碑生辉

张福祥

临颍县繁城镇有两通古石碑，一通叫“受禅表碑”，另一通叫“公卿将军上尊号奏碑”。这两通碑不仅是汉魏政权交替这一历史事件的实物见证，还因为碑文是东汉御史大夫安陵亭侯王朗撰文，选部尚书梁鹄[①]书丹，大理东武亭侯钟繇刻石，文辞优美，书法雄健，镌刻遒劲，三者皆出自名家之手，每一项都超凡绝伦，所以，后世人把这两通碑叫作“三绝碑”。

梁鹄和钟繇不仅政治地位显赫，而且都是东汉后期有名的大书法家。曹操破荆州时募求梁鹄，把梁鹄的书法悬于帐中或钉于壁上，在戎马倥偬之余，观赏梁鹄的书法认为是艺术上的一大享受。当时的宫殿题署也多为梁鹄所书。

钟繇，就是魏征西将军钟会之父，梁武帝说钟繇的书法“如云鹤游天，群鸿戏海”。

三绝碑立世之后，历代文人墨客前往观瞻的络绎于繁城道上。晋代的王羲之，唐代的颜真卿、徐浩、刘禹锡，宋代的欧阳修等或临摹碑文，或题诗作赋。特别是欧阳修几次到繁城对碑文朝夕揣摩、考证，写出了《受禅碑跋》。清末康有为观后，评其字“鸱视虎顾，雄伟冠时”。民国时期的冯玉祥观后也大加称赞。1947 年和 1948 年，中原初解放时，

① 原文是“礼部尚书”。在关于“三绝碑”的多篇文章和著述中，出现“选部尚书梁鹄”和“礼部尚书梁鹄”两种表述，唐·张怀瓘《书断》记载：“梁鹄，字孟皇，安定乌氏人。少好书，受法于师宜官，得师宜官法，以善八分书知名，举孝廉为郎，亦在鸿都门下，迁选部郎。灵帝重之，官至选部尚书。晋·陈寿《三国志》卷一《魏书·武帝纪》载：“梁鹄乃益为版而饮之酒，候其醉而窃其札，鹄卒以攻书至选部尚书。”故本卷统一记述为“选部尚书”。

陈毅将军和刘伯承将军都到繁城参观了“三绝碑”，并指出：此碑很有价值，要好好保存。

受禅表碑

1985 年，我第一次参观三绝碑。那时碑在繁城献街小学校三间小瓦房内。这里还是老师们的办公室，两位年轻的女教师正在批改作业。办公桌紧靠着石碑。室内很暗，碑上的字隐约可见。碑体雄伟厚重，呈黛青色。我抚摸一下，感到质地坚实，不像是一般青石。由于出差路过匆匆一看，心想今后有机会一定再来。

去年省文物部门再次拨款将“三绝碑”妥善加以保护，并完全按汉代的建筑风格修缮。今年阳历年刚过，我就迫不及待再次去繁城观瞻“三绝碑”。一进大门，一座汉代的古建筑把我带进了 1700 多年前的东汉时代。两通石碑竖立于敞篷式的汉代建筑中。石碑单独占一个院子，已与学校分离。两碑面南，东西并列，相距两米左右。由于通风透光好，这次看得很清楚。两碑高均九尺六寸，宽三尺三寸，圭形，上额有一直径约 12 厘米的圆孔。不像一般石碑额上刻的螭首或其他华饰，底座也没龟趺。据行家说这是典型的汉碑。碑额为阳文篆字，一写《受禅表》，另一写《公卿将军上尊号奏》，碑文为阴文隶字。碑石为五色鱼子石，质地坚实，虽经1700多年仍浑然一体。但碑面似有裂纹和破损。据说，这是繁城地方官为了避免频繁地接待上边来的高官贵宾，用秫秆把碑围起来火烧，然后泼醋猛激，把碑损坏了，部分字也漫漶不清。

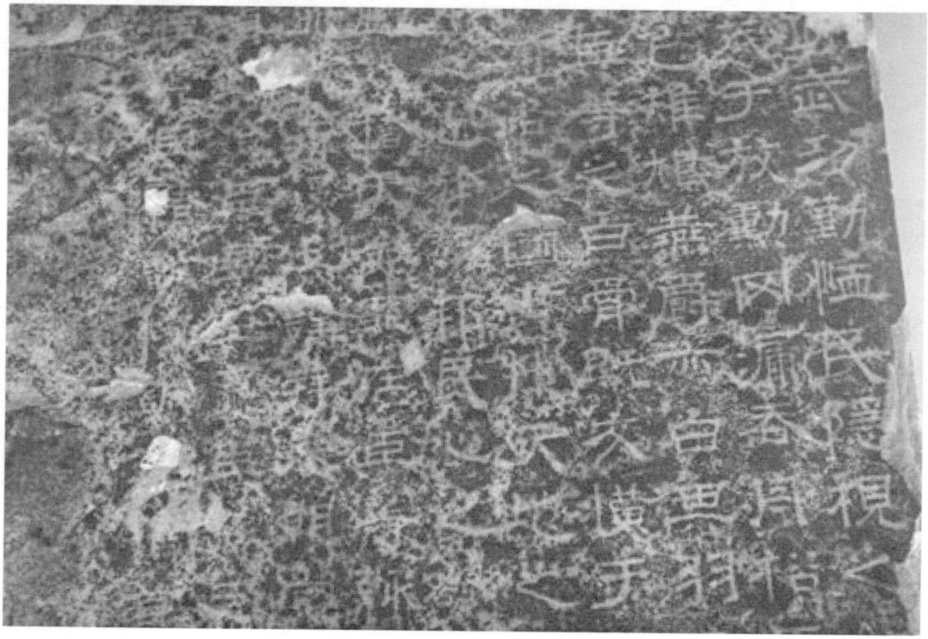

公卿将军上尊号奏碑局部

《受禅碑》共22行，每行49字，字大一寸二分，字迹清晰可辨，文意也能领会，遗憾的是全文已经不完整了。《受禅碑》文主要有：

“维黄初元年冬十月辛未，皇帝受禅于汉氏。上稽仪极，下考古训，书契所录，帝王遗事，义莫显于禅德，美莫盛于受终。……帝（曹丕）齐光日月，材兼三极，有尧舜之姿，伯禹之劳，殷汤之略，周武之明……洪恩洽于区夏，仁声播于八荒……汉氏观历数之去已，知神器之有归。”

说明汉朝气数已尽，曹魏应运而立，曹丕功劳如“日月经天，材兼三级”（天、地、人）。经过“回思千虑”，再三谦让，才接受了汉献帝的玉玺和诏册。最后说魏政“永保天禄，传之罔极”。

《公卿将军上尊号奏》32行，每行字数大小和受禅碑一样，上面刻着劝进将军46人的名字。这通碑又称《劝进表》。碑文主要有：

“汉帝奉天命以固让，群臣受天命以固请，陛下违天命以固辞。”

受禅表碑各种字体

说明汉献帝让位于曹丕是“天命所归”。接着阐述了中国最古的帝王唐尧把帝王之位禅让给虞舜的美德及故事，说曹丕若不受禅是“所枉者大，所直者小，所详者轻，所略者重”。禅让大事拖延下来，“罪在臣等”。所以，应“营坛场，具礼仪，择吉日”，举行禅让大典。

我站在碑前，好像置身在汉魏政权交接的情景之中，看到了一个个峨冠博带、宽袍大袖的汉代文武大臣张罗的样子，看到了中郎将李伏、太史丞许芝等公卿将军们一张张兴奋的面孔，似乎还踩住了曹丕的脚印。

这两通石碑说明，在中国漫长的封建历史上，除去尧舜禅让的传说外，这是有文字记载的第一次不流血的政权更替，它还是艺术珍品和瑰宝。所以，1700多年来，它引起众多的历史学家、考古学家、文物专家、书法艺术家的喜爱和兴趣。不愧是省级重点文物保护单位。①

选自2003年《漯河文史资料》第十一辑

① 2001年6月，受禅碑与受禅台被国务院公布为第五批全国重点文物保护单位。

古人赞美“三绝”碑

孟巍坚

汉魏时代于漯河繁城所立的“上尊号”与“受禅”二碑，撰文之美，书写之妙，刻文之隽，古人誉为“三绝”。它已历经一千八百载，象征着曹魏两代的更替。《后汉书·献帝纪》言：“延康元年（220年）十月乙卯皇帝逊位，魏王（曹丕）称天子。”由书法大家特精工勒铭彪炳其事。原来曹操“挟天子以令诸侯”，并嫁三女儿于献帝封为曹皇后，曹氏顺应这一姻亲之便，即在繁城举行了登坛禅让帝位。

但繁城所存这两通碑，却被历来鸿儒巨士所称赞。言其书体圆润浑厚，笔势往来深醇峻极。后人接踵相仿，争相拓摹，书法大家连称不绝。晋代卫夫人《笔阵图》言：“八分更有一波，谓之隼尾波。魏文帝《受禅碑》有此体。”张怀瓘《书断》：“八分则有魏《受禅碑》，称此为最。”推为嘉美之冠。李绰《尚书故实·魏受禅碑》：“王朗文、梁鹄书、钟繇镌字，谓之三绝。”韦绚《刘宾客嘉话录》特又重叙其事：“魏受禅碑，王朗文、梁鹄书、钟繇镌字，谓之三绝。”从此繁城二碑之书体为历代所誉已成定论。后来宋代娄机《汉隶字源》卷一《受禅表》称：“三绝”所赞为共识。清代祝嘉《书学史》又特评其书帖与钟繇运笔走势。指出：“点如山颓，滴如雨骤，纤如丝毫，轻如云雾，去若鸣凤之游云汉，来若游士之入花林，灿灿分明，遥遥远蔼者矣。”宋代欧阳修根据唐宋人所言“三绝”，在《集古录》卷四又专门详考其事。同时，洪适《隶释》卷十九指出该碑与志书的记载，存在日期有差异。此不难看出前人对此用心欣赏的执着和品评与审美的全神贯注。

公卿将军上尊号奏碑拓片

选自 2005 年《漯河文史资料》第十三辑

汉魏名碑临颍“三绝碑”

张彦伟[①]

据我所知，全国称“三绝碑”的有：湖南省郴州市苏仙岭的《踏莎行·郴州旅舍》、四川成都《蜀丞相诸葛武侯祠堂》碑、湖南永州柳子庙《苏轼荔子》碑、山东《潍坊新修城隍庙》碑、福建泉州《万安桥记》大字碑、河南临颍《上尊号与受禅表》碑、湖南祁阳《大唐中兴颂》摩崖石刻、南京开善寺《宝志公象赞》诗碑、陕西高陵李晟墓碑、河南郑州苏轼书欧阳修《醉翁亭记》石碑。这里要介绍的是河南临颍汉魏时期的“三绝碑”——“受禅碑”。

在河南省临颍县城西北15公里的繁城镇献街村村南有一受禅台，筑于东汉延康元年（220年）。受禅台是当时魏王曹丕接受汉献帝的禅让、登基称帝的地方。台上原有大殿等建筑，现仅存高台一座，坐北朝南，呈上圆下方状，高约13米，底周长300多米，总面积8000平方米。距此不远的北面有汉献帝庙，庙里原有建筑已毁于兵火，只存两通石碑：一座是公卿将军上尊号奏碑，另一座是受禅表碑。碑的内容都是有关曹丕受禅的事，所以二碑统称受禅碑。临颍“三绝碑”是我国现存最早的“三绝碑”，它不仅具有重大的史料价值，而且具有很高的书法艺术价值。

据《三国志·魏书》记载，汉献帝刘协对当时军阀混战的局面束手无策，在满朝文武大臣的威逼下，宣告将天下让于魏王。曹丕根据司马懿的建议，为“避免篡逆之名”，没有急于接受，只是上表谦辞。最后汉献帝采纳了太尉贾诩的意见，在繁阳亭筑高台举行大典，禅位于曹

① 张彦伟，男，1967年12月出生，大专学历，临颍县人。高级教师，中国汉画学会会员，漯河市非遗传承人，临颍县政协委员。临颍县南街学校美术教师。

丕。《三国志·集解》记载，220年10月29日，繁阳亭五彩旌旗，如林迎风。受禅台上黄幔金伞，遮天蔽日，台前台后，三军持戈，严整列阵。受禅台前大小官员400余人，御林军20余万，还有匈奴单于以及藩国使臣等数百人。寅时一到，军号齐鸣，台上献帝亲捧玉玺奉献魏王，台下文武百官跪听读册，而后曹丕登上皇帝之位，并宣布改元黄初，国号大魏，册封刘协为山阳公。曹丕接受汉献帝禅让而称帝，是为魏文帝，从而结束了两汉400多年的统治，开始了历史上魏、蜀、吴三国鼎立的时代。曹丕为纪念这个历史事件，便取人神并和、繁荣昌盛之意改繁阳亭为繁昌县，并树碑立表，以诏天下，流传后世。

《受禅碑》与《公卿将军上尊号奏碑》立于公元220年，具体记载了魏公卿将军劝进及汉献帝禅位于曹丕的历史经过。《公卿将军上尊号奏》碑，碑高323厘米、宽102厘米、厚32厘米，圭形，上有碑穿。碑额篆书阳文“公卿将军上尊号奏”八字，碑文隶书阴镌，正面22行，背面10行，满行49字，共1359字，现仅存900字。内容为文武大臣奏请曹丕代汉称帝事。奏章前，列“相国安乐乡侯臣歆、太尉都亭侯臣诩、御史大夫安亭侯臣朗”等46人的名字。奏章后所列人名与前同，但省其官爵，奏章称道“汉帝奉天命以固禅，群臣受天命以固请”，说汉献帝让位，曹丕代汉乃天命所归，故又名《劝进碑》。《受禅表》碑高322厘米、宽102厘米、厚28厘米。额题篆书阳文“受禅表”三字，可惜碑额早已破裂，三字不复存在。《受禅碑》碑文22行，满行49字，隶书阴镌，首先阐明禅让乃自古之美德，“上稽仪极，下考前训，书契所录帝王遗事，义莫显于禅德，美莫盛于授终。”接着颂扬曹丕“齐光日月，材兼三级”，有“尧舜之姿”“伯禹之劳”“殷汤之略”“周武之明”“洪恩洽于区夏，仁声播于八荒。”在公卿将军固请下，他“回思千虑，至于再，至于三”，才在繁阳筑灵坛举行受禅大典。

两碑并称“三绝碑”。所谓“三绝”，一曰文表绝，据传由司空王朗撰文。从尧舜禅德，史有前例，到魏王德高望重，远近臣服；由汉室气数已尽，理当代汉，到献帝主动让贤，曹丕谦逊再三，文辞婉转巧妙，论述深刻有力，气势磅礴雄健，层次井然严密，而且语言简洁流畅，详略得宜，不枝不蔓，无懈可击，可以说是添一字则余，去一字则损。二曰书法绝，由尚书梁鹄书丹，两碑并称，同出一手，字体均甚方正，笔法遒劲，如斩钉截铁，实为我国书法宝库中的珍品，也是研究隶书发展的重要资料。三曰镌刻绝，由侍中钟繇刻字，钟繇和梁鹄一样，同为东汉著名书法家，他精于汉隶八分之妙，形成由隶入楷的新貌，因此被后人称为“楷书鼻祖”，史书称他“秦汉以来，一人而已”。由他镌字，更是锦上添花，以受禅表为例，全篇899字，字字一格，毫厘不差，中规入矩，不犯不离，相互映衬，韵趣无限，从艺术上讲，比原书有过之而无不及。

现位于临颍县繁城镇的“三绝碑”

《受禅碑》与《公卿将军上尊号奏碑》同为魏初巨制，不但具有重要的史料价值，书法亦久为世重，故自唐宋以来，迭经著录。其结构方严整肃，用笔刚健斩截，意气雄伟跌宕，且不失汉末名碑如《熹平石经》《张迁》《礼器》等骨气洞达、端正朴茂的大家风范。唐李绰的《尚书故实》说：“魏受禅碑王朗文，梁鹄书，钟繇镌字，谓之三绝。”古镌字皆须妙于篆籀，故繇方得镌刻。关于二碑书者，唐代人都认为是梁鹄书，而颜真卿认为是钟繇书，宋代人都同意颜的看法。宋代李坊的《太平广记》说：“钟繇真书绝世，刚柔备焉，点画之间，多有奇趣，可谓幽深无际，古雅有趣，秦汉以来，一人而已。隶书入神，八分入妙，八分则有受禅碑，称此为最也。”明代郭宗昌《金石史》评：“书法同《劝进》，虽小远汉人，雍雍雅度，衫履自饰，亦复矫矫。”王世贞曰：“余始喜明皇《泰山铭》，见此而恍然自失也。汉法方而瘦，劲而整，寡情而多骨；唐法广而肥，媚而缓，少骨而多态。汉如建安，晋三谢，时代所压，故自不可超也。此语得评书三昧。”从汉字字体的演变来看，汉末魏初之际，正是由隶变楷的过渡时期。具体表现在落笔逆锋减少，而变之以单刀直入；收笔重顿后迅速提起使成方波，这已经是萌芽时期楷书的一种特殊笔法。前人对此已多有论及，如清孙矿评《受禅表》和《公卿将军上尊号奏碑》说：“二碑余皆有之，虽磨刓甚，然字犹半可识，真斩钉截铁手也……率更正书险折法，多从此变出。”杨守敬《学书迩言》亦谓《孔羡》《范式》《公卿将军上尊奏号》《受禅表》诸碑：“下笔如折刀头，风骨凌厉，遂为六朝真书之祖。”与之稍晚的魏《王基碑》以及吴《谷朗碑》，则更进一步发展了这种“折刀头”的笔法，字形上亦更似后世的楷书了。故前人论该碑开魏晋六朝楷书之先河，无疑是恰当的。

临颍“三绝碑”，上承前代篆书的规则，下启魏、晋、南北朝、隋、唐楷书的风范，实为我国书法艺术的珍贵遗产，南朝书法家庾肩吾在《书品》中称其“天然第一，工夫次之”“妙尽许昌之碑，穷极邺下之牍”。

娄季初先生作《七绝·河南临颍县三绝碑》写道：

大兵十万挟天子，僚仆成群演受禅。
留下二碑三绝立，风吹雨打两千年。

临颍“三绝碑”不仅代表了当时中国书法艺术的最高水平，并且对于研究当时的社会、政治、文化等具有重要的参考价值。

选自2013年《漯河文史资料》第二十辑

寻古受禅台

张福祥

离开“三绝碑”往南约一公里，一座高耸的土台迎面而立。台上杂草丛生，野树婆娑，还有几十个深不见底的黑洞，当地父老说这是生产队时期社员挖的红薯窖。台顶平坦，有通水泥制成的碑，上写“受禅台”三个大字。啊！这就是公元220年汉魏政权交接的地方，这就是汉献帝亲捧玺绶禅让给魏文帝曹丕的地方。我忽然觉得眼前这座土台竟是历史的分水岭：从魏文帝曹丕受禅（220年）到晋武帝司马炎统一（280年），这60年是三国时期；从220年到隋文帝杨坚统一（581年），这361年历史学家称为魏晋南北朝时期。

我站在台上极目眺望，往北，繁城镇尽收眼底，新建的大清真寺亭楼与受禅台遥遥相望，西边是颍水，东南平畴沃野。这块神奇的土地，把我的思绪推到1778年前那威武雄壮的历史场面。1700多年前的受禅台高三层，雄伟壮观，台上建有曹丕的行宫，富丽堂皇。受禅之日，文武百官四百余名，御林军十多万人，旌旗猎猎，金鼓齐鸣，群臣跪拜，山呼万岁。曹丕传旨，改延康元年为黄初元年，国号大魏，大赦天下。

其实，是年八月，有远见的政治家为曹丕登基已经大造舆论，说什么自魏王即位以来，麒麟降生，凤凰来仪，黄龙出现，嘉禾蔚生，甘露下降，这些都是上天示瑞，魏当代汉之象。这正迎合中国改朝换代是君权神授的论调。

东汉到献帝刘协早已名实俱亡。他9岁继位，被董卓玩弄于股掌之上，15岁被曹操挟持到许昌，挟天子以令诸侯。东汉的皇帝大多弱冠登基或襁褓继位，被宦官、女后、外戚、朋党把持操纵，国家的命运可想而知。曹丕清楚地看到建安末年“四海困穷，王纲不立，五纬错行，天

受禅台遗址

下大乱”的局面，把这个傀儡皇帝一脚踢开或挥之一剑易如反掌，但曹丕没这样做，这与他自幼受的教育有关。在《典论自序》最后说：“余少诵《诗》，及长，备历五经、四部、《史》《汉》，诸子百家莫不毕览。”他的思想观念是以儒家道德伦理为基础的。代汉而立虽已水到渠成，但他怕落一个“篡贼”的骂名成为千古罪人。所以，他一再拒让，从他颁发的让禅令一、让禅令二、让禅令三以及接连的让禅表三可以看出来他的这种心态。但是，高耸的受禅台使他终于打消了这种顾虑。在《受禅告天下文》中，有这样几句话：“天命不可以辞拒，神器不可以久旷，群臣不可以无主，万机不可以无统。”正是在这种大势所趋的形势下，曹丕才“谨择元日，与群僚登坛，受帝玺绶”。接着，封汉献帝为山阳公，享受上书不称臣，上殿不跪拜，“令山阳公于国中正朔、服色、祭祀、礼乐，自如汉典”。封其四子为列侯。曹丕深明大义，真对得起刘协了。这位山阳公享年 54 岁，在东汉 13 个皇帝中，除开国皇帝刘秀活 62 岁外，他名列第二，比较起来也算长寿了。

曹丕对刘协可以说做到了仁至义尽。但抱着旧传统观念不放的人认为：汉家的天下只有姓刘的坐才合理合法，只要是姓刘的，不管是婴儿、低能儿、无赖、白痴、神经病、色鬼、流氓，当皇帝都应该，都无可厚非；你姓曹的即便是雄才大略，有治国安邦之策，有礼贤下士之德，也不配坐天下。果不其然，200年后，专门记载魏晋掌故的刘义庆，在其《世说新语》(见贤媛第十九)中就说曹丕的坏话。到了明朝弘治年间，许州知州邵宝到繁城，一见魏文帝庙，大怒，骂曹丕为篡贼，下令将曹丕的头像拉掉改塑成汉献帝的头。明代嘉靖年间，礼部尚书兼文渊阁大学士、大名鼎鼎的临颍人贾咏贾阁老到受禅台参观，竟写下这样的诗句：

受禅台空对野城，竖子犹骂老瞒名。
可怜汉室无卿相，千古令人抱不平。

很明显，他的态度也是拥刘反曹，对曹氏父子不怀好感，对受禅台上发生这种变革极为不满。明崇祯进士、文学家张溥对曹氏父子另有看法，说曹丕“霸业初创，力更旧辙，待山阳公以不死，礼遇汉老臣杨彪，不夺其志，盛德之事，其父莫及。”

千秋功过，后人评说。

选自2003年《漯河文史资料》第十一辑

大槐树追思

张喜梅[①]

在漯河，提起市区沙澧河交汇处堤岸上的大槐树，上点年纪的人都会或多或少地说上几句它的来历。

据史料记载，唐朝时期，李世民最喜欢的树就是槐树。于是，宫廷内外广泛种植。这种习惯影响到民间，特别是土地贫瘠的地方，人们更喜欢这种生命力强、寿命长的槐树，并称槐树为国槐。

《漯河地名志》中关于大槐树是这样记述的：大槐树所在的这段河堤原为槐树街，它东起顺河街与北大街交口处（今泰山路大桥南），西至澧河堤，长 289 米、宽 6 米，形成于明朝，因路边有几棵大槐树，故名；据传，明初移民是从山西洪洞县大槐树底下出发，为怀念故土，沿街植槐，后因街道、河堤变迁仅存此株，树身大部分被河堤所埋，粗 3 米，枝高叶茂。

《地名志》中还记载，我市 2500 多个行政自然村中，竟有 80% 左右自然村的居民为明初山西洪洞移民的后裔。

既是史料记载该树为明初山西洪洞的移民所植，那么必定是在明洪武到永乐年间（1368—1403 年）。按此推断，该树至少有 600 年以上历史。

据资料记载，元朝统治中国虽有百年，但其中就有黄河 20 多年任其自然泛滥的历史。到元朝末年，黄淮河两岸、大江南北，到处点燃农民军同元军激战的烽烟。正是这场从元末到明初的长达 16 年的战争，使中原数省“十亡其八”“道路皆榛塞，人烟皆断绝”。河南之惨状，更为严重。

① 张喜梅，女，1964 年出生，河南省商水县人，1985 年参加工作。历任漯河日报社新闻策划研究室主任，漯河市作家协会副主席、郾城区政协副主席。

《南阳地区志》载：元末（1312 年）时，南阳府除辖南阳市全境外，还辖现在的泌阳、舞阳、叶县、汝州、鲁山等地，然而偌大的南阳府，仅 692 户 4893 人。而此时的山西因远离战火，加上几年之中风调雨顺，百姓安居乐业，人口急剧膨胀。

据《大槐树迁民志》载：明朝建立初期，土地面积比河南少 600 平方公里的山西人口是 403 万，而河南仅 189 万人。为了调剂人口余缺，增加国家赋税，明朝时期将山西人口迁往河南等省份，地处山西中南部的洪洞县自然成为全省移民的集散地。当时洪洞县广济寺旁有棵“树身数转，荫蔽数亩”的汉代古槐，树上筑有黑压压的老鸹窝，明朝统治者就在这里设局驻员办理迁移手续，大批移民离开时，大槐树、老鸹窝就深深地刻印在他们的脑海之中。

明朝大移民前后历经洪武、建文、永乐三代皇帝，长达 50 余年，覆盖中原、华东数省，波及大半个中国。

我市的先民们就是在这样一个历史大背景下从西部踏上我们脚下这块土地的。民间传说的“脚趾复形”“解手”“背手”“打锅”“500 年前是一家”等就与这段历史有关。

中华民族自古以来就把“乡”“土”“家”看得至高无上，所谓“穷家难舍、故土难离”就是这个意思，而把抛家舍业、远走他乡视作万不得已的事情。一次次的迁徙移民，往往造成几代人精神上的虚无和不安；一种失却家园的痛苦和对故乡本土刻骨铭心的眷恋，会在后人身上留下深深的难以抚平的疤痕。

“问我家乡在何处，山西洪洞大槐树；祖先故居叫什么，大槐树上老鸹窝。”

当时沙澧河交汇处仅是中原南北古驿道上的一个渡口而已，居住在这里的移民就沿堤植槐，以寄托对家乡的思念之情。随着岁月的流逝，小槐树在历史的风风雨雨中艰难地生存着并一天天长大。怀恋是人类通有的情愫。故里对我们漯河人来说永远是座斑驳陆离的大迷宫。对故里的沿波讨源索引，是我们的天性使然。600 年来，大槐树承载着先民创业的苦难和泪水，曾经是维系着一代沙澧儿女繁衍生息的情感纽带。

当我们今天再去追溯这段逝去的历史时，其目的就是告诉人们槐树真正的含义，因为漯河真正意义上的崛起也是从那时的先民开始的。新版《漯河市志》载：漯河古为一渡津，因沙、澧河在此相汇，状如海螺故称螺湾渡，明朝年间形成镇，名螺湾镇，属郾城县，后“螺”演变为“漯”。

明永乐年间，郾城县知县王季立曾用这样的诗句来描述当时大槐树下百舸争流之繁华景象：

沙河东流碧，螺湾汇双河。
舟行此焉薄，估客南来多。
江淮百货萃，此处星辰罗。
木棉茧如雪，收入云间梭。

大批山西移民的迁入有力地促进了生产力的发展，使漯河开始凸显于古老的中原大地。跨越时间的长河与空间的大海，我们心中的那点灵犀早已与大槐树相通。今日这槐树像是矗立于沙澧大地上的一座丰碑，

屹立于沙河岸上的古槐树

它铭刻着先民们那一段辛酸的创业史。

然而遗憾的是，不知从何时起，一些人给大槐树涂上了层浓浓的迷信色彩。说什么大槐树有神人在身，可以施药治病，可以显灵承愿，让人升官发财，并在它的周围点燃香火，寄托愚愿。这些无稽之谈和荒唐行为，不但有悖于先民们苦植大槐树的初衷，而且严重地影响着大槐树的寿命。这里，我们告诉人们，大槐树是“人树”，而不是“神树”。今天的大槐树，早已是一种象征了。它是先民思念故土、祭奠祖先的象征，也是漯河人民历经沧桑、不屈不挠、勤劳勇敢的象征，它既不能改变我们的命运，也不会给我们带来祸福。我们要揭掉笼罩在大槐树上的神秘面纱，还大槐树以本来面目。

选自2003年《漯河文史资料》第十一辑

高皇庙趣谈

黄自立[①] 口述 周跃海[②] 整理

皇庙起源

据传：在商代中叶，河南中部发生蝗虫灾害，尤以召陵一带最为严重。商高宗武丁闻讯，立即带领文武百官及兵丁，从殷都（安阳）赶到召陵，和当地群众一起扑打蝗虫，并在商皇殿一带安营扎寨。经过官民们的共同努力，把蝗虫赶到黄庄东南地的一个大沟里，用土封埋消灭了蝗虫（至今群众还称该地为蚂蚱沟），保住了秋苗，避免了一场大饥荒。为纪念商高宗武丁的恩德，百姓自觉捐资筹款，在村东头修建了一座高皇庙。庙内塑有武丁像，人称高皇爷。由此，该村也叫商皇殿。

神庙景观

高皇庙占地大约四亩。俗称：三柏六所庙，石榴影六碑，庙上庙。实际上是说这里有三棵六把粗的柏树和六所庙房；庙院里有一大棵石榴树，石榴树荫下立着六幢石碑；正堂庙房顶上盖有一个小庙，"姜太公在此"。

整个大庙素雅端庄、气势磅礴、威风凛凛，红色大门楼上挂着"高皇庙"金光闪闪的大字匾，六所清素的庙房内均塑有神胎。

正堂三间，中间塑有高大而又壮观的高皇爷武丁的坐像，两边有四

① 黄自立（缺）。
② 周跃海，河南郾城县人，1931 年生，曾在召陵镇政府和银行系统工作。离休。

个红脸站班护卫；东边一大间，坐着铁铸的祖师爷像，有三个站班护卫；西边一大间，中间立着一尊千手千眼佛。靠墙一周分两层站着几十个一尺高左右的小神。东厢房三间叫文昌阁，文昌爷在中间，两边各有一个站班护卫；西厢房三间，文王爷在中间。另外，还有大奶奶、二奶奶、三奶奶，各奶奶身边都有许多娃娃胎。求子者常到此叩拜，喜得贵子后还要还愿。大门西侧建有一间火神庙，火神爷坐中间。

六幢石碑，头碑上刻的是商高宗武丁带领满朝文武及兵丁同当地百姓一起捕打蝗虫的事迹，后五幢碑是附近各村家族修庙捐款的名称和钱数。计有胡家、问家、黄家、李家、齐家，等等。

据传，商高皇庙初建于汉元光二年，重修于明朝万历年间。新中国成立后，1952 年被拆除了，扒下来的砖瓦修建了柿元王小学。大约于 1990 年由善男信女筹集资金，在原庙址东边又盖起三间瓦房，竖立了高皇爷神态。从此，每月初一、十五，当地香客三五成群都来烧香跪拜。

古刹大会

每年的三月三日，这里都要唱两台大戏，会期是三天四晚。每到会期，来自四面八方的善男信女达千人以上，赶会看戏的有万人之多。会上说书的、算命的、耍猴的、玩洋片的、打小伞子的、抬花轿的、踩高跷的、烧香念佛的，门类齐全，非常热闹。

三月初一上午开始，烧香拜佛的人成群结队地进入佛门净地。小和尚一大早便拿着黑红花棍，把守在庙门口，仔细地审视着进庙的人。庙会期间，只有善男信女和妇女小孩儿才能进庙。他们把所带的香纸大把大把地扔进香炉里，然后，跪在高皇爷面前磕头念经。会场上，挑金挑的人穿着新衣服，软绵绵的竹披扁担[①]系着两只花篮，上下晃动，前走走，后退退，走八字，串花门，晃晃悠悠，边扭边唱，这是绝妙的民间舞。古乐班的人站在大方桌上，吹百鸟朝凤，学狗吠鸡鸣。抬花轿和打小伞的也不示弱，轿杆起落晃动、小伞左扭右扭，钻桌子坐椅子，玩耍

① 把一截毛竹从上到下劈开，用其中的半片做成的扁担。

不停，观众大饱眼福。

蚂蚱大会

蚂蚱又称蝗虫。蚂蚱会是为消灭蝗虫灾害而兴起的大会。这种带有迷信色彩的可笑之举，都以劳民伤财的悲剧而告终。

据《郾城县志》记载：从明末至中华民国，曾发生过两次大的蝗虫灾害，随着蝗虫灾害也就出现过两次蚂蚱会。

第一次是明崇祯年间。蝗虫吃光秋苗，农民心急如焚，地方官告知皇上，昏庸无道的崇祯哪管群众死活。农民无奈，唱大戏一台，乞求高皇爷显灵灭灾。老百姓谁不知高皇爷是哪坑的泥，怎么能灭虫消灾？蚂蚱会上戏唱完了，蝗虫把秋苗也吃光了，百姓落个钱粮两空。

第二次是民国31年（1942年），发生了历史上罕见的大饥年。这年久旱无雨，从东北方飞来了一批蝗虫，俗称“老飞头”，产下虫卵，很快地爬出小蚂蚱，又很快地长出翅膀，成群结队，飞到天空，遮天蔽日。各民众团体联名向国民政府呼救。河南省政府派官员巡视，却无能为力。百姓为求免灾捐资筹款在高皇庙前搭台唱戏，乞求高皇爷死而复生，救民脱离灾害。大戏唱了月余，戏没唱完，秋苗就被蚂蚱吃完了，连杂草树叶也都吃得精光。这时候，粮价飞涨，地价猛落，树皮吃光，饥人相食，全县人饿死四分之一。

选自2006年《漯河文史资料》第十四辑

徐母冢

巩守志[1]

临颍县繁城镇北门外之歇马店有一座“徐母冢”，相传是三国时代谋士徐庶埋葬其母的地方。

徐庶，颍川人（今河南禹县），本姓单，名福，少好任侠击剑，汉献帝中平末年，因为人报仇，被执下狱，后获救得脱，改名徐庶，从此折节向学，一改曩昔。

时刘备屯兵新野，庶往依之，如鱼得水，相处甚欢，曹操知徐庶贤，欲罗致麾下，遂诱徐母至许昌，命作书召庶归曹，徐母恨操之为人，坚不发书。操不得已假徐母之名诈修家书赚庶归魏，母见庶至，愤恚不已，遂自缢死。

徐母冢高约 8 米，周长约 60 米。解放前，墓顶存有一穴，颇幽深。此处历来为古刹大会之处，每年农历正月二十五日，有大戏一台，热闹异常，四方人士，纷纷前来，携诸般商品，逐什一之利。至“文化大革命”期间，在极“左”思潮驱使下，徐母冢遭彻底破坏，千年古迹毁于一旦，诚为痛心，现原处仅存清乾隆年间立“汉大贤徐母之墓”一座。吾恐史迹之湮没，因书其事而志之。

选自 1988 年《漯河文史资料》第二辑

① 巩守志，临颍县人，临颍车站学校教师。

召陵宫当简介

马树奇[①] 孟巍坚

清朝末年，郾城县召陵寨村民于寨内普照寺门前掘井时得“召陵宫当”一枚。出土后惜已两半，幸文字图案无损，黏合后竟如完璧。该宫当起初为普照寺僧人所获，以后辗转为西华县凌甲烺（字保生）据有。凌氏将宫当置于其家的正厅里，反复赏玩，极为珍视。20世纪30年代，凌甲烺参与修撰《西华县续志》时，将宫当拓印多份，编入《西华县续志》卷十一《金石篇》中以期永久流传。不久，抗日战起，凌氏故，“召陵宫当”实物遂不知去向。1990年10月，漯河市孟巍坚，雅好文史，于西华县见此拓片，旋加复印，公诸同好。半个世纪前出土的珍贵文物拓片得以复见天日。

宫当，即古代建筑宫殿时之瓦当。古代称瓦背向上的滴水瓦的瓦头为瓦当。其形制东周至秦多呈半圆形，名半瓦当，到了秦、汉时期，流行的瓦当皆为圆形，因名圆形瓦当，瓦当上面压制有各种图案或文字。此“召陵瓦当”呈圆形，直径四寸四分，上面的文字为秦、汉通用的缪篆体，浑厚古朴，当为汉、魏故物。

召陵这个地方为什么会出现宫殿瓦当？汉、魏哪一代皇帝曾经在这里驻跸或巡幸？弄清了这一点，召陵能够出土宫当就有了坚实的历史依据。考《三国志·魏书·文帝纪》，黄初六年三月（225年），魏文帝曹丕“行幸召陵，通讨虏渠，乙巳，还许昌宫……帝为舟师东征。”召陵，乃古代著名的一个地方，春秋时代，齐桓公伐楚，就是在这里与诸侯会

① 马树奇，1930年出生，河南沈丘县人，1949年参加工作。历任干事、团总支书记、科长、副厂长、办公室主任等职，后在漯河市政协文史委员会主编《漯河文史资料》。

盟的。到三国时，魏文帝想从水路顺淮河东南直下伐取东吴，因“行幸召陵，通讨虏渠”。这讨虏渠即今郾城至周口的一段沙河河道。原来兴讨虏渠以前，有一条汝水经郾城南向上蔡方向流去，到黄初六年，曹丕亲自坐镇召陵，亲率讨虏渠施工，截断汝水，改道从讨虏渠东流至周口一带进入颍水，这样就可以“舟师东征”，耀武广陵（今扬州）。十月，文帝行幸召陵故城，临江观兵。由于这一年天气大寒，“水道冰舟不得入江，乃引还”。由此可见，曹丕兴讨虏渠是其打算统一中国，进行军事部署的一个重要部分，他“行幸召陵”正表明了他对这一工程的重视，他的臣下为他在召陵建筑临时行宫以利起居自是属于必然的事。魏都许昌，黄初元年，筑受禅台于繁阳（今临颍县繁城镇），去召陵不远。《水经注》载：繁阳有三台二碑，汉隶字源谓受禅碑在魏文帝庙，碑及庙皆不见《三国志》记载。这样看来，魏文帝行幸召陵，而史臣不书召陵宫均系同一笔法，也就没有什么值得奇怪的了。

召陵宫当（汉）

选自1990年《漯河文史资料》第四辑

千年古桥　国之瑰宝

叶秀芳[①]

小商桥[②]俗称隋拱桥，我国现存古桥中最古老的石拱桥之一，它是中原灿烂文化的瑰宝。

隋代拱桥小商桥

小商桥地处中原腹地，古驿道要冲，今临颍与郾城两县交界处。跨小商河（也称渚水褚河、滍水、小溵河）——原颍河的一条旧河道而建。现属临颍县皇帝庙乡小商桥村。北距临颍县城约12公里，南离漯河市区约15公里。东接京深公路，西临京广铁路。南宋民族英雄岳飞抗击金兵的郾城大战，就发生在这一带。岳飞麾下骁将杨再兴于小商桥一役，马陷小商河壮烈殉国，遗骨就安葬在小商桥东侧约200米处。杨

① 叶秀芳，1935年出生，浙江余姚人，曾任漯河市交通局总工程师。

② 2001年6月，小商桥被国务院公布为第五批全国重点文物保护单位。

墓高 8 米，周长 100 余米，墓前有一块墓石，刻着“杨再兴坟墓”五个字，据传是岳飞用杨再兴生前所用长矛刻下的手迹。1927 年 5 月国民革命军二次北伐，小商桥以北邢庄曾是临颍大战的一个战场，贺龙的第十五师与奉军展开了殊死战斗，喊杀声惊天动地，一举打败了奉军。当时，贺锦斋代旅长瞻仰了杨再兴墓，并在小商桥畔作五言绝句一首，以抒感慨:“英雄杨再兴，无愧宋将军。赢得沙场死，千秋慕英名。”

小商桥属于敞肩坦拱桥，全长 21 米，桥宽 6.5 米。主拱净跨 11.6 米，矢高 2.13 米，矢跨比为 1/5。两端两个小拱，各净跨 2.6 米，矢高 0.6 米，矢跨比为 1/4。桥下河底用十二排青石板铺砌，北半部保存较好，南半部已不存在，石板之下打有木桩。桥台用六层红沙条石砌成，高 2 米。在桥台最上层的四角，各有一座两手上托、双肩扛拱的浮雕力士像，其雕工精细，形象生动。两桥台上层顶面凿有隼槽，主拱券脚牢固地嵌在槽内。主拱券用二十道双层并列的红沙条石砌筑而成。主拱券面石雕有莲花、牡丹、天马、彩云图案，正中龙门石，刻有饕餮形象。小拱拱券分别用三层红沙条石砌筑，一端支在主拱券上，另一端支在桥台上。小拱拱券镶面石上也雕有莲花、牡丹图案。桥上原有 18 根青石望柱及青石栏板，望柱上刻有石狮，栏板上刻有 18 尊罗汉。可惜 1958 年“大跃进”年代，望柱和栏板被人为地拆除，烧造石灰。

小商桥的石拱构造

小商桥的始建年代，至今没有确切的论断。茅以升先生主编的《中国古桥技术史》定其为隋代，且略早于闻名遐迩的赵州桥。笔者综合各方面的观点，并依据文献和实物进行考证，得出如下认识：小商桥始建于隋代，如今的桥台、主拱应是隋代的建筑。而小拱、海墁、望天柱、栏板等系后人重修的作品。当然这一见解还需要进一步讨论和商榷。1992 年 12 月举行的小商桥学术讨论会上，决定采用对原材料进行物理、化学性质试验的方法，来最后断定小商桥的建筑年代。这一谜案可在不久的将来大白于天下。

现代化的桥梁，引用现代数学、力学理论，使用现代钢筋水泥材料，运用现代电子机械技术，尚且不能肯定那座桥有千载长寿。小商桥经历 1400 余年的风风雨雨，承受了多达数十次的洪水、地震的冲击①。虽经历代重修，但隋代主拱基本未动。据说抗日战争期间，小商桥上曾行驶过日军的坦克。如今，桥上时而仍有汽车、拖拉机驶过，此桥因何能有如此长龄？可能主要有以下几个方面的原因。

首先是因为桥的泄水能力强以及河道的水势较弱。小商桥为敞肩坦拱结构，能增大泄洪能力，减少水流平推力及其对桥身的冲击。据文献记载，小商河水深流急，浑浊的河水卷带着大量的泥沙，经它漫冲而过的土地，泥沙淤积后，土质就会变得更加肥沃，有“浊流一奔而过，多为沃野”之说。县志记载：“民伺其水弥则盗决，用肥其田”。人为地盗决河堤使小商河的原有河道逐渐淤塞，同时使小商桥减少了洪水冲刷。再则，小商河水自小商桥西南来，水流直冲桥西 200 米处河岸再向东折回 90 度流去。故小商桥不受水流直接冲击，因北岸折回的水流较平缓，其平推力对桥的影响也就减少。

其次，小商桥具有结构优、基础牢、材质好的优点。从结构力学的观点来看，小商桥是从实拱发展到敞肩拱的划时代建筑。敞肩拱的产生，调整了恒载压力线的线型，以达到有可能接近形状较坦的圆拱拱轴

---

①《小商桥建成后该地区水灾统计表》《小商桥建成后该地区地震统计表》见附录，摘自《河南临颍小商桥》（河南省古代建筑保护研究所编著，河南人民出版社 2002 年出版）。

线的水平。据古文献可知，小商河曾有多种别名，千余年来，河道虽历经变迁，但始终是逝水长流，千年木桩基础永远泡在一定水深之下，以致能长期保存下来，不被腐蚀。而且桥下有青石海墁，青石下还打有木桩，这可防止冲刷，保护桥台。因此，小商桥的桥基较稳。小商桥选用的石料，可能是来源襄县首山或郏县塔林，是淡红色石英质砂岩，质地坚硬，断面晶莹闪亮，不易腐蚀风化。黏结料也是拱桥寿命的控制因素，千年以前，没有水泥，也没有化学黏结剂，小商桥究竟采用什么黏结料，及其配料成分与配制方法，这是需要加以研究的。此外，拱背防水也是关系到拱桥寿命的关键工程，小商桥是否有这种设施，也需要进一步研究。

20 世纪 80 年代初，小商桥开始引起有关部门的重视。1986 年河南省人民政府把小商桥列为第二批省级文物保护单位，但是这座古桥的保护工作一直没有做好，破坏严重。1991 年 5—6 月，《中国交通报》《上海科技报》《河南日报》《漯河报》等报刊相继发表文章，呼吁有关方面尽快采取措施，维修保护这一千年古桥。最近河南省古代建筑保护研究所已对小商桥加固维修作出方案，并已经河南省文物局批准，首批拨款已经落实。1991 年 6 月河南省小商桥学术研讨会也讨论了维修方案，同时提出了筹措资金的办法。可望不久的将来，千年古桥将以完整的姿态呈现在大家面前。

选自 1993 年《漯河文史资料》第五辑

附录：

小商桥建成后该地区水灾统计表

朝代	皇帝纪年	公元	资料文献摘抄
隋	开皇五年	585	八月……甲辰河南诸州水，遣民部尚书、邳国公苏威赔给之。《隋书》
	开皇六年	586	秋七月辛亥，河南诸州水。《隋书》
	开皇十八年	598	河南八州大水，秋七月，由诏以河南八州水，免其课役。《隋书》
	仁寿二年	602	河南河北诸州大水，九月……辰，河南诸州大水，遣工部尚书杨达赈恤之。《隋书》
	仁寿三年	603	十二月酉，河南诸州水，遣纳言杨达赈恤之。《隋书》
	大业三年	607	河南大水，漂没三十余郡。《隋书》
	大业七年	611	大水漂没三十余郡。《中国历代天灾人祸表》
	义宁元年	617	河南九月大水。《中国历代天灾人祸表》
唐	贞观四年	630	许州秋水。《中国历代天灾人祸表》
	贞观七年	633	河南山东，四十余州水九月。《中国历代天灾人祸表》
	永隆元年	680	九月大水，溺死者甚众。《中国历代天灾人祸表》
	开耀元年	681	八月大水。《中国历代天灾人祸表》
	神功元年	697	河南十九州水。《中国历代天灾人祸表》
	开元三年	715	河南水。《中国历代天灾人祸表》
	开元十年	722	大水。《郾城县志》
	开元十四年	726	七月大水，溺死者以千。《中国历代天灾人祸表》
	开元十九年	731	河南秋水害稼。《中国历代天灾人祸表》
	开元二十二年	734	河南十余州秋水害稼。《中国历代天灾人祸表》
	开元二十八年	740	河南十月郡十三水。《中国历代天灾人祸表》
	广德二年	764	河南诸郡水，九月霖雨。《中国历代天灾人祸表》
	大历十二年	777	河南大雨，水害稼河南尤甚，于地深五尺，河南溢。《中国历代天灾人祸表》

续表

朝代	皇帝纪年	公元	资料文献摘抄
唐	贞元三年	787	河南大水。《中国历代天灾人祸表》
	贞元八年	792	河南陈许等四十余州，大水溺死者二万余人。《中国历代天灾人祸表》
	元和八年	813	陈州许州大雨，大隗山摧，水流出，溺死者千余人。《中国历代天灾人祸表》
	元和十一年	816	陈、许诸州，十二月大水，陈、许诸州毁各万顷。《中国历代天灾人祸表》
	元和十二年	817	秋天雨，水害稼。《中国历代天灾人祸表》
	长庆二年	822	河南陈、许、好畤山水泛涨，漂损居人三百余家，河南陈、许二州尤甚。《中国历代天灾人祸表》
	长庆四年	824	河南及陈、许二州，水害稼。《中国历代天灾人祸表》
	开成三年	838	郑州，陈、许诸州大水，河决、侵郑滑外城大水。《中国历代天灾人祸表》
	大中十二年	858	河南大水。《中国历代天灾人祸表》
	咸通元年	860	颍州大水。《中国历代天灾人祸表》
	咸通四年	863	许、汝诸州，大水伤稼。《中国历代天灾人祸表》
	咸通七年	866	河南秋大水害稼。《中国历代天灾人祸表》
	咸通十四年	873	河南大水。《中国历代天灾人祸表》
宋	开宝二年	969	颍、蔡、陈、许诸州，水害秋苗。《中国历代天灾人祸表》
	太平兴国二年	977	颍州颍水涨，坏城门、军营、民舍。《中国历代天灾人祸表》
	太平兴国五年	980	颍州颍水涨，坏堤及民舍。《中国历代天灾人祸表》
	天圣五年	1027	襄、颍、许、汝等州，三月水。《中国历代天灾人祸表》
	治平元年	1064	庆、许、蔡、颍诸州，九月水灾。《中国历代天灾人祸表》
金	正大三年	1226	六月大水。《郾城县志》

续表

朝代	皇帝纪年	公元	资料文献摘抄
元	至元四年	1267	夏大水，无麦禾。《郾城县志》
	大德元年	1297	三月，许州临颍、郾城等县河水大溢，漂没民田庐。《许州志》
	至正四年	1344	六月，临颍大水害稼，人相食。《许州志》
明	洪武八年	1375	淮、安、北平、河南、山东七月大水灾。《中国历代天灾人祸表》
	洪武十七年	1384	河南大水，八月河决。《中国历代天灾人祸表》
	洪武十八年	1385	河南八月水，翌年春民乏食。《中国历代天灾人祸表》
	嘉靖十一年	1532	七月大水。《郾城县志》
	嘉靖十六年	1537	均多大水。《郾城县志》
	嘉靖十七年	1538	
	万历二十一年	1593	春水大饥。《郾城县志》
	万历十九年至三十四年	1601 至 1606	均“大水”。《郾城县志》
	万历三十六年	1608	大水。《郾城县志》
	万历四十年	1612	大水没田庐。《郾城县志》
	崇祯五年	1632	是年大水。《郾城县志》
	崇祯九年	1636	夏六月大水。《郾城县志》
清	顺治八年	1651	大水。《郾城县志》
	顺治九年	1652	春夏旱，秋大水。《郾城县志》
	康熙十二年	1673	秋大水饥。《临颍续志》
	康熙二十二年	1683	秋大水。《郾城县志》
	康熙三十五年	1696	六月水。《临颍续志》
	康熙四十二年	1703	四、六、七月水，冬大饥。《临颍续志》
	康熙四十八年	1709	四月大水，饥。《临颍续志》
	康熙六十一年	1722	夏，颍水决数处。《临颍续志》
	雍正元年	1723	三月、七月颍水决数处。《临颍续志》
	雍正八年	1730	秋大水，冬大饥。《临颍续志》
	乾隆二年	1737	大水。《郾城县志》

续表

朝代	皇帝纪年	公元	资料文献摘抄
清	乾隆四年	1739	大水，饥。《临颍续志》
	乾隆七年	1742	大水。《郾城县志》
	乾隆十年至十二年	1745 至 1747	均“大水”。《郾城县志》
	乾隆四十七年	1782	大水。《郾城县志》
	道光二十一年	1841	大水。《郾城县志》
	道光二十三年至二十六年	1843 至 1846	均“大水”。《郾城县志》
	同治七年	1868	颍河南溢，决二。土河北溢，决口一。《郾城县志》
	光绪二年	1876	渚河决于佘湾，改流。佘湾在洪陈店之北，决后入土河。渚之下淤皆淤平。《郾城县志》
	光绪九年	1883	秋大水。《郾城县志》
	光绪十年	1884	是年大水。《郾城县志》
	光绪十四年	1888	秋大水。《郾城县志》
	光绪二十四年	1898	八月大水。《郾城县志》

小商桥建成后该地区地震统计表

公历	旧历	地点	情况	资料来源
1047.11.20	北宋仁宗庆历七年	许州	地震	《宋史·志第二十》
	宝元（？）七年十月	许州	乙丑许州地震	《许州志》嘉靖十九年
1480.5.15	明宪宗成化十六年	郾城 临颍	三月丁未，河南郾城、临颍二县地震，有声如雷，屋宇皆摇	《宪宗实录》第 201 页
1519.11.23	明武宗正德十四年十月	许州	十四年地震，城内外屋皆动摇有声，半月方止	《许州志》乾隆十年，《许昌县志》民国十三年
1519.11.23	明武宗正德十四年十月	临颍	十四年地震	《临颍县志》顺治十七年

续表

公历	旧历	地点	情况	资料来源
1521.2.17	明武宗正德十六年正月	郾城	正月，地震有声	《郾城县志》嘉靖三十三年，顺治十六年，乾隆十九年
1522.2.7	明世宗嘉靖元年	许州	元年正旦昏，地大震，前后四十余日方止	《许州志》嘉靖十九年
1524.2.14	明世宗嘉靖三年正月	临颍	元日地震，邑内外屋舍皆动摇有声，半月方止，远近哄然，张潘让民舍多倾覆，被伤者无数，民为野宿以待	《临颍县志》嘉靖二十年，顺治十七年，民国五年
1524.9.8	明世宗嘉靖三年八月	临颍	皆震动，人大恐，轰然若雷，声自西南向东北，秋八月复震	《郾城县志》嘉靖三十二年，顺治十六年，乾隆十九年
1526	嘉靖五年	临颍	正旦昏，地大震，轰然若雷，声自西南方向东北方	
	秋八月夏震			《临颍县志》清乾隆
1549	嘉靖二十八年	郾城	正旦昏，地大震……秋八月夏震	《郾城县志》清顺治
1587.4.10	明神宗万历十五年三月	临颍	三月朔三日，地震有声	《郾城县志》民国二十三年
1639.8.9	明思宗崇祯十二年七月十一	许州	七月十一亥时，地震，其声如雷，房屋俱动，鸡犬皆惊，有白气东北往西南，急如星火	《许州志》康熙五年
1652.3.24	清顺治九年二月十五日	郾城	二月地震	《郾城县志》民国二十三年
1676.4.26	康熙十五年三月	许州	三月十四地震	《许州志》乾隆十年，道光十八年
1680.2.9	康熙十九年正月十日	许州	正月初十地震	《许州志》乾隆十年，道光十八年

续表

公历	旧历	地点	情况	资料来源
1683.11.22	康熙二十二年十月初五	许州	十月初五地震	《许昌县志》民国十二年
1695.5.18	康熙三十四年四月初六	许州	四月地大震	《许州志》乾隆十年
1802.1.29	嘉庆六年十二月二十六	临颍	十二月二十六日地震	《临颍县志》民国五年
1820.8.4	清嘉庆二十五年六月	许州	本年六月二十六日（8月4日）河南许州东北乡地震，被灾169个村庄，共震坍（瓦）房9100余间，草房16940余间，压毙男妇430余口，被压受伤者590余口……	杨西明辑赈灾全书，钱泳履丛话
		开封府许州	本年六月二十六子刻，省城微觉地动二次，片刻即止。据许州知州张井禀报，该州同时地震。城东北一带其势较重，计受灾处所大小169村庄	故宫博物院清代档案资料
			六月二十五日夜，地震如雷，城东尤甚，坏民舍无数，伤人五百余口	《许州志》道光十八年
		临颍	夏六月二十五日夜，地震如雷	《临颍县志》民国五年
1837.5.10	清道光十七年四月	许州	四月初六日地震，初八日又震	《许州志》道光十八年
		临颍	四月初六日地震，初八日又震	《临颍县志》民国五年
		郾城	四月初六日地震，初八日又震	《郾城县志》民国二十三年

续表

公历	旧历	地点	情况	资料来源
1884	清光绪十年	郾城	十年，地震，激水高二尺	《郾城县志》民国二十三年
1892.8.30	光绪十八年七月	郾城	七月初九日已巳时，地震	《郾城县志》民国二十三年
1905.8.22	光绪三十一年七月二十二	郾城	七月二十二日地震	《郾城县志》民国二十三年

小商古桥记

孟巍坚

沧桑变迁，悠悠千余年，古老的小商桥仍坐落在河南临颍、郾城之间。该桥始建于隋开皇四年（584 年），为官方修筑的石拱津梁。其主体为弧形红石所券，状若天虹辉映，侧则蛟龙石雕，螭首位踞其旁。下砌龟趺底座，别具能工巧匠。其上两厢石栏青石相扣，又有图案雕饰，古色古香，窥此浑然体，矫然独冠，其岿然象征，地久天长。

诸史所载：《大清一统志》记，“小商桥在临颍县南二十五里，隋开皇四年建。”明嘉靖《河南通志》卷六：“隋开皇四年建桥。”清顺治《临颍县记》：“小商桥在城南 25 里，跨颍水之上，隋开皇四年建。”《郾城县记》：“小商桥在南寨（北）门外小溵河上，隋开皇四年建。”还有《开封府志》《许州志》亦均载小商桥为开皇所建的描述。同时臧励和编《中国古今地名大辞典》为此专列“小商桥”词条：“隋开皇中建。”诸如佐证，语出相同，始建该桥之说，毫无悖谬之理，该桥不愧为中国的桥梁

小商桥全貌

最古，世界桥梁史上一件罕见奇迹。

文帝杨坚为了统一大江南北，便在开皇二年（582年），做出了进攻南朝陈国的准备，要开通全国陆路官道和水路漕运，以利战备物资畅行。为此，方在开皇四年（584年），兴建小溵桥（小商桥）。于开皇八年（588年），杨坚就向陈国宣布了开战诏讨令，仅仅四个月南朝陈后主被俘而国亡。这便是隋文帝为统一中华大地，在中原采取的一项战略措施。

因该桥建于小溵河上，隋唐之时，人皆称“小溵桥”。其过往行人之便，运输之畅，真是一桥飞架天堑变通途。今经现场考察，不但古道“驿站”形迹尚在，且桥堡故垒亦有隐形，以资可证此地为津梁要塞之冲，屯戍所驻之镇。从《旧唐书·李光进传》载：“元和十年是岁十一月破（吴）元济之众于小溵河，平其栅……以小溵桥之堡，乘其不备，袭而取之，乃平其城堑。”充分说明这里史有军事上的形迹。而后《宋史·高宗纪六》有：“岳飞遣统制杨再兴、王兰等，击金人于小商桥皆战死。”《三朝北盟会编》《建炎以来系年要录》文中亦均涉及有小商桥的详述，不但宋将杨再兴死于此，连金朝乌鸦太子也葬于附近。举此，特

小商桥桥面道路

显该地有着自古津梁与兵马屯驻之要。

小商桥隋唐时即称“小溵桥”，自宋以后改称“小商桥”，这是有原因的。宋太祖赵匡胤的父亲赵弘殷，宋初被追尊为“宣祖”，其“殷”字，当时于全国不能违碍，即从避讳之意将小溵桥改为小商桥。但是宋人又为何将“溵”字改为“商”字呢？原与“商”声韵相同，字词相近，并遵循中国历史朝代之名，以谐音改称“小商桥”。当时隋唐的河南溵水县，即此亦改为“商水县”。这便是该地“小商桥”名字的来历。（参见《中国历史地图集》先后标明此地）

在该桥经受的沧桑变迁和历史朝代的兴替中，则有战乱兵燹的袭劫、人为的破坏，它虽屡遭损毁但却又屡有复修的桥身表层，以相继长存至今。今从桥上栏板、望柱石刻看，宋、金、元、明、清各代，对此均有修葺更换的青石板料。特别在明清时代，该桥是贯通我国南北的一支古干道。当时“驿马”文书的传递，桥身承受着铁骑的飞驰疾行，桥梁石质受损，必然有碍于古桥原貌真情。而倘若细心观察，仍不减隋唐之遗风。对此桥梁专家茅以升得知后，在1982年5月组织了考察组赴小商桥实地考察，证实它早于河北赵县的“安济桥”，且别具风格。于是同年11月3日《北京晚报》第一版刊出“河南省发现一座隋代石拱桥”。1991年5月8日《上海科技报》载出“小商古桥，国之瑰宝”。到了1994年6月24日《人民日报》：“……世界桥梁史上又一奇迹，这就是——临颍小商桥”。同时辽宁教育出版社于1986年10月也将小商桥列入普及知识宣传一书里，题为《中国古桥之最》。1993年国家文物局报国务院，将小商桥由省级文物保护单位，升为国家级，[①]并拨款100万元进行修复，使其还淳反璞，以恢千古原貌。

今维修告竣，期待国内外游人到此观光览胜，尤其专家学者对该桥耐千秋之固而不致坍塌，堪为独特绝妙的桥梁功能作探究，必能糅合于当今科学发展的建设事业中。

选自2003年《漯河文史资料》第十一辑

① 2001年6月，小商桥被国务院公布为第五批全国重点文物保护单位。

小商桥“走上”邮票

朱　红[1]　程云龙[2]

手捧着一张2003年国家发行的《中国古桥——拱桥》的特种邮票，上面清晰印有一座古桥，这就是位于我市临颍县境内的小商桥。小商桥自从被发现到今天不过才20年出头，一下子就上了“国家名片”。于是，小商桥神秘背后的沧桑历史再次聚焦了世人的目光。

在商桥这块土地上，曾经涌现出许多圣贤志士、英雄豪杰。三皇时期的巢父、许由高风亮节，多次谢绝尧、舜二帝推让的王位，而甘愿隐居到颍水流域的两条支流河畔，躬耕务农。抗战时期，日寇的坦克也曾在小商桥上轧过，践踏着我们的历史文化。

有人说，小商桥的历史就是一部千年的民族史。

小商桥始建于隋代开皇四年（584年），据《临颍县志》记载：“小商桥在城南二十五里，跨颍水之上，隋开皇四年建，元大德（1297—1306年）间重修。”

小商桥桥身用红色砂岩石料砌成，南北长23.30米，宽6.45米，中间拱高3.06米，跨度12.14米，小拱净跨2.83米，拱高1.02米。桥基、桥身、桥拱和桥栏板及石望柱上都有精美的石雕刻。由于桥的结构设计科学合理，加之历代屡有修葺，虽历经1400多年仍能正常使用。现存桥的风格是北宋早期修葺后所留。

小商桥是通体刻有装饰雕刻的石桥，现在，仍可以看见桥基、桥身、桥拱和桥栏板及石望柱上的天马彩云图案、莲花图案、牡丹石雕图

① 朱红，女，河南西平县人，出生于1971年6月。2003年6月毕业于郑大新闻系，漯河日报社记者。

② 程云龙，生于1979年9月，毕业于江南大学汉语言文学专业。1996年12月服役。2000年退伍，先后任漯河日报社记者、编辑、纪检监察室主任。

建于隋开皇四年的小商桥

案等。小商桥通体镶嵌着一条龙、四条蛟龙，俗称“五龙”架金桥，预示水再大，五龙也能将其吞噬掉，具有镇水之意。

据临颍县文化局局长马廷显介绍，小商桥桥身采用砂岩系中的石英质岩石。此种石料颜色淡红、石质坚硬、料状解理、断面晶莹闪亮，作为建筑材料，既美观又坚固，并不易腐蚀。桥栏由石灰石制成，其上刻有人物图像。人物的服饰为清代装饰，头上均梳发辫一根，可见其物为清代维修时更换补修的。

一千多年间，小商桥经历了难以计数的自然灾害的袭击，也受到多次战争的破坏。同时千百年来，一直承担着沟通南北交通的繁重任务，为历代官道之咽喉。如今，桥东300米是107国道，桥西300米是京广铁路。“1969年，107国道开通之前，我们脚下的这条国道已有一千多年的历史了。如今村里的老人提起这条路，还自豪地称之为‘老官道’。”马廷显说。

说到小商桥，人们首先想到的肯定是岳飞大战金兀术、杨再兴战死在小商桥的惨烈战役。

一直为记者充当导游的当地村民邢明甫痴迷于对小商桥和杨再兴的研究。20多年来，他把大部分业余时间都花在了研究小商桥上。

他告诉记者，根据调查研究，岳飞的《满江红》就是在小商桥上写的。他查了资料，按照时间推算，当时小商桥确实下了场雨，而且只有当时那种心情的岳飞才能写出这样的词来。

在邢明甫家，他不但给记者看了宋代铁锤，还给记者拿出了两个笔记本，上面工工整整地抄录着和小商桥有关的资料。这是记者在临颍采访期间看到的关于小商桥最翔实的材料。

在其收集的一个材料中记者看到有这样一首诗句：“金轮名将杨再兴，智勇双全赛罗成。可叹英雄箭下死，小商河畔留美名。”后面署名是“1982 年刘兰芳在小商桥为杨再兴捐躯赋诗一首”。

一千多年前的那场惨烈战役给小商桥抹上了浓重的悲剧色彩，但也成就了杨再兴长达千年的英雄形象。在小商桥村的农民心中，杨再兴更有着非同一般的意义，小商桥北面的杨爷庙里至今保存着一尊清代的杨再兴泥塑雕像。

杨再兴的陵园位于小商桥东北 200 米处。陵园里树木葱茏、清幽古朴。前院雄阔的大殿上方书写着“忠烈殿”三个大字，殿内供奉着杨将军的坐像，目光炯炯，气宇轩昂，四壁挂着历代名人瞻仰的诗词和挽联。

忠烈殿后，将军墓前，有一块很小的石碑，上面模模糊糊刻着“再兴之墓”的字样，传说是当年岳飞安葬杨再兴时用枪头在一块断石上刻的。杨再兴的墓冢高约 10 米，底围 100 多米，周围用土围成半圆形的土堤，上面松柏茂密成林。陵园的同志说，“将军墓”完全是千百年来老百姓手捧添土筑就的。

2001 年 6 月 25 日，小商桥被国务院正式公布为第五批全国重点文物保护单位，最终和卢沟桥、枫桥、双龙桥一起登上了“国家名片”。而小商桥“走上”邮票的漫漫路却不为大多数人所知。

1998 年，国家邮政局确定出版《中国古桥》的选题，但其中并没有小商桥。河南省邮资票品管理局局长、集邮公司经理秦国生和他的同事们可着了急：小商桥有“天下第一古桥”的美誉，在许多方面都有着非常珍贵的价值，而且茅以升先生对其评价很高，如果错过了这次机会，再想把小商桥搬上邮票，可就千难万难了。

中国古桥——拱桥（T）邮票（2003-5）

中国古桥邮票——小商桥（2003-5，4-2T）

于是，他们一边向国家邮政局积极推荐小商桥，一边到小商桥考察，希望能再从它身上发现些“亮点”。其间，秦国生还专门把国家邮政局邮票图稿设计室主任程雨林先生请到河南，专程去参观小商桥。程雨林先生看到小商桥通体雕刻着精美无比的石雕后，异常激动，称赞其有非常珍贵的艺术价值。后几经周折，国家邮政局终于同意将小商桥列入选题。可当时小商桥还是省级文物保护单位，不符合“上”邮票的“硬指标”①。直到2003年3月29日，小商桥“上”邮票的心愿才最终了却。

选自2008年《漯河文史资料》第十六辑

① 此论点有待商榷。

小商桥的发掘考察及出土文物的历史价值

范奎恩[①]

尘封千年的石桥瑰宝——临颍县小商桥于20世纪80年代开始引起世人的关注。

据《临颍县志》及《郾城县记》等地方志记载：小商桥始建于隋开皇四年（584年），创建时间早于著名的河北赵州安济桥，是中国乃至世界上第一座敞肩式圆弧石拱桥。该桥造型优美，结构严谨，做工精细，经历代修葺，保留了不同历史时期的科学技术和艺术成就，是研究古代建筑、交通驿站和历史文化的重要佐证。

1982年9月27日至10月2日，我国著名桥梁专家茅以升委派《中国石桥技术史》编写组袁德熙、胡达和和李颍霖等到小商桥进行实地考察。同年11月3日，《北京晚报》头版发表《河南发现一座隋代石拱桥》的通讯，引起全国各界关注。国内十余家报纸转载。

1983年，河南古建筑保护研究所所长张家泰和省文物局局长杨焕成先后赴商桥考察。

1986年小商桥被公布为河南省级文物保护单位。

1991年6月，河南省科学技术史学会交通史专业委员会在临颍县支持下，召开了河南省小商桥学术研讨会，参加会议的代表有来自文物、考古、交通、史志、新闻等方面的专家，会议就小商桥的建造年代、科学价值、桥梁结构、雕刻艺术等方面展开了认真热烈的讨论。

小商桥要全面维修的消息上报到国家文物局，时任中国考古研究所所长的罗哲文先生于1992年1月来到临颍对小商桥进行考察，并对小商桥给予高度评价。罗老还特别指出：“目前首要做好维修加固工作，防

① 范奎恩，1943年2月生，大学文化。郾城区商桥镇教师。

止机动车辆人为破坏。”

1992 年 4 月，河南省古建筑保护研究所委派牛宁先生为负责人，对小商桥进行了认真的调查，组织地方人力，并对桥墩、桥底及桥上和下游河道进行了清理。出土了宋代以后的石望柱、石栏板、货币、瓷器、铁器、兵器等一大批遗留在河道中的历史遗物，进一步为小商桥建筑及维修年代提供了有力证据，也填补了宋金之战兵器使用和百姓生产生活器具的空白。

在牛宁的主持下，对小商桥实施了初步的维修和加固。整个工程分为修复桥底、制作拱盔、修复拱券桥身、补配桥面物件、修理雁翅等部分，对小商桥的主体及各个部分进行了全面科学的维修和加固，排除了自身的安全隐患，使这座千年古桥又安稳地屹立在小商河上。

1993 年 7 月，按照国家文物局批复精神，对小商桥维修加固中的具体工程做法进行了设计论证，并报河南省文物局。7 月 26—28 日，河南省文物局组织省内文物、考古、交通、桥梁等方面的专家，对维修设计及工程做法进行了现场考察和认真的论证。经过各方面专家详细论证后，确定了小商桥的维修方案，河南省文物局于 1993 年 9 月 3 日以豫文物字〔1993〕第 122 号文件批复了小商桥施工设计方案。

维修工程于 1994 年 8 月 12 日正式开工。在开工典礼上，省文物局、漯河市、临颍县主要领导出席大会并讲了话，对维修小商桥寄予了很高的期望。

1994 年 11 月 26 日，罗哲文先生和我国著名古建筑专家、建设部顾问郑孝燮先生，在省、市有关领导陪同下视察了工地，对工程进展状况表示满意，并对小商桥的结构及出土的不同时代的桥梁构件显出极大的兴趣，进行了详细的调查，对小商桥的价值给予了高度评价，同时对整个工程给予了充分肯定。随后，在罗哲文的呼吁下，国家文物局破例拨款 100 万元用于小商桥的维修。

在对小商桥维修和河道清淤过程中，除挖掘出历代桥栏上坠入河泥中的石望柱和石栏板外，还清理出铁器（包括兵器）200 余件，各类瓷器（包括白地黑花瓷、白瓷、黑瓷、黄瓷、酱色瓷、三彩瓷、青花瓷）

800余件。

下面就修桥清淤过程中出土的历史文物作简要介绍。

一、桥栏构件——石望柱和石栏板

小商桥自隋开皇四年建成后，历经多次重修，保存了大量的历史信息。其中，重修《临颍县志》虽记载有元大德年间和清康熙十四年（1675年）的两次维修，但记载十分简单，通过1992年4月对桥东西两侧清淤发现了各时期的大量桥体构件。有宋、金、元、明、清的石望柱和石栏板。根据构件上的题记，明确了元代维修的准确纪年为元大德三年（1299年），在明代题记中发现了未见典籍的明正德三年（1508年）的准确记载，补充了文献资料的不足，出土的宋、金两代的构件，由于时间久远，蚀损严重，字迹难以辨认，未发现重修纪年，但通过宋、金时期桥体的构件上刻有类似于碑记的文字称谓和官职的描述，且与宋代典型的八角形望柱形态相符，由此认定为该时期的遗物。另外，不同时代的望柱和栏板也展示出别具一格的特征。如宋、金两代望柱上端多是含苞的荷花，其中金代栏板也饰有葵花图案；明代的望柱上端多雕有立狮或卧狮，也有望柱上塑有圆球状物的。

从题记人物的不同称谓也反映出不同的朝代特征。如宋代男性年长者称翁——李大翁、张二翁等；其次称叔——高大叔、王三叔、孙四叔等；年轻者称郎——范二郎、侯二郎、路一郎等；女性称嫂居多——楚大嫂、聂二嫂等；也有未婚称姑的，如宋姑等。信佛的长老则称法师，如兹法师、孝法师、洪法师、显法师等；信徒称善友，如陶善友、郑善友等；也有男子从事某种职业称官人的，如刘五官人等。到了明代捐助建修桥栏者男子一般直书其名，如吕臣、高琪、袁祥、潘焕等，女子称室人、妻妾，如室人郭氏、田氏、沈氏、黄氏、李氏等。

在宋代望柱上，捐助者除普通百姓和寺院和尚外，还有一些地方官吏、县丞、押司、孔目、千户、都监、同监等，如龚县丞、陈孔目、郑押司、醋务高都监、酒务韩都监、税务乂都监，其妻则称娘子，一个税务都监则有三个娘子（张氏、王氏、陈氏）；张同监、薛同监、欧秀才等，也有以职业署名的化主吴道仙、铁刘大、纸陈二、酒王二、铁赵三、纸五一郎、酒李库、韩监寺等。

石栏板与望柱

望柱和石栏板上除署捐助者姓名或职称外，还有署捐助者住地名称的。如宋代石刻中黑水沟、留曲村、王解村、郭戌村、合流镇，以及元代石刻中郾城西石越村，明代石刻中岔曲保、来安保等，这些地名随着时代的变迁，今天已不复存在，或者更换了名称。但它对研究各历史时期中原地区地名的变迁提供了不可多得的实物证据，同时也从一个侧面为我们打开了了解古人生活的窗口。

望柱上的石狮传说中是威严的灵兽，有护法辟邪的作用，以求百姓消灾平安。石栏板上的莲花代表净土，象征纯洁，寓意吉祥，欲求平安。

桥身上雕刻了许多吉祥图案，流云、凤凰、天马龙、莲花等，巧妙地运用谐音和寓意，以指事和会意的方式进行构图，看上去悦目，听起来悦耳，产生意趣盎然的效果，为人民群众喜闻乐见。

大拱正上方雕有吸水兽（蚣蝮）图案，蚣蝮是传说中的神兽，性善好水，又称吸水兽，能调节水量，使得河水“少能载船，多不淹禾”，保佑一方平安，倍受百姓崇敬，以此灵异之物镇于桥顶两侧，面向滔滔河水，寓意大桥永避水害，长存久安。

二、铁器——兵器和农具

中原腹地既是中原儿女繁衍生息之所，也是历代兵家必争之地，唐代名将李光颜讨伐淮西军，宋代岳飞大战金兀术就是在商桥一带展开的，小商桥作为南北交通要冲和颍水东西航运之要害，必然会留下历史的印痕。小商桥维修清淤中，挖掘出了大量铁器，其中主要是兵器和农具。

兵器有宋代的枪（矛）3件、刀2件、戟2件、矢镞7件、箭头、铁叉（二齿叉、一齿叉）5件、铁锤5件，明代的三眼火铳，马镫2件等。

农具有犁铲2件、耧铲2件、镰刀4件，另外有手工工具铲子、刀具、斧子等；另外还有桥钵、铁构件、腰铁、铁环、厂型铁；生活用品门锁、铁铲、剪刀、铁锅、刀具、门鼻、其他106件，从这些铁器的发现，反映出隋代以来铁器在农业、军事、建筑生活等方面的使用情况，显示出中华儿女在创建文明中的智慧和力量。

三、瓷器——生活用品

这次清淤中出土的瓷器或瓷器残片，主要是禹州扒村窑生产的磁州窑系的民用生活用瓷，包括白地黑花瓷、白瓷、黑瓷、黄瓷、酱瓷、三彩瓷。另外还有相当数量的青花瓷以及钧窑、汝窑和龙泉窑系的瓷器。其器物主要为碗、杯、盘、盆、瓶等生活用品，品种较多，类别齐全，充分反映了小商桥这个交通要道人流往来、商贾汇集的繁荣景况。

1. 青花瓷

商桥出土的青花瓷多为明、清时代江西景德镇的产物，以白胎、青釉、蓝花为多，有160余片。皆为民窑出产的民用生活用瓷，主要有碗、盘和杯三大类。另有数片纯青瓷和高足杯残片等。

青花瓷碗有大、中、小三种型号，小号碗内底心一般绘花草纹图案，有2件外壁各绘有牵牛花纹和太极八卦图纹；中号碗内底圆心绘有菊花和其他花草图案，外壁大多都有图案，以菊花、牵牛花图纹为最多，另有飞马奔驰图案；大号碗内围心绘有菊花、水仙花和牵牛花图案，另有四个标本，分别写有“福”“寿”字，较潦草，外壁也绘有菊花、牵牛花为多。

青花瓷盘也有大、中、小号三种，小号盘形小未绘任何图案，内围心绘有简单的花草图案；中号盘其纹饰和器形同于小号盘；大号盘外壁无图饰，内围心一般绘有花草图饰，其中一个绘有山水画，非常独特。

青花杯因形体较小，杯内外有的为表面图线，有的仅绘简单的花草纹饰。

2. 临汝窑瓷

汝瓷为我国宋代五大名瓷之首。小商桥出土的临汝窑瓷有50余片，以碗为主，另有数片盘的瓷片。碗有大、中、小号，胎质以灰色为主，另有一些灰中略显红色或白色，还有三件应为玻璃质青釉，光泽明亮。其他釉质以光泽暗淡者居多。小号碗圈足内外皆施满釉；中号碗圈足内皆无釉，露胎质；大号碗有2个圈足内凸乳非常突出。

3. 龙泉瓷

龙泉窑瓷是南宋中、后期到元、明时代我国南方地区盛行的一类瓷器。它具有白胎青釉印花的风格，在中原地区并不多见，而这些在小商桥出土的龙泉瓷有50余件，以其风格特征看应为元代的产品，另有少数则为明代早期产品。这类瓷器中有大小两种规格，以大号碗居多，胎质以白胎为主，少数胎质略发灰，釉色以翠青、粉青和豆青三种为主调，多数釉面有小开片。在50余件标本中，有30余件标本内壁皆为素面无饰，有10余件标本有印花纹饰，且以碗类为主。

4. 白地黑花瓷

出土的禹州扒村窑产的白地黑花瓷数量最多，共400余件，其器物主要有碗、盆、罐和瓶等。尤以碗的数量居多，白地黑花碗主要有大、中、小三种规格，其中小号碗仅有5件，胎质有淡红色和灰褐色两种，碗内施满白釉，底部留有支钉痕，并绘有粗细不等的酱色图线1—3道。碗外壁施釉不到底，使用有化妆土，上部绘有褐色水划纹图案，碗沿口也有褐色圈边；中号碗数量最多共150余件，碗底有酱褐色的“本、忍、吒”等字及“1、2、3、4……”数字和其他图案；大号碗只有8件，碗内施满白釉，碗底绘有麦叶纹图案。

白地黑花盘较少，仅有10余件；盆类有40余件；罐类有30余件，其余与碗类相似。

5. 白瓷

出土白釉瓷器有160余件，其器型有碗、盘、盆三种。碗类110余件，规格有小、中、大三种，胎质呈淡红色和灰色两种。小号碗3件，内壁施满白釉，有支钉痕；中号碗有5件；大号碗有20余件。盘类40余件；盆类2件。

6. 黑瓷

黑色釉瓷数量较少只有9件，有碗和盘。碗类有7件，大小两式碗。其中小号碗2件，内壁施黑釉，但因是叠烧，内底心有一圈不着釉，露胎质；除沿口着黑釉外，外壁不着釉，露胎质。大号碗有5件，内施满白釉，有支钉痕，外壁施黑釉到圈足部，圈足内无釉，露胎质。盘只有2件，内壁着黑釉，因叠烧，底心未施黑釉，外壁施黑釉不到底，露灰色胎质。

7. 钧瓷

出土的主要是碗，为大、中号碗。大圈足，胎质粗厚，有灰色和灰褐色、白色三种。胎厚5—6毫米，圈足径5—6.5厘米，釉色有月白色、天蓝色和青灰色几种。釉面光泽较差。外壁施釉不到底，圈足内外露胎质，其中一圈足内有一凸乳。盘类也分大、中号两种，有的疑为洗类。敛白、无唇沿、弧腹、胎质同于碗类，胎厚5—6毫米，釉色也同碗类，以丹白、天蓝、蓝灰和青灰为主，但釉质略好于碗类，且沿中部略显示出紫口；有一件内有两点径不足1厘米的紫红色窑变彩斑，外壁施釉不到底。

8. 黄瓷

出土黄瓷数量也不多，仅有10件，都是碗类，有大、小两种规格。小号碗有5件，胎质有灰色和白色两种。内施白釉，有支钉痕，外壁施黄釉，未到底。釉质有细小的牛毛纹，圈足内露胎质；大号碗有5件，胎质有淡红色、白色、灰色三种，内施满白釉，有支钉痕，外壁施黄釉不到底，黄釉质有细小的牛毛纹，圈足露出胎质。

9. 酱色瓷

酱色瓷更少，只有7件，皆为碗类，有3件可恢复完整器型。胎质有淡红色和灰色两种，内施满白釉，有支钉痕，外壁施酱褐釉不到底，圈足内露胎质。

10. 三彩瓷

三彩瓷属磁州窑产物。小商桥出土9片三彩瓷，根据器物弧度沿口看，可能为盆的拓片，胎质为淡红色，绿釉质较厚，色泽鲜亮，釉下用有白色的化妆土；三彩瓷7件，胎质有淡红色陶质和白色瓷质两种。7件内壁均无釉，露胎质，外壁施绿、黄、白、棕红色釉。

2001年小商桥被公布为第五批全国重点文物保护单位，2003年3月31日国家邮政局发行《中国古桥——拱桥》邮票四枚，其中第二枚就是小商桥。

为了弘扬中华传统文化，提高小商桥的文化品位，2011年夏秋之交，国家拨款5000余万元，扩建充实小商桥旅游景区，景区以古颍水系为依托，以古桥为载体，以杨再兴陵园为陪衬，沿河加固布绿，围桥建筑设景，绕陵增光添彩，拓荒改造创新。所有参建人员用了不到一年的时间，160余亩大的小商桥旅游景区顺利竣工。2012年7月1日向游客正式开放。景区内，古桥两侧河道重新用红砂岩加固，桥南侧屹立着由著名书法家沈鹏先生书写的“天下第一桥”花岗岩石刻，桥的西南侧新建象征平安吉祥的“凤凰台”；桥北侧仿宋寨门巍然屹立；桥东北建成古驿站；桥西北建成古桥博物馆。小商桥旅游景区的建成使小商桥出土文物重见天日，大放异彩。其中，出土望柱和石栏板已经重新镶嵌古桥栏上供世人观瞻，出土铁器和瓷器也已陈放在新建的古桥博物馆内供游客参观。

沉寂千年的小商桥在改革开放后的今天以崭新的面貌展现在世人面前，她的雄姿和盛装必将受到成千上万游客的青睐和敬仰。

选自 2013 年《漯河文史资料》第二十辑

小商桥上“天鹿兽”亘古犹存

孟巍坚

小商桥是隋文帝杨坚攻打南朝陈国之前于开皇四年（584 年）动工兴建的。该桥原名“小溵桥”，自古为驿站马车往来之处，中原津驿交通要冲。因此，桥身经车马往来、众所践踏的破损。金元之际，曾将栏板望柱屡屡调换更新，但仍没改变隋代石桥的原貌，其标志即是桥额正中的一块红石浮雕。隋代的能工巧匠将怪兽刻画得生动逼真，惟妙惟肖。近年虽经游人与方家多次鉴别，但对设此桥额灵兽之意，终未明其何物，意在何指？故提出该浮雕一事，予以引文浅释。

天鹿兽图

该灵兽是隋代所刻的一幅红石“天鹿”（天禄）神兽，其义出自汉代东方朔《海内十洲记》。其书言：“聚窟洲有辟邪天鹿”神兽，它能除凶化吉。汉与六朝对此广有石刻。南朝《宋书·符瑞志下》载：“天鹿者，纯灵之兽也。五色光耀洞明，王者道备则至。”为此，后来的周祈于《名义考》里，又专门在该书卷十“天禄辟邪条”说：“‘祓除’不祥，故谓之辟邪；‘永绥’百禄，故谓之天禄。”它有着去灾除邪而安于平静之用。所以汉武帝建元二年（139年）修筑便门（平门）桥，跨渡渭水之上，此桥便刻有“天鹿兽”，雄踞平门，吞吐于水。其次《后汉书·灵帝纪》：“在中平三年（186年）修玉堂殿，并铸铜人……及天禄。”其注云：云台殿前，天禄蛤蟆吐水于平门外，这便是洛阳平门外的便门桥正中所雕刻的“天禄兽”。其三，便是隋代所建小商桥上的天鹿，位居于桥涵楣额正中，呈现着龇牙咧嘴的奇特怪形，势若降伏于水，此即相因汉代的习俗而流传至今。从所沿汉风来看，宋代葛立方《韵语阳秋》黄亚夫假山诗记：“山鬼水怪著薜荔，天禄辟邪眠莓苔，殿前私语心对口，曾见汉家池馆来。”这便指出汉宫的池馆假山小桥流水即有天鹿吐纳于水的存在。所以隋人有因袭，及至唐代而趋向绝迹。

综其以上桥头“天鹿”石刻，两汉平门桥上的天鹿，早已荡然无存，今唯有小商桥隋代天鹿石刻，可作汉魏文化遗风与六朝杨坚时代的见证。今究中原唯此绝，可称传统文化之彪炳于世而永存。

选自2004年《漯河文史资料》第十二辑

裴度·裴公碑·裴城

李建松[1]

漯河市西北约60里，郾城、舞阳、襄城、临颍四县交汇处，有一座历史悠久的中原古镇。古镇的祖先沿洄河而居，辛勤劳作，繁衍生息。这里地势高阔，农田肥沃，河水平稳，旱涝无忧，交通便利，民风淳朴，外乡人纷纷迁来定居。洄河古称洄渠，故此地原名洄渠镇。后改为裴城。裴城4000余人，50多姓，无一人姓裴，为何叫裴城？

裴城镇有处古庙，古庙里古碑林立。20世纪40年代，古庙改为学校，因校园位于洄河之滨，故名洄滨中学，解放后改称裴城学校。"大跃进"年代，校园林立的碑石大多被砸掉烧成了石灰，仅余二碑[2]因格外高大笨重而幸免于难。这两座碑各分上中下三层，中部是高260厘米、宽104厘米、厚30厘米的碑身，碑身上戴碑额，下卧碑座，可惜十年动乱中又被推倒而永世不得翻身了。当地群众为了保护它们，将碑身镶嵌进了教室的墙上。碑身的碑文里披露，裴城的命名与唐代名相裴度有关。

裴度（765—839年），河东闻喜（今山西闻喜）人，贞元年间进士，唐宪宗时的宰相。元和九年（814年），淮西节度使吴少阳之子吴元济自领军务，割据蔡州（今汝南），反叛朝廷，骚扰民众，多次纵兵掳掠，焚毁遂平、西平、郾城、舞阳、叶县，直接威胁洛阳、长安，百姓苦不堪言。元和十二年（817年），裴度督师袭破蔡州，擒获吴元济，世称裴晋公。

① 李建松，郾城裴城人，郾城一高教师。

② 裴晋公祠碑有《重修裴晋公祠记》碑和《重修裴晋公祠宇记》碑两通。2008年6月被公布为第一批市级文物保护单位，2006年被河南省人民政府公布为第四批文物保护单位。

两座碑均为明代遗物。一座立于万历二年（1574 年），“郾城儒学教谕姑苏殷乾撰文”，碑文题目《重建裴晋公祠记》（下称殷碑）；一座立于万历六年（1578 年），碑文由“河南监察御史瀛海张简拜撰”，题为《重修裴晋公祠宇记》（下称张碑）碑文尚未漫漶，字迹清晰。殷碑一千余字，字体雄劲浑厚，端庄凝重，结构宽博，线条丰腴，有颜（真卿）“筋”特征；张碑五百多字，字形细骨瘦干，间架挺拔，构筑意识强烈，静态之美凸出，有柳（公权）“骨”书风。

张碑说：“昔在唐代，标季藩镇陆梁吴元济自擅蔡州，朝廷不能制。宪宗赫然震怒，以讨蔡事属裴晋公，不淆群啄（即不容群臣插嘴）。公亦博心揖志，誓不与贼俱生，竟能剿绝鳄鲵（反叛势力），以扬国威，蔡之草木鸡狗皆再立命。公尝屯军郾城邑西北五十里，今裴城镇是其地。裴城镇不知始何名，名裴城以公故也。镇之民私为祠祀之，亦不知始何时。”（由笔者断句简释，下同）

殷碑首先交代重修裴公祠的起因：“隆庆辛未冬十二月，抚宁进士槐庭王侯来令郾。明年春，按事襄城，道出公祠下。侯特入拜瞻之，见其祠宇卑隘且敝甚；祠之后，乃有邻僧厨舍三楹，突出祠基内。侯疑焉。及考公碑记，自无锡二泉邵公弘治七年（1494 年）守许时，一见而令民修之，又岁后，一夫守之。迄今七十余年，缮修弗继，遂敝陋至此。”

殷碑还叙述了郾城令重修裴祠、塑像悬匾的盛况：“则先厥（同掘）基，欲其固也；后事构建，欲其壮也。堂凡三楹，抱厦称是（结构合理），崇像于中。次仪门三楹前，则鼎峙一坊扁（同匾）曰：唐丞相裴晋公。祠堂之后，为寝室二楹，旁列两庑。经始于隆庆六年（1572 年）秋

重修裴晋公记碑

八月，落成于万历元年（1573 年）冬十月。”

殷碑接着说：“侯又请于学道，定为常祀。岁春秋，祀圣庙，山川、社稷后，遂及公祀。公之祠去县五十里，祭之日，县侯必亲率僚属、师生，斋宿（前一天就沐浴更衣吃素）与祭焉。仪视祭先贤仪（同祭孔孟等先贤的仪式），内必尽志，外必尽物，非复民之私祀比矣。”

裴公美德及修祠意义，殷碑最后作了阐释：“睹瞻像貌，无异亲炙。鄙吝之心于焉而消，拂逆之念于焉而泯。诗曰：岂弟君子，遐不作人（尊敬的人能使人振作）。其晋公之谓欤！今载之常典，则知是祠之不朽矣；知是祠之不朽，则知作人之不朽矣。”

裴度英灵孕裴城。从裴公碑文所摘的若干片断看出，历代人民不忘裴度，纪念裴度，常常敬仰爱戴裴度，“裴公大节较然，固百世人伦之师表也”（张碑语）。裴度是人们的精神偶像，在其感召下，“民斯可以义驱而就善矣”（殷碑语，意为：人民可以用高尚的节操感化使他们去做好事）。

重修裴晋公祠记碑字记碑

裴城学校院内还蹲着两只独块青石雕刻而成的巨型乌龟（古书称赑屃），栩栩如生，似在蠕蠕爬行。它们是原来的碑座，估计各有三吨多重。另有两块青红相间质地极硬的弧顶石雕，图案惟妙惟肖，活灵活现，一为双凤朝阳，一为二龙戏珠，图案正中分别刻着二碑文题目，均阴文篆书。它们是原来的碑额，各高 110 余厘米。碑座、碑身、碑额本为一体，至今仍未团聚。它们是不可多得的珍贵史料，也是极为罕见的书法精品，也许还是有关裴度的仅存于世的两件文物。

裴城农民耕地时，不时发现石刀、石斧及绳纹陶器，可知至迟石器时代先民们就生活于此了。裴城自古便是交通要冲，官道横穿东西，洄河纵贯南北。镇中心路与河交汇处，有座券石拱形桥（有说盛唐建，有说北宋建），由于桥南河床高于桥北，水势勇猛，水流差大，也许桥下还有具备音箱功能的独特的地质结构，故波涛声响，三十里外就能听到，珠圆玉润，清脆悦耳，令人有荡气回肠飘飘欲仙之感，故名“响水桥”。革命战争时期，裴城曾是人民政权沙北县县城，当时称裴城市，辖周边好几县。山东泰安人、前河南省水利厅厅长宋显民曾任过裴城市市长兼沙北县县长，当地人彭天然也任过裴城市长。近四十年来，由于人为因素，洄河干涸了，“响水桥”徒有虚名了；由于位置偏僻，地方行政机构迁走了，发展缓慢了。裴城像裴公祠一样，“遂敝陋至此”，与兄弟城镇相比，显得落伍了，不景气了。如今的裴城，像一位历尽风波饱经沧桑的耄耋老人，沦落为中国最低级的行政单位（村），蛰伏于郾城县的最边缘地带，萧条破败，繁华不再，风光不再。不过，创造过华夏文明的裴城，承载过历史辉煌的裴城，导演过革命风云的裴城，养育过共和国将军苏进的裴城，在新时代的云蒸霞蔚里，一定能焕发青春，迅速崛起。

选自 2004 年《漯河文史资料》第十二辑

历经八百余年的杨再兴墓

范子文

遐迩闻名的杨再兴墓，位于河南省漯河市临颍县城南十公里小商桥村东侧。整个墓园面积 19.5 亩。墓园西依小商桥北寨（寨废），东距京深公路 150 米，南依小商河（颍河故道），北临大路。墓园现有坟墓一座，墓后有土筑 6 米高的围山作屏障。墓前立《杨再兴坟墓》石碣一通，传为岳飞用箭头刻字，现仅存“再兴坟墓”四字。拜殿三间，内立《宋统制杨将军之墓》石碑一通。墓园大门立于南，门东侧立石碑三通，西侧立石碑一通。墓园内遍植柏树数百株，郁郁葱葱，颇为肃穆壮观。

杨再兴墓园

宋高宗绍兴十年（1140年）金兵元帅兀术（完颜宗弼）带兵十余万议取江南。他下汴京，趋中原，一路势如破竹，使淮河以北大片土地沦入金人之手。在此危急时刻，岳飞以河南北诸路招讨使衔命自襄阳北上，大军分道出战，进兵中原，兵势甚锐，连续克复邓、唐、蔡、陈各州，七月，飞自以轻骑驻郾城，与兀术发生激战。1140年阴历七月八日大破金兵拐子马于郾城东北二十五里之黑龙潭，追杀兀术四太子于黑龙潭北之吕村。7月9日，再败金军于郾城北五里店，杀金将阿李朵孛堇，兀术闻之，不禁大恸。遂屯兵临颍，以小商桥为前沿阵地，和岳家军对垒。

郾城之战，岳飞部将统制杨再兴十分骁勇，他身先士卒，武艺超人，曾单骑闯入敌阵，欲擒兀术未获，威震敌胆。7月10日，再兴率三百余骑，马踏金营，杀金兵二千余人，毙万户撒八孛堇与千户百人，使兀术闻风落阵。再兴屡战破敌，遂乘胜追击，不幸战马陷于小商河中，金兵万弩齐发，流矢猬集，杨将军壮志未酬，以身殉国，时年36岁。

岳飞闻再兴战殁，自郾城北进，哭将军于小商桥、焚其尸，得箭镞二升，葬将军尸灰于小商河北岸。复用箭头刻“杨再兴坟墓”五字于石上，立于墓前为记。今残石犹在，仅存“再兴坟墓”四字，是为建墓之始。

南宋以后，蒙古族入主中原，是为元朝，近百年间，杨再兴墓孤坟冷落，荒榛蔓草，碑碣埋于地下。后小商桥北寨田李二姓，因争地界，将石碑挖出，立于故地，拢土为坟，亦仅一抔黄土而已。

迨明朝建立，国家安定，统治者感到将军忠义可风，将墓地扩大为30亩。明宪宗成化十二年（1476年）杨再兴远孙杨敬无后，墓地归别姓所占，仅存坟墓一座，残碑一通。

清康熙四十九年（1710年），临颍县知县沈近思为“表扬忠义，劝励死节”，重修了杨再兴墓。他在《重修宋统制杨将军墓碑》中记载了缘起：

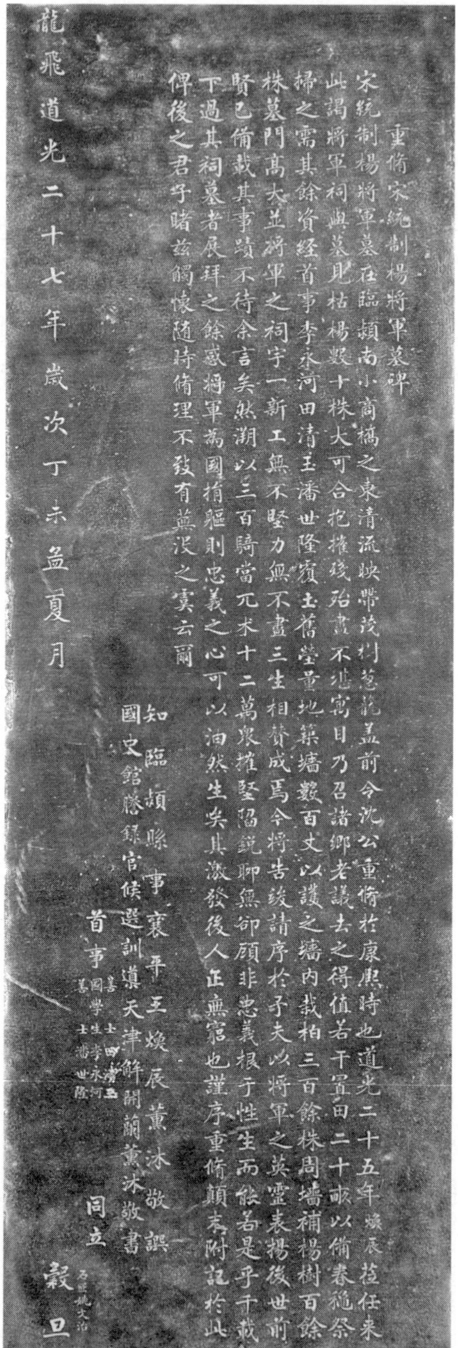

沈近思重修宋统制杨将军之墓碑拓片

“清康熙四十五年（1706年），丙戌五月，近思承乏临颍，即诣小商桥，致瓣香于宋统制杨将军之祠庙。越五年，庚寅四月，始知将军遗墓在桥之东半里许，躬往瞻仰，维时麦菽稠密，孤冢巍然，旁无跪拜之地。墓前仅有断碣，仅留其半，字迹漫灭不可识，唯大书‘杨再兴坟墓’五字，尚可别白。近思徘徊墓侧，摹画碣文，感慨兴怀，不能自已。以将军之忠义，抔土掩于田畴菽麦之间，而墓道弗修，丰碑未立，甚非表扬忠义，劝励死节之意也，官斯土者，实有责焉。………”

接着，碑文概述了杨再兴抗金殉国的事迹与集当地士绅襄助之力修葺墓道的详情，将原墓加高至二丈五尺，并于墓后建九尺高、十五丈长之围山，以壮观瞻而慰忠魂。在墓周围购地十九亩，监生邢伦捐地五分，墓园占地近二十亩。遍植柏树于其中。墓前除树立原“杨再兴坟墓”残碑外，又立“宋统制杨将军之墓”丰碑一通。复于墓东南再立已在前面说过了的《重修宋统制杨将军墓碑》一通。

自沈近思重修杨将军墓以后，中经雍正、乾隆、嘉庆各朝，至道光二十五年，小商桥北寨名绅李永河、田清玉募资于墓前增修拜殿三间，砖墙瓦顶，颇便祭奠。李永河还另捐石柱一对，镌以楹联：“义气摧金师，曾扫敌氛经百战；英风余颍水，犹存孤冢峙千秋。”

道光二十七年（1847年），临颍县知事、襄平王焕辰又续修杨将军墓，于原墓的基础上，筑围墙数百丈，前修墓门一座，呈现了崭新的陵园形式。内栽柏树300余株，周围栽杨树百余棵。这些杨树，从1847年栽种到1920年70多年中长得高大参天，出临颍城南门相距20里即可望见，蔚然壮观。1920年后，开封火柴厂与当地士绅勾通，以廉价购去作火柴梗用了。

同治十年（1871年），士绅李永河、田清玉于墓北百米处，建祠三间，供奉将军神牌于其中，并建东配房二间。1927年后，军阀战争，皆被拆去。

国民党统治时期，杨将军墓年久失修，树被砍伐，墓门丢失，拜殿大有倒塌之虞。到抗战时期，墓周围数百丈花墙俱被扒去。墓园内杂草丛生，猪羊牛马，驰骋其中，几成天然牧场。行人至此，无不叹息。

新中国成立后，党和人民政府十分重视文物古迹保护工作，将杨再兴墓列为河南省文物保护单位。河南省人民政府1952年拨专款，对墓园、祠庙进行了全面整修。十年动乱时期，墓园遭到破坏，拜殿顶、墓门顶均被捣毁。粉碎“四人帮”后，省人民政府于1978、1979年，两次拨款修缮，墓庙焕然一新。远近游人慕名而来拜谒者络绎不绝。每逢清明佳节，当地群众在为革命烈士们扫墓的同时，还为这位800多年前的民族英雄致祭，表达对将军的崇敬心情。

选自1990年《漯河文史资料》第四辑

杨再兴墓、祠及赞诗

范子文

杨再兴墓　位于北商桥村东，107国道西侧。杨再兴（1104—1140年），岳飞部将。公元1140年（南宋绍兴十年）阴历七月十三日，杨再兴以300骑追杀金兵至小商桥，杀金军将士2000余人。再兴擒金兀术心切，跃马横枪越过小商河（在今小商桥东一里处），陷于淤泥，金兵乱箭齐发，将军壮烈殉国。岳飞自郾抵达小商桥后，焚其尸，将骨灰葬于颍河北岸（今址），并用箭镞镌刻“杨再兴坟墓”五个大字，立于墓前（今址）。后人感其忠义，为将军捧土造陵。明朝将墓地扩为30亩。清康熙四十九年（1710年），临颍知县沈近思首倡重修，将墓加高至2.5

杨再兴墓远景

丈，墓后复建15丈之围山，墓周围购地19亩，遍植松柏，墓前又立“宋统制杨将军之墓”丰碑一通。道光二十七年（1847年）临颍知县王焕辰续修，建围墙、墓门，内栽柏300余株、杨百余株。

杨再兴墓墓门

1957年，临颍人民政府拨款重修。1963年被列为河南省文物保护单位。1978年、1979年省里两次拨款修缮。1992年初，临颍县委、县政府以杨再兴墓为依托，重建杨再兴陵园，采用全仿宋建筑风格，建成了牌坊、山门、忠烈殿、东西厢房、墓门等，气势恢宏，蔚为壮观，成为漯河市小商桥旅游区文物古迹旅游一大景观。新建陵园1993年元月对外开放。

杨将军祠堂

杨再兴祠 位于北商桥北街中段路西。明正德十五年（1520）临颍县令赵鼎奉旨建修，隆庆五年（1571年）重修，清康熙四十九年（1710年）增修。杨祠坐西向东，呈三进院落，大门前有一临街照壁。祠堂大厅三楹，中塑杨再兴坐像，墙及柱上悬挂许多对将军感恩颂德的匾额。大厅前南北两侧为厢房。祠堂占地13.5亩。1992年在原建筑风格基础上，重新扩修装饰，完整地保护了珍贵的明代系列壁画。1993年元月对外开放。

据《漯河市旅游业“九五”计划至2010年规划》：“……把商桥旅游区建成豫中南旅游热线重点景区……扩建杨再兴祠……”扩建后的杨再兴祠，不仅对于旅游事业，而且对于弘扬民族文化、进行爱国主义教育和繁荣祖国文化事业都具有重要意义。

按：明王祖嫡《宋杨将军祠碑记》：“……隆庆五年（1571年）予举进士……同年，洪洞刘君尹临颍……抵任，进父老，考图牒，故有祠、有田，寝远莫可复，乃于桥北官道隙地为祠，祠将军……”由此看来，原祠地址，并非今也，现祠为临颍县令刘某某寻新址所修。

杨再兴墓诗山

杨再兴墓

贺 龙

1927年5月27日，二次北伐贺龙师途经小商桥，同贺锦斋团长到杨再兴墓，瞻仰之余，聊赋五绝一首。

英雄杨再兴，无愧宋将军。
赢得沙场死，千古慕美名。

杨再兴墓

明·吕邦耀

单骑横冲兀术营，壮怀克日复西征。
伤心武穆商桥恨，哭罢将军再勒兵。

小商桥怀古

清・傅旧溪（郾县令）

将军祠畔雨潇潇，铁马声中恨未消。
天日昭昭无处问，行人挥泪小商桥。

商桥忠魂

清・王焕辰

碧葬争知恨未消，颍川南望路迢迢。
茫茫往事重提起，凛凛英魂几欲招。
萧瑟寒烟埋断镞，呜咽流水渡商桥。
金牌别有伤心处，半壁河山叹宋朝。

商桥忠墓

清・沈近思

商桥河畔有忠泉，血溅捐躯今古怜。
断镞二升酬主帅，孤坟三尺在荒烟。
黄云故垒丹心炯，暮雨空祠铁骑旋。
筑工重题碑上字，一天秋日照新阡。

选自 2003 年《漯河文史资料》第十一辑

爱国主义的教育基地岳杨宫

闫春标[①]

萧瑟寒烟埋断镞，呜咽流水渡商桥。
金碑别有伤心处，半壁河山叹宋朝。

说起岳飞大战金兀术很多人都知道，郾城就是战场。在天下第一桥——小商桥大败金兵的杨再兴就是主将。他带领300骑直冲金兵的12万人马。再兴情知寡不敌众，只想活捉兀术以求速胜，于是跃马横枪直闯小商河，不料河底杂草丛生，淤泥又深，战马陷入不能自拔。金兵趁机万箭齐发，可怜将军中箭如猬，壮烈殉国，时年36岁。岳飞得知，自郾城急奔商桥，哭祭再兴，火焚其尸，然后将骨灰葬于小商桥东北岸（今陵园），并亲自用枪头在一断石上刻就“杨再兴坟墓”作为墓碑，至今还立在将军墓前。

民族英雄人民爱。从那时起当地群众就建庙修祠，祭奠再兴。祠内坐落着身高3米左右的宋统制官杨再兴的战姿塑像。为了方便流动性纪念，群众还仿照大胎像塑小胎像，放在大胎像前。道光二十五年，临颍县知县王焕辰召集附近群众捐地20余亩，扩大杨再兴陵园，并将陵园重修一新。1957年拨款再修。1963年，河南省人民政府公布为省级重点文物保护单位。

1966年“文革”时，有人扬言，杨再兴像是“迷信”，属“四旧”要破除。当地农民刘自克得知这一消息，认为杨再兴将军抗金有功，受历代人敬仰，若要将塑像毁掉将来无法再塑，于是他趁深夜把杨再兴的

① 闫春标，1933年出生，郾城县人。郾城县人大退休干部，省《关心下一代》报特邀记者。

小像从庙里偷移出来，藏到生产队的大麦秸垛里。次日，几个狂热分子气势汹汹地来到庙里，把全部胎像以及战马毁坏一空。

随着时间的流逝，麦秸垛逐渐缩小，泥胎小像将难以匿藏，刘自克心中极其不安，心想放到自己家里又担心挨斗、游街，愁得他两天两夜没合眼，饭也吃不下。最后他突然想起生产队里有几间大仓库，经常落锁，放在里边比较安全。刘自克就主动找到保管员邢福聚协商，经福聚同意后，刘自克又趁深夜用抬篓把小像背到了生产队仓库。

“文化大革命”后，党中央拨乱反正，人民群众迫切要求重新塑修杨再兴胎像，得到县文化部门支持，但没有原像可依，怎么办？县文化部门向群众宣布：“谁能献出小像奖现金 500 元。”这时刘自克和邢福聚说：“只要杨再兴像能重新修复，咱俩挨斗、500 元分文不要也值。”之后，刘、邢二人就果断地把保存了 11 年的小像献了出来，并婉言拒绝了这 500 元奖金。这一行为受到了上级文化部门和人民群众的赞扬。

杨再兴将军塑像

1976年10月，修复工作开始了，地址还是在原来的老庙内，请来了少林寺李奎山、刘泰全二位塑像师傅，群众一次性就捐款25600元。塑像师按照小像扩大、加高，经过几次反复对比，大家一致认为塑后的新像完全符合原来的面貌。

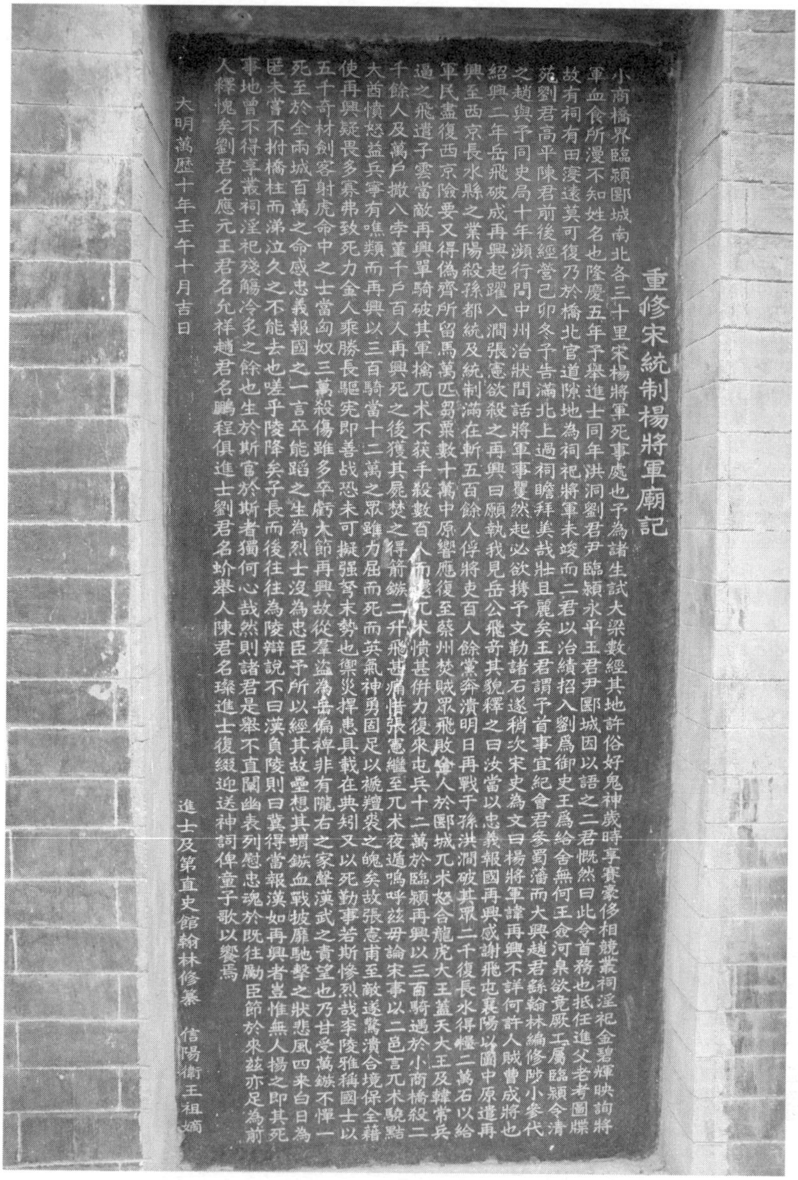

重修宋统制杨将军庙记

现在当你走进后殿三间大厅，门两边的柱子上，是当地农民邢明甫赠的对联，上联是“忠勇义门杨氏将”，“下联是“轰轰烈烈岳家兵”，横批是“杨将军殿”。杨再兴将军的塑像端坐殿内正中央，高两米七，昂首挺胸，目光炯炯，手足有劲，战袍新颖，栩栩如生，一副战将气魄。坐像上边“身躯云水煞遮”，两边对联是“英雄功绩流芳百世，壮士英名永垂千秋。”

为了纪念杨再兴，当地人民确定每年农历三月十五日为纪念杨再兴庙会，每年的这天来的人都上千上万。

为了扩大影响，教育后人，1992 年 6 月 26 日，临颍县发动海内外有关人士捐款 240 万元，将杨再兴陵园扩建为 30 亩。新建的陵园内重新塑了再兴的大像，整体采用仿宋建筑，气势博大恢宏，风格清幽古朴。前院雄阔的大殿为忠烈殿，另有 4 个美观高大的挑角亭。殿前正门上方是“忠烈可风”，左边是“浩气长存”，右边是“青史永垂”。走进殿内，迎门坐着杨再兴的高大塑像，四壁挂满了历代名人的瞻仰诗词和挽联。后院三阔一进的房子为飨堂，是群众祭祀英雄的地方。墓前是当年岳飞所刻的墓碑，“杨再兴坟墓”五个大字依然醒目。杨再兴将军墓高近 10 米，底围 100 多米，周围的半圆形土堤称作围山，其墓逐年增大，系数百年来人民群众和青年学生手捧添土的结果。

为了将抗金英雄杨再兴的爱国主义精神代代传下去，在陵园南端占地 10 亩，投资近百万元，建成了南宋抗金英雄展览馆，也叫“岳杨宫”。岳杨宫用可靠的历史资料和现代化的高科技手法，充分展现出南宋年间以岳飞为主帅的爱国民族英雄们精忠报国的丰功伟绩以及卖国贼秦桧等人的可耻下场。场面生动感人，历史记载真实，人物造型逼真，被市、县命名为爱国主义教育基地。宫中分三个景区。第一个景区有六个场景：岳飞智收杨再兴，郾城大战杨再兴枪挑四将，小商桥再兴殉国，八大锤大破朱仙镇，气死兀术、笑死牛皋，岳飞风波亭就义。第二景区，以真实手法塑造了岳飞、杨再兴、岳云、张宪、汤怀、王贵、牛皋、岳雷、岳女银瓶、马前张保、马后王横、女将梁红玉和断臂报国忠臣王佐十三位英雄形象，个个气宇轩昂。英雄脚下两侧，秦桧、王氏、张陵、万俟卨等卖国贼两手后绑，光背跪地，接受历史的审判。第三景区：杨再兴挥马挺枪，众将士呐喊厮杀，刀光剑影，乱箭纷飞，金兵狼狈逃窜。你若身临其境定会感受万千。

岳杨宫开放以来，每年的清明节，四面八方几百里的学校老师带领学生来祭祀英灵。农历每月的初一、十五日，特别是三月十五日，这里人山人海，挪步不动，有农民百姓，有职工干部，也有海外侨胞。1983年秋，中国著名评书艺人刘兰芳亲到杨再兴陵园给围观的群众说了一段岳飞大战金兀术于郾城的故事，那生动的语言、动人的情节、逼真的表情，似乎至今还回荡在岳杨宫上空。

选自2004年《漯河文史资料》第十二辑

舞阳城隍庙　凝固的历史记忆

王海防[1]

“城隍”，有的地方又称为“城隍爷”，传说中守护城池的神。“城”原指土筑的高墙，“隍”原指没有水的护城壕。资料显示，城隍为《周宫》八神之一，古人造城是为了保护城内百姓的安全，所以修了高大的城墙、城楼以及城壕。他们认为与人们的生活、生产安全密切相关的事物都有神在，于是城和隍被神化为城市的保护神。道教把它纳入自己的神系，称它是翦恶除凶、护国保邦之神，并管领阴间的亡魂。唐代以来郡县皆祭城隍，明太祖洪武三年（1370 年）又正式规定各府州县设城隍神并加以祭祀。

城隍庙内拜殿

① 王海防，出生于 1971 年 2 月，河南省淮阳县人，毕业于郑州大学新闻系。从事新闻工作 20 多年，现供职于漯河日报社。

昔日城隍庙　今为博物馆

舞阳城隍庙是我省乃至我国北方地区保存最为完整的古代城隍庙建筑群，现为省级重点文物保护单位。近日，笔者走进舞阳城隍庙，重温历史，感受文化。

舞阳城隍庙位于舞阳县城西大街北侧，总面积3800余平方米，坐北朝南，主体建筑有拜殿、威灵殿、寝宫、东西厢房、东西廊房、钟鼓楼等古建筑40多间。院内文物以及文物景观有汉代画像石、明代重修城墙时收购石礤用的大石权（秤砣）、清代铸造的火炮——红衣大将军、乾隆御碑以及“一步两眼井”等。

据《舞阳县志》及碑刻记载，元至大四年（1311年），达鲁花赤（元官职名）按摊不花为祭祀城隍神而建庙，故名。明洪武九年（1376年）开始大规模兴建，之后明、清屡经修葺扩建。1927—1937年，舞阳县农民讲习所、河南省青年救亡协会、舞阳县青年救国会设于此。抗日战争时期范文澜、姚雪垠、吴祖贻先后在此开展革命活动。新中国成立后，这里成为全县召开大会、培训干部的场所，称作“西部会”。1984年，县政府把这些古代建筑移交文物部门管理，并不断进行维修，现为舞阳县博物馆。

舞阳县博物馆副馆长康耀辉是一位长期研究舞阳文化的学者，在他的引领下，笔者了解到一些历史故事。

宋代以后，城隍开始人格化，群众多把去世后的英雄或名臣奉为城隍神。城隍爷是冥界的地方官，职权相当于阳界的州官。城隍庙并不是每个城市都有，只有县治以上层级的城市才能设有官方的城隍庙。如苏州祀战国时春申君黄歇，上海祀秦裕伯，北京祀文天祥、杨椒山，杭州祀周新，会稽祀庞王，南宁、桂林祀苏缄等。

康耀辉介绍，建于元代的舞阳城隍庙到底奉的是哪位英雄或名臣已经无从考证，但是民间有两种说法，一说是祭拜刘邦的大将纪信。楚汉相争时，刘邦曾被项羽围困在荥阳，汉军粮绝，为保刘邦，纪信献计：自己假扮刘邦诈降。刘邦用其计，趁纪信假扮汉王乘黄幄出东门诈降之际，自带数十骑从西门出走。项羽发现中计后，迁怒于纪信，将其烧死。后人感其忠烈，奉其为城隍，世代敬仰。另外一种说法是祭拜“舞阳侯”樊哙为城隍爷。樊哙跟随刘邦南征北战，立下汗马功劳。鸿门宴中如若没有樊哙闯帐谴责项羽，刘邦的事业几乎失败。

石碑石雕背后的文化意义

由大殿出来，不多时便来到汉画像石以及石碑展示长廊。石碑展示长廊展示着博物馆工作人员从各处搜集到的石碑及石雕，记载着一些历史事件、善人善事。其中在辛安镇康庄村发现的三个八仙人石雕，石雕之上人物形态小巧精致。康耀辉说，这些石雕是他在下乡调研时发现并收集的。遗憾的是，八仙人石雕原有两对四个，由于其他原因，只收集到三个。

走过石碑展示长廊，便来到汉画像石展示长廊，展览内容主要是舞阳出土的汉代画像石刻，汉代画像石是汉代人们用以建造冥宅大墓的建筑材料。康耀辉认为，当时的人们坚信人的灵魂如果得到某种引领和帮助的话，就会顺利升入极乐世界。那些画像石中的朱雀、龙、虎等神祇都是升仙工具，是墓主人渴望死后灵魂不灭的体现。

随着汉代经济的发展，厚葬习俗成风，古人便把生前崇拜和喜爱之物刻于砖石，搬入享堂，以继续享受生前之乐。舞阳县出土的画像石题材有“四神图案”“常青树”“材官厥张”“应龙食鱼”“拥盾、执彗门吏”“斗兽”及水族动物图案。这些作品质料优良，绘画逼真，反映了汉代雕刻大师的聪明才智。

走出展厅，便来到具有元、明风格的古建筑开元寺内，原建筑有山门、拜殿、地藏殿、钟鼓楼、大悲阁、阎君殿等，现仅存大殿、拜殿各五间。民国时，寺内佛像拆除，设开元中学。新中国成立后，设豫西行政干部学校。1956 年县机械厂搬入。1984 年 1 月，收归县文物部门管理。

开元寺碑石已经无存。据《舞阳县志》及碑刻记载，开元寺始建于唐，后历代重修，大殿进深三间，面阔五间，为悬山顶，前檐下施斗拱十四朵，前金柱为四根唐代深浮雕盘龙青石柱，气势宏伟。殿宇内塑有阿弥陀佛、释迦牟尼佛、药师佛三尊佛像。

石权和红衣大炮的传说

进入正门，威严的拜殿映入眼帘，整个门庭风格古朴，木质门楼不用一钉，完全用卯榫镶嵌而成。拜殿是城隍庙内建筑精品，面阔五间，歇山顶，弧脊，四周施斗拱二十四朵，散斗呈菱形。山面施平梁两架，均置于悬柱之上。飞檐翘角“如鸟斯革，如翚斯飞”，犹如飞鸟展翅。内施斜梁及老角梁、子角梁、隐角梁。整个建筑由四根角柱、十二根檐柱擎撑，精巧而华丽，无论是艺术价值还是历史价值都十分高。

门前陈列着三个明清时代的石权（石秤砣），和两门清代的“红衣大将军”。“说起这个石权，还有一个民间故事。”康耀辉说。明朝正德年间，舞阳有一任知县名叫周逵。由于当时洪水经常泛滥，城基浸泡塌陷。周逵想修一道以砖为墙、以石为基的舞阳城墙。可地处平原的舞阳石材相当匮乏，墙基的石材一直没着落。周逵想出一个主意。他命人贴出告示，称县衙为修城墙准备收购石材，三斤石材一钱银子，重量数量不限。于是，十里八乡的人都把自家的石磙拉到县城。等到石磙收得差不多了，周逵拿出这个“特制”的石秤砣来为石磙称重，结果，最大的石磙也不过值三钱银子。就这样，周逵用“骗”来的石磙建起了坚固的城墙。据说后来舞阳县修建西城广场时，有人还见过深埋在地下的石磙。

清代的“红衣大将军”

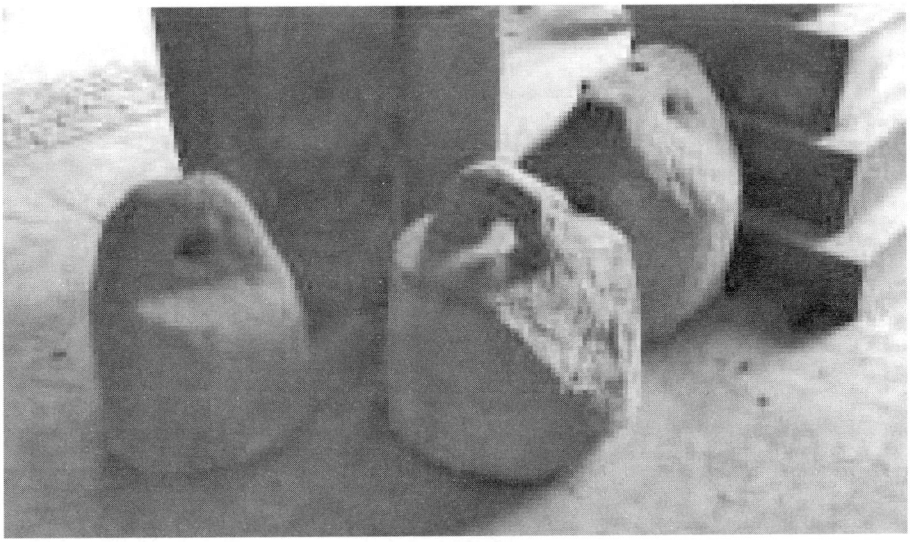

清代的石权

与石权陈列在一起的还有两门锈迹斑斑的铁炮，较大的一门铁炮炮身长约 2 米，炮头直径近 0.4 米，炮口直径约 0.15 米，总重量达 1000 多公斤，炮身上“红衣大将军”五个字清晰可辨。经专家多方考证，这尊铁炮铸造于清代同治元年，距今有141年。这尊大炮铸造的目的主要是对付当时的农民起义军捻军。据史料记载，该大炮当时由舞阳县知县王元绪监工制造，曾放置于城墙上“防匪”。

红衣大炮最早缘于明朝末年朝廷对抗清军的“红夷铁铳”。明朝人认为这种炮是荷兰人所造，而荷兰人被中国人称为红夷，故将此炮命名为“红夷大炮”。其实，“红夷大炮”并非荷兰人所造，而是英国在16世纪后期研制成的一种大炮。这种火炮管身长、管壁厚、射程远，精确度高、威力大，对密集进攻的敌人具有极大的杀伤力。清军入关后，因避讳“夷”字，把“红夷大炮”改名为“红衣大炮”。这些红衣大炮虽然看上去略显笨拙，但在那个年代，算是少有的“重武器”了。

进入大殿内便能看到身着官服的城隍爷怒目圆睁，正襟危坐，俯视着芸芸众生，甚是威严。城隍爷左侧站立的为阴间主管户籍之神阴司，右侧为拘捕死者灵魂之神判官。后殿内塑城隍及二夫人像。元代文宗天历年间，朝廷让城隍爷配享夫人，从此城隍庙里就有了寝殿，专门供奉城隍爷及城隍夫人。在寝殿东西两侧厢房内塑有十二生肖，雕刻精妙，栩栩如生。

展览馆诉说古与今

在开元寺对面，是由原机械厂厂房改造的舞阳文化史迹展览馆，占地面积240平方米，在这一方时空里，将舞阳之人、物、景、事汇聚一起。其中记载着的贾湖文明，令人叹为观止。那些制作精美的骨器、骨笛以及各种生活器具，让人不得不佩服先人的智慧。康耀辉介绍，经过十多年的收集，馆藏不断丰富，现有三级品以上文物900余件，种类包括石、陶、骨、瓷、青铜器、铜镜、佛造像、画像石、砖、货币、书画等。由于条件限制，现已移至市博物馆进行展示。

钟楼

在大院内兜转一圈，不知不觉间便来到舞阳党史展厅。展厅300平方米，展览以翔实的文字材料和一批珍贵的历史照片，精心制作成20多个版面，图文并茂，反映了自1926年到中华人民共和国成立，舞阳县党组织在各个历史时期的发展与斗争历史，再现了革命先烈前赴后继、浴血奋战的光辉历程。仔细阅读革命前辈的革命斗争历史，震撼之余，深感如今和谐美好的生活是多么难得。

将要结束城隍庙的参观时，猛然抬头看到了建于20世纪90年代的钟楼，仿佛仍能听到晨钟鸣响，萦绕耳边，久久不能散去。

选自2016年《漯河文史资料》第二十三辑

我市发现明代礼部尚书撰文石碑

郝河庆①

2015年4月26日，明代嘉靖年间（1522年）立石、由明代礼部尚书邵宝撰文的《裴晋公祠碑》上半部分在郾城区裴城镇裴城村被发现。

该残碑是由今年39岁的陈小龙发现的，陈小龙是我市一位资深的民间碑石文化研究爱好者。“史料记载，无锡人邵宝16岁中秀才，21岁中举，27岁就任许州（许昌）知州，在任7年，为民理冤狱、惩豪绅、治妖巫、兴水利等，政绩卓然。”4月27日，陈小龙陪同记者来到裴城村，讲述他发现《裴晋公祠碑》的经过，“邵宝在许州任期，共撰有两通碑文，其中一通在许昌早已发现，后一通在裴城村一直没有发现。”

4月26日上午，经过多次的查找和走访后，陈小龙在裴城村西的河沟边上发现该残碑。陈小龙告诉记者，当时这半块残碑浅埋于河边，有字一面在下，费了好大力气清理后，让他很是欣喜，终于发现了邵宝撰文的《裴晋公祠碑》。

随后，陈小龙向郾城区文化旅游局进行报告，立刻引起了文物部门的关注。

4月27日下午，在郾城区文化旅游局副局长赵永胜的陪同下，我们赶到裴城村，这通历经500年的残碑静静地躺在裴城小学的校园里，述说着历史的沧桑。该碑长1.2米，宽0.8米，厚0.2米，碑体祥云饰纹，碑文隶书篆刻，能清晰辨认出字体240多字，其中“进士出身许州知州无锡邵宝撰文”字体醒目，书写流畅。

“裴城村因唐朝名相裴度曾驻村而改名。该碑刻是明代官府为纪念裴度、彰显裴度伐蔡历史功绩，重修裴晋公祠的记事碑。”采访中，赵

① 郝河庆，男，籍贯山西长治，本科学历。

永胜说，碑文详细记载了唐元和九年至十二年，淮西节度使吴少阳之子割据蔡州进行叛乱和裴度伐蔡的历史事实，记载了后人为纪念裴度所建祠宇的兴废过程以及后人拜祭裴度之事。此次明代石碑的发现，为裴城村厚重的历史文化提供了史料研究价值。

此外，邵宝碑中撰文，文辞婉转巧妙，论述深刻有力，语言简洁流畅，详略得宜，从中可以窥见他的文学造诣。而邵宝做人严谨，推崇儒学，碑文的书写和雕刻也应该要求甚高，这就需要查找碑的下半部分寻找答案。

村民张付德是裴城村文物保护员。他说，这通石碑上半部分的发现勾起了很多村民的回忆，下半部分所在的位置应该在发现地的附近，下一步我们要发动村民，积极寻找下半部分，让两块碑体合为一体。

采访中了解到，明朝嘉靖年间《郾城县志》曾记载有邵宝撰文的《裴晋公祠碑》碑文，如今实物的发现直接印证记载属实。此外，邵宝当年在河南任职时所撰文的两通碑，另一通《天宝宫碑》保存完好并列入国家文物进行保护。赵永胜表示，他们将积极查找和修复该碑后，向上级部门申请国家级文物进行保护。

选自 2015 年《漯河文史资料》第二十二辑

郾城知县李振声和他的石礅城

赵永胜 ①

一、郾城石礅城简介

郾城县这块地方早在夏初就建立过方国。当年因皋陶氏治理有功，大禹欲让位于皋陶。而皋陶卒，禹子启继位，建立夏朝，封皋陶之后于郾地，即“郾子国”。商周时期方国变换众多，境域屡屡变更，到秦始置名为“郾县”，隋改为“郾城县”，以后历代因之。自秦至隋，县城均治沙河南岸，即现在的古城村。唐开元十一年（728 年），因大水，移治沙河北岸。明代以前，郾城县均系土城。崇祯十二年（1639 年）知县李振声改建成为砖石城，因用石礅铺基，故俗称其为“石礅城”。

据民国23年陈金台纂修《郾城县记》的描述：石礅城周长为一千四百丈，俗称九里十三步。城墙下用石礅作基，礅内及面用砖砌平。上加七进、六进砖各二十五层，五进、四进、三进砖各二十层，二进砖八层，除石礅外，共砌砖一百一十八层。地面到垛头高三丈五尺，垛高二尺二寸，阔一尺五寸。每七个垛口建一敌台，敌台内地横二丈一尺，纵一丈三，中间用砖铺平。除了城垣、敌台，又修城门五座，角楼四座，敌楼十二座。城门内外，筑有瓮城、八字城、拦马墙等。城外凿一护城河，深一丈二尺，阔二丈五尺。

李振声给石礅城五门各起了一个名字：“角楼四座，门五，东曰通汝，南曰永安，南偏西曰带溵，西曰揖嵩，北曰古郾。”李振声认为郾

① 赵永胜，男，汉族，1971 年 5 月出生，原籍源汇区空冢郭，大学本科学历。先后供职于郾城县计生委、郾城区文化局、漯河市博物馆、漯河市考古研究所。

城县东部汉时为召陵县，属汝南郡，便名东门“通汝门”；五岳之一的嵩山位于郾城西北方向，李认为“郾城来龙自嵩山”，故名西门“揖嵩门”（俗称西门）；因世传古郾子国故城在县之正北，便名北门曰“古郾门”（俗称北门）；因城南依傍沙河，此段旧称“溵水”，故名南偏西门“带溵门”（俗称大南门）；为让新修的石磙城永远“安如泰山”，便把南门曰“永安门”（俗称小南门）。

但到了民国时期，大南门、小南门为一层横额，东、西、北门上均为二层横额。原来到了清代，知县力廷辉仿造南京城楼，又在东、西、北三门之上各增建一层门楼，镶以红条石，又刻上新名字。东门上为“紫气东来”，下为“东观凤翥”；西门上为“揖嵩门”，下为“带溵朝嵩”；北门上为“北阙朝晖”，下为“龙凤吉祥”；大南门上为“带溵门”；小南门上为“永安门”。

数百年来，石磙城历经数百次的战争，强者攻，弱者守，保卫着一方百姓的安危。但新中国成立后本应对其很好保护，却反将其彻底拆毁，至今唯余西北隅残垣一段（现在的漯河四高西校区西北角）。

二、为啥要修石磙城

那么我们中原小城，没有石料却为什么要修建石磙城的城墙呢？根本原因就是为了抵御外来侵略，主要是指土匪掠夺和义军进攻。翻开历代《郾城县志》的各个版本都可以发现土匪横行中原小县。民国《郾城县记》这样记载：“于明之季，流寇之为祸于郾城者，可谓深矣。”各个县志中不但有郾城周边豫东、豫西、西平、南阳等土匪、流寇屠杀郾城百姓的记载，更有粤匪、宛匪、捻匪、川匪、楚匪、冀匪等土匪和起义军屠杀抢劫地方百姓的记述，还有地方义士抗击土匪的事迹。在民间老百姓印象中，土匪是最穷凶极恶的，在所有灾害、税收、剥削、军阀、政府军、地方军等面前，老百姓都恨土匪，祖祖辈辈的恨。他们凶悍不劳动，结伙成群、毫无底线地轮番抢劫就是他们要干的活。近代问十惨案、三里桥惨案、黎蜜裴城剿匪事件等，都说明了土匪的穷凶极恶。现在本地很多村名都叫作某某寨，就是在清代开始各地为了抵御土匪掠夺，地方政府命令筑寨抗匪。

所以剿灭土匪是地方长官的重要职能，作为官员政绩、取信于民的重要策略。连冯玉祥都在郾城驻军时候协助地方剿匪，新中国成立后共产党也是先把剿匪当作最主要的事来办，才彻底解决了危害老百姓几百年的土匪问题。

另外，郾城自古是军事要道，郾城的得失关乎开封、洛阳等地的安危。这一点石磙城的修建者李振声也看得最清楚："今郾虽蕞尔，实为荆襄江北之咽喉，大梁归陈之襟带。考齐桓公伐楚，晋公灭蔡，光武中兴，忠武破虏，皆在于此，诚中原锁钥要地也（李振声《新修砖城碑记》）。"所以在与土匪和李自成的义军交战几次以后，李振声决定加强防守，修筑石磙城，以保一方平安。

三、石磙城修建的方式

民国《郾城县记》这样记载："……奉旨改造，辄城移文临颍、尉氏等县关会修城。文卷到县，即请乡官山西巡按御史李豫，举人李发愚，生员李启愚、李坤等，义民赵大伦、王济等，泥匠刘实等，逐一踏丈城垣，周围九里十三步，共一千四百丈，其砖料工，所费不赀，除前番设处外，尚缺三分之二。李振声先捐俸为之倡，乡绅士庶，有力之家，或银钱或砖石或人工，好义乐轮……"可见当时是朝廷命令修建石磙城，并有拨款，缺额部分主要是官员、社会名流和民众捐赠为主，民国《郾城县记·李豫传》是这样记载捐赠一事的："……捐千五百金助改造县城为砖之役，人赖以守……"并非现在社会上流传的李振声是靠诈骗获得石磙修建。

四、李振声其人

李振声（？—1643年），字华嶙，米脂县城西南小桑坪人。崇祯七年（1634年）进士，授河南郾城知县。时值农民起义军入豫作战，他指挥地方武装守城，在小商桥、黑龙潭、三里桥、武家岗等处袭击义军，斩杀紫微星、扒山虎。陈家岗一战，诱义军头领杨四入堡楼，放火烧杀。崇祯十年（1637年），率乡勇于漯河湾伏击摇天动、过天星、老回回等义军，杀500余人。官升广西道监察御史。崇祯十五年（1642年），擢任湖广巡按。李自成大军席卷湖北，他失守承天被俘，自成念其同乡同姓，赠以金银，婉劝归顺，他执意不从，被解送襄阳刘体纯处监视，后委以新顺侍郎。他仍投信明总督孙传庭，密告义军虚实，被处死。

作为郾城的知县，郾城人是如何记载这个知县的呢？民国《郾城县记》这样记载："李振声，字华嶙，陕西米脂人。崇祯甲戌进士，以其年授郾城知县。当是时，流寇方炽徐来，朝朱阳关之溃贼遂窜豫而及于郾城。城故土垣也。振声率乡勇出以拒，有所斩获，贼引去，城得全。嗣是贼屡犯境皆却之，而以漯湾河之擒杀多功，得'减俸优选'之旨。复合大梁道中军尹先民败杨四而降之。杨四者，舞阳土寇也，狡且强。时会槎丫山，群盗谋取郾城。振声与先民合兵夹剿，七战七捷，四乃降。既粗得休息，于是易土城为塼，其制度详见《疆域篇》。振声旋以行取户部主事去。去后不数年，流寇大至，遂屠城。邑之人感其保障之功，不容没也，颂之至今。而吴伟业著《绥寇纪略》亦称其能完守，有杀贼威名云。"

民国《郾城县记》还有一点记载："李公，讳振声，字华嶙，陕西米脂人。少治《春秋》，识力迥不类儒生。工骑射，可以敌数人。"

五、李振声是否投降清朝

虽然大部分县志对李振声都是好评，但是清代县志却跟民国记载就不完全相同了，清顺治十六年（1659年）荆其惇修，傅鸿邻补修，闫举等纂修的《郾城县志》和清乾隆十年（1745年）赵作霖纂修的《郾城县志》皆有李振声传，但是清乾隆十九年（1754年）傅豫纂修的《郾城县志》以李振声后巡按承天时降于李自成，痛诋而删之。所以现在民间对李振声的误解就来源于此。

说当时李振声为了骗取石材修城，遂心生一计，出告示按斤高价收购石磙。四乡百姓不知是计，纷纷制作石磙运进郾城，一时石磙堆积如山。看看石料已足，李振声便令人以长数丈的杉篙为秤杆，以重几十斤的耪石为秤砣称之，结果每个石磙不过半斤八两重。百姓方知上当，但又敢怒不敢言。所以都说李振声狡猾残忍，心黑手狠，贪得无厌，见钱眼红，群众便呼他为“李红眼”或“红眼老李”。其实这是一种诬陷，这个对知县的诬陷在我们中原几个县城都有传说，不只是我们郾城独有，比如周边的上蔡县令吴义、方城知州郝世家也有这样的传说和民间故事（还有人说李振声称量石磙的石头秤砣现在还在区博物馆文物仓库保存，其实这些石头秤砣经省文物局专家鉴定为晚清时期的沙河码头用品，根本不是明代文物）。

到底李振声是不是像傅豫说的那样降于李自成呢？傅豫认为李振声降李自成《明史·宋一鹤传》有记载，关于李振声被俘以后的政治态度，诸书分歧很大。许多史籍都说他投降了起义军，出任李自成的大顺政权兵政府侍郎，甚至说他曾经随大顺军进入北京。这种说法是不可靠的。实际情况是，李振声是陕西米脂县人，和李自成同乡同姓，在明末官场中以清廉自许，颇得虚誉。被起义军俘虏后，李自成曾经把他留在营中，呼之为“大哥”，一再劝降，并要他上表朝廷代李自成“讨楚、豫、秦、蜀四省”作为议和条件（参看《巡视陕西茶马御史徐一抡题本》，见《明末农民起义史料》第412页）。由于李振声始终顽冥不化，甚至利用李自成的宽厚待遇，密谋策动叛乱，妄图同明陕西三边总督孙传庭勾结，李自成才下决心将他处死于河南裕州（见《明乡贤湖广巡按米脂李公表忠录》所载李上林、陈明圣在顺治年间写的《见闻侍御李公节烈录》，裕州：属南阳府，治所为现今河南省方城）。

民国《米脂县志》卷九《艺文》，收有李振声《贼中见伪檄感题》诗，诗前小序云：“崇祯癸未八月，时陷贼中，寓襄阳檀溪寺。一日忽传伪檄授兵政府侍郎，投檄于地，感忿题此。”如果这首诗不是后人伪托的话，那么李自成确实曾任命他为兵政府侍郎，但他没有接受。同书同卷还收入了康熙二十九年清圣祖《赐湖广巡按李振声从祀乡贤敕》，说明到康熙年间已经弄清楚了李振声并没有投降李自成。

李振声被杀害后，其子李隆找到山西傅山先生，请他为其父写传。傅山，号青主，学识渊博，不愿事清，与顾炎武、黄宗羲、王夫之等齐名，历史上称为“清初六大师”，这位明朝遗老也非常敬佩李振声的骨气，欣然命笔，写下了《明李御史传》，文中写道：“既，一再闻清涧惠世扬、汾阳刘升祚之言，乃知御史实死，未尝受伪官也。惠为相，归而语乡人曰：‘闯数谓贼党，李御史之死值万金。’刘伪兵政府归，其言曰：‘御史既被执，有伪官刘苏者说御史降，御史不可。闯亲御史为同宗，御史辨其族里。’”请注意，这段话一共讲了三层意思，一是李振声没有投降李自成，二是李振声的死对明朝官员有很大的震慑作用，三是认同李自成为同宗。这最后一句是本文关键所在，“辨其族里”，就是李振声清楚李自成不是泰安里二甲李氏，所以才同他分辨宗族里甲，如果是一家子，那就只能说家门不幸之类的话了，绝不会存在辨其族里的问题。

综上所述，民国《郾城县记》对于李振声被诬陷也甚是不平：“……其痛诋李振声，最为失实……振声之政绩著在郾城，郾城之民固没世而不能忘者，其宜有传复奚疑？……”所以我们现在的郾城人不能以讹传讹，忘记一个对我们郾城有恩的官员。

六、李振声的主要政绩

民国《郾城县记》这样记载：“……公之天资劲直，才胥明达，宰郾未及期而诸所兴革，如振文教、修城池、严武备、练丁壮、俭约率属、肃清吏役、禁绝火耗、清理仓库、优恤驿递，种种善政，悉用自新之道，嘉与郾之人更化而善治焉。则整饬学宫，固其新政之一端也……”除了上面列举的几大政绩外，李振声还重抵御外贼侵略，重修知县署、郾城文庙、城隍庙、魁星楼、关圣大帝庙、高桥关圣庙等建筑，新修《郾城县志》并为之作序，整理郾城八景并为之作有诗歌。荆其惇修的《郾城县志》收录李振声文凡五首：一为《修城隍庙碑记》，一为《高桥关圣庙碑记》，一为《新修砖城碑记》，一为《修魁星楼记》，一为《修关圣大帝庙碑记》。

针对李振声所做的功绩，郾城百姓给予高度肯定，李豫撰《邑贤父母李公颂功碑记》、谢公翼撰《颂平叶·舞寇》、刘理顺撰《李父母生祠记》、李九懔撰《郾城令李公瑞象记》等都对李振声在郾城功绩给予介绍和赞美。民国《郾城县记》记载谢公翼歌颂李振声三首诗："力挽天河绩最奇，尽销兵甲拔旌旗。召陵自古封侯地，曾记鹅鸣雪夜时""受降城下柳如云，买犊今推龚使君。弹罢清琴作露布，登坛便见李将军""春风无处不歌声，尽道挽枪落柳营。扫却荆蓁闻鸡犬，溵滨依旧是花城。"

选自2015年《漯河文史资料》第二十二辑

附录：

对李振声争议的讨论[①]

高　萌

明、清及民国时期方志各有特点，对所载人及事有所不同。明代方志，多简明扼要，篇幅短而内容翔实，卷数通常不超过十卷。清代方志修订的次数、数量、内容和体例都较明代更详尽。民国时期方志对前代一些错误的认知进行更正，因修订较晚，所以保存完好且版本齐全。本文根据明、清、民国不同时期，郾城、米脂等不同地域方志，对曾任郾城县令李振声的生平争议进行讨论。他在郾城任县令期间，为抵御土匪，在无山石坐落的平原地带修筑了一座以石礞为基础的城池，保护了一方百姓。现存几个版本的郾城县和米脂县志几乎一致认为李振声是一个勤政廉洁、文武双全、为百姓着想的好官。然而这样一位注重青史的官员为何会降于李自成，且接受李自成所封官职，文中将通过多个方面

① 录于《漯河职业技术学院学报》2019年7月第18卷第4期。

对争议内容进行讨论。

一、有无投降于李自成

民国《郾城县记》载：一方善政若李振声者，荆《志》、赵《志》皆有传，至傅《志》以其后巡按承天时降于李自成，痛诋而删之。[①]振声降李自成，见《明史·宋一鹤传》：趋救汝宁，汝宁城已陷。十二月，襄阳、德安、荆州连告陷，一鹤趋承天护献陵。陵军栅木为城，贼积薪烧之，烟窨纯德山。城穿，一鼓而登，犯献陵，毁禋殿。守陵巡按御史李振声、总兵官钱中选皆降，遂攻承天。[②]《明史·李自成传》也从其他方面记载，崇祯十五年冬，李自成率军，屠戮南阳，进而攻打汝宁。宋一鹤赶往汝宁援救，但汝宁已经失守，李自成一路攻占了襄阳、德安、荆州三城，宋一鹤率军往承天保护显陵。显陵是明世宗嘉靖皇帝父亲朱祐杬的陵墓，今位于湖北省钟祥市，处于襄阳与荆州中间，此时李振声在以湖广巡按御史的身份保卫着显陵。由于显陵外围设有木栅搭起的城墙，李自成军堆放柴草放火焚烧，就使整个显陵都陷入了火海，最终明军不敌李自成军，显陵失守，关于李振声的投降、俘虏之争由此展开。

民国《米脂县志》卷十载：自成陷承天，邑人巡按监军御史李振声被执，不屈，杀之于裕州。振声死于裕州，见商丘陈明盛所撰。[③]陈明盛，商丘人，当时因会医术也被裹胁至李自成军中，被派遣伺服被俘而羁押的李振声，故对李振声被俘及处死的全过程耳闻目睹。他写下《见闻侍御李公节烈传》《前题》《节烈记略》等文。其中，《见闻侍御李公节烈传》载：元旦，城内火起，城遂陷，贼下令敢伤公者斩，因被获。贼闯待公至，鼓掌曰：'大兄为我得，天下事定矣！'初二日，贼具书奉役使五十人，锦衣数十袭，金银酒器四十种。公悉投之地。午刻，既至，贼先下拜公长揖，厉声曰：'汝本吾邑一驿卒，今造弥天大罪，若能悔过归诚，我尚可为尔请命，否则速杀我'。贼无愠色，仍送归馆驿。间日，贼来候起居，继请宴会，嗣后每宴辄醉，醉则唾骂。乃拨舟送襄阳，……移公裕州，城内日夜严卫之，或传公在襄阳逃逸未遂，又传公有书通孙督师……遂遇害于裕州城南门外。[③]《崇祀忠孝祠》载：承天陷，振声被执，自成以其同姓同里呼之为兄，且奉以金币，振声不屈，自成数置酒邀饮醉，万辞抵斥，之乃移之襄阳，……孙传庭出关讨贼，复移之裕州伺察，后以通书传庭泄贼营虚实，自成怒遣其将谷永杀之南门外。[③]许孙荃《侍御李公振声殉贼》载：具书奉役锦绣，器物必以金银。公怒投之地，骂贼小贼羁。[③]这几篇都记载了李振声被执后，不仅没有降李自成，反而规劝李自成归顺朝廷。李自成在羁押李振声的这段时间里，一方面以与李振声同乡，并仰慕他的才能为由，亲切称李振声为“大哥”；另一方面用金银财物和高官厚禄贿赂他，振声不为所动。后李振声暗与孙传庭通书，告之其李自成军中虚实，愿以此助孙传庭。李自成得知后怒将李振声杀害于裕州南门外。另外，李九标《郾城令李公瑞象记》篇尾载：此篇与李伯和《邑贤父母李公颂功碑记》皆载于荆《志》，而傅《志》删之……振声实为李自成所杀，未尝降。[①]这两篇也可以看出李振声并没有投降于李自成，不仅没有像傅豫那样否定李振声的功绩，而且还给出了相当高的评价，以便后人对其进行祭祀、纪念。

二、有无接受兵政府侍郎这一官职

关于李振声有无接受兵政府侍郎这一官职，是另一个很大的争议。陈明盛《见闻侍御李公节烈传》载：公以癸未正月初七日至襄阳，初九日移寓檀香寺……一日贼檄授公官，公投之于地，面壁长吟：“有黄阁若闻今日诏，清流虚负往日名”。[③]《崇祀忠孝祠》载：移之襄阳，令部将刘体纯伺察之复，檄授伪兵政府侍郎，振声投檄于地，面壁长吟，有黄阁若问今日诏，清流虚负往时名，自成知不可夺及，孙传庭出关讨贼，复移之裕州伺察，严后以通书孙传庭泄贼营虚实，自成怒遣其将谷永杀之南门外。[③]许孙荃《侍御李公振声殉贼》载：具书奉役锦绣，器物必以金银。公怒投之地，骂贼小贼羁。忽脱手捐躯以成仁，北向拜天子，西向拜其亲，其身虽以死，其气亘苍。[③]这两段记载可以看出李振声并没有接受兵政府侍郎一职，对此李振声表现得非常无奈与愤慨，他认为这一官职玷污了他一生的清名。

《明史·李自成传》载：自成在中州……改襄阳曰襄京，修襄王宫殿居之。改禹州曰均平府，承天府曰扬武州，他府县多所更易。牛金星教以创官爵名号，大行署置……又置上相、左辅、右弼、六政府侍郎、郎中、从事等官……六政府侍郎则石首喻上猷、江陵萧应坤、米脂李振声……寻以宣城丘之陶代振声为兵政府侍郎。其余受伪职者甚众。[④]李自成为建立大顺政权做准备，开始更改各个州府名称，设立官爵，其中就包括李振声，但是李振声没有接受，而是由宣城丘之陶代振声为兵政府侍郎。《崇祀忠孝祠》载：先是振声被执有传其降贼者，朝野共诋，之后贼入山西榜列受职者姓名，以逛远近。大学士贺逢圣、振声皆与焉。逢圣实死于武昌之难，均未受职也。[③]民间对此流传着一种较为符合逻辑的解释：李自成听从谋士牛金星的建议，用计将已降未降、已死未死、有威望的明朝官员罗列出来，安排自己的官职，然后发榜通告天下，目的是混淆是非，离间明政府，李振声也在此榜中。到南明弘光时，根据这个伪榜对榜中官员各个定罪，除已经证明死节外，其余的文武一概罗列进去。清初修《明史》以讹传讹，致二十四史中李振声一直以降而书。

三、忠义

李振声在看到李自成张贴诏命后，写下《贼中见伪檄感题》一诗，表达了自己的无奈与誓死忠于大明王朝的决心。民国《米脂县志》卷九收有该诗，诗前小序云："崇祯癸未八月，时陷贼中，寓襄阳檀溪寺。一日忽传伪檄授兵政府侍郎，投檄于地，感忿题此。诗文：自愧西台无谏声，徒将豸绣易长缨。才疏补衮亏臣职，节尚存旄达圣明。黄阁若闻今日诏，清流虚负往时名，愿拼热血倾江汉，好逐波臣向帝京。"[③]可见李自成确实曾任命他为兵政府侍郎，但他不仅没有接受，而且以此诗明志。同书同卷还收录了康熙二十九年《赐湖广巡按李振声从祀乡贤敕》，皇帝敕曰，"朕丕绍鸿塞推恩前代，凡胜国诸臣，苟有死于忠孝者，罔不特予褒扬以彰激劝尔，故明湖广巡按李振声持节按楚，保障荆襄，危疆既失，陷身豺虎之中，大节炳然，授命刃锋之下。批览奏牍欣纲常之足继，揆厥生平，实孤忠而堪悯。宜允学臣之请，准其从祀本籍陕西米脂乡贤祠，着有司春秋祭享以慰忠魂，故敕。"[③]这足以说明到康熙年间官方对李振声降、俘已有判断，所以准许其配享故乡陕西米脂县乡贤祠的祭祀，并命令相关官员春秋进行祭祀，以抚慰忠魂。另外，陈明盛诗文《前题》：持节北来不顾死，临危犹自拜京师，三生毅魄终难变，九死英魂誓不易。许孙荃《侍御李公振声殉贼》载：公怒投之地，骂贼小贼羁。忽脱手捐躯以成仁，北向拜天子，西向拜其亲，其身虽以死，其气亘苍。[③]《见闻侍御李公节烈传》载：一日贼请公出城，公知其意，遂沐浴，正衣冠……公笑曰："我知之矣，容我拜别。"于是向东北九拜，高声曰，臣无状不能讨贼，贻君父忧，死不能瞑目。又西北九拜，高声曰，不教振声，不能代腊事亲扫墓矣。遂遇害于裕州南门外……癸未正月初一日隐贼营至遇害，时九月，逆贼百计笼络，终不可得，古所称从容就义者。[③]张禹谟《节烈录序》：公不屈，千回百折终以一死明其志。[③]这些记载都表明了李振声誓死效忠大明的忠心，在遇害前，还向北拜别，也认为自己不能替君王讨贼、分担忧愁而死不瞑目。

由于明末清初的战乱，直到清顺治六年，河南进士张禹谟出任米脂知县，赴米脂县前才得知振声被俘、被杀的详细经过，其在《节列录序》中载："顺治六年冬，余过雪苑，访友人李竹轩，言谈之中，客在座者，文学陈明盛，闻余为米脂县令，一跃而起鼓掌而曰，米人侍御李公之死，鄙人知其详并录其事，顾兹记载，诚不足藏名山，幸携以示其家之人。余幸然应之……公不屈，千回百折终以一死明其志。"[③]张禹谟也正是在这次拜访，到米脂县后将事情经过转述给了李振声的儿子李隆，后李隆又邀请山西傅山先生写下了《霜红龛集明李御史传》，文中写道："闯入晋时伪榜揭御史名，同江夏相贺逢圣授伪官，时贺已死，故为此而劝人。既，一再闻清涧惠世扬、汾阳刘昇祚之言，乃知御史实死，未尝受伪官也。惠伪相，归而语乡人曰：'闯所谓贼党，李御史之死值万金。'……闯亲御史为同宗，御史辨其族里……又三年而商丘陈生明盛之言来，而御史之死大着。"[③]以上与《崇祀忠孝祠》所记载的李振声相符，明确记载了李振声的生平与功绩，最重要的是被李自成俘后，不为诱惑所动，断然拒绝为其所设官职，宁死不降。李振声的事迹，其实众多史料均有记载，其中包括《二十五史》《陕西通志》《湖广通志》《钟祥县志》《广阳杂记》和顾成《明末农民起义战争》、郑廉《豫变纪略》等；《二十五史》中也明确记载了让其拟任兵政府侍郎这一职位，但都被李振声严词拒绝。

最后只得由宣城丘之陶拟任兵政府侍郎。邱之陶，明宰相邱瑜之子，在李自成攻陷今湖北宜城时被获，用为兵政府从事，寻以本府侍郎守今湖北襄阳市。丘之陶后因通书于孙传庭，事情泄露，被杀害。

以上史籍资料的记载，表明李振声被俘的可能性大于投降的可能性。除史籍资料外，也可以从清与民国两版修订者的角度和李振声的思想角度再分析，更加客观地认识李振声，以便解答这个争议。

清乾隆版《郾城县志》修订者傅豫，山东高密进士。乾隆十一年任郾城县知县。在郾城八年，勤于所职，修城，修学宫，使咸复于旧……傅公自葺《郾城县志》，簿书之暇，兀坐西斋，一夜披寻，有所咨询则召椿等语移时，肃揖而退。若椿盖当时同修志者，足征其用力之勤矣。[①]傅豫是郾城百姓的父母官，为官期间造福百姓，是一位好官。但他在对待前任县令李振声的历史问题上，因仅据《明史》而不及检《明史》，造成他对李振声的认识不够客观全面。

民国时期《郾城县志》修订者陈金台，清末进士，为官清廉，辞官后在郾城兴办教育慈善，民国4年（1915年）开始纂修《郾城县记》。因清乾隆年间傅预纂修的县志删除了李振声在郾城任职期间的功绩，陈老先生在纂修民国郾城县记时，更正了对李振声的评价："荆、赵二《志》称为一代伟人。自傅《志》一出，谓伊实献承天门，充逆闯兵政府侍郎，其事续多掩袭他人，冒为己功，摈之不为立传。"[①]这也充分说明了陈金台先生认同荆、赵二《志》的说法，并在志书中表明了自己的观点。一般修志者的整体水平及认知，甚至将李振声在郾的功绩以桃代李，引起后人的误解。陈老先生在后期对其进行更改，以使人们客观地看待前人的功过。

我们再从李振声的思想角度分析，李振声为官宦之后，根据李振声家乡李氏老谱所记，其父李茂盛，明贡生出身，曾任过户县训导、陇州学正、华州观艺、开封府周王府总学教授等[⑤]，仁、义、礼、智、信是中国儒家伦理文化中的重要思想，孔子把"忠"当作实行最高道德原则"仁"的条件。《论语·子路》："居处恭，执事敬，与人忠，虽之夷狄，不可弃也。"[⑥]《说文解字》载："忠，敬也，尽心曰忠。"[⑦]

明朝以朱熹理学为根本，在当时，理是伦理道德的基本准则，理在人身上就是人性。理学讲究的“格物致知”其主要内容为“穷天理，明人伦，讲圣言，通事故”。“天理”就是仁、义、礼、智等儒家道德观，“人伦”“圣言”“事故”则是“天理”的阐发应用。可以看出李振声的成长过程与为官经历深受儒家思想影响。所以从这个角度看，李振声被俘比投降更使人信服。

综上所述，我们可以看出李振声并没有投降于李自成，更没有担任李自成为其设置的官职。我们能够得出这一结论，完全有赖于方志资料。目前，方志存在着很多有价值的资料，但由于历史局限性，也存在着一些缺点，最显著的便是只书善不写恶，这与国史不同，“史与善恶无所不书，志则书善而不书恶”[⑧]，即“隐恶扬善”为地方志的通病。这可能跟政治因素有关，或者由于编纂者个人的好恶或者所具有的封建道德标准有关。所以通过研究县志，并使它及其他文献相互印证，可以还原历史真相，使我们客观完整地看待历史人物。

参考文献：

①（民国）陈金台，郾城县记．郑州：学识斋出版社．

②中华书局编辑部．明史·宋一鹤传，北京：中华书局出版社，2000.

③（民国）闫建章，高仲谦等修，高照初纂．民国米脂县志．郑州：学识斋出版社，1934.

④中华书局编辑部．明史·李自成传．北京：中华书局出版社，2000.

⑤李保林．关于漯河市流传明郾城知县李振声几个历史问题的澄清.2015-12-27. http://tieba.baidu.com/p/4235650794.

⑥杨伯峻，译注．论语．上海：中华书局有限公司，2017.

⑦（东汉）许慎撰，（清）段玉裁注．说文解字注．上海：上海古籍出版社，1988.

⑧（乾隆）陈锡辂，纂修．乾隆安阳县志．乾隆三年刻本．

漫话郾城“孔子思归碑”

孟巍坚

“思归碑”是漯河市区内的一处历史文化名胜，原位于黄河路西段北侧。其碑铭清俊洒落，义旨名震远播，故载入《河南方舆人文志路·名胜》里。

本人幼年时跟母亲住郾城外祖父家生活。外公是郾城知县“师爷”。他原为江南人士，其姓“印”，于光绪年代一任一任地随知府幕僚来到郾城担任县衙“师爷”，后落户于此。外公家中堂内，便悬挂着一幅当地名胜孔子思归处的“儒家师徒漫游图”，该“思归碑”就在其中。今忆此图景的描绘与聆听老人所讲，让人油然而生“高山仰止，景行行止”的崇敬之情，它蕴涵着文人世家郁郁菲菲的书香风范之气。孔子思归处的“思归碑”，原在今郾城召陵乡的归村。该村西头原有唐宋修葺的一座孔庙，到了明代又加以扩修，特别是正德年间进士在京刑部主事刘校，曾亲自带领群众捐资于此，为儒家树碑立传。其村名“归村”一说，即源于孔子与弟子周游于此企盼思归而来。孔子在这里发出了“归与！归与！”一段话，载入《论语·公冶长》里，因此引起世人对该处的关心和注意。清顺治十一年（1654 年）11 月，在归村孔庙里立下一通巨碑，名曰“孔子思归碑”。而后康熙到此瞻仰孔子思归处和凭吊“忠毅”刘校的墓冢（该冢在归村西南隅）。到了乾隆三十九年（1774 年）郾城知县周（珍）闻听其情，久仰其事，为每年春秋祭孔之便，便兴师动众，将“思归碑”从归村迁立于县城东关以东的高岗处，并亲自策划为此碑建亭，以防风蚀日晒字迹漶灭不清。

这座碑亭的方位就在今黄河西路北侧人民大会堂以西处。其碑体高 3 米左右，外围是玲珑剔透的护碑亭。其亭为木质结构，仿若小巧楼阁，并有台阶基石，环竖木质立柱，柱下石鼓底座，柱上相扣斗拱，重架叠起。错落参差之工巧，实为古朴典雅之妙。其表涂丹青图绘，缦回云间飞龙。相互支撑如“兰亭”飞角，延伸凤尾展翅，口啄风铃，并在徐徐的微风中，不时送出清脆而隐约的叮咚声。还有那亭额篆刻“过化存神”四个大字，充分寓意儒家教化的功能。亭内，“思归碑”首冠雄姿螭首，底座有石刻龟趺。其铭文刚劲有力，洋溢着儒家德辉。因此招来达官名士瞻仰，康熙皇帝也曾止步于此。

思孔子漫游于陈蔡，今举此信而有征，首推千年的归村孔庙。其事实印证，代代有据。为此，建议应重新复修东关孔子思归碑亭，以增添漯河历史文化景点，鉴古及今，使传统文化悠悠不泯。

选自2003年《漯河文史资料》第十一辑

郾城“镇河铁牛”

赵丽红[①]

在我国的一些河道边，常会见到古代遗留下来的高大威严的铸造铁水牛或犀牛，人们往往认为它只是一种装饰物，其实不然。

这种铁牛，一般来说，是当时记载该地河道水位涨落、汛期报警的信物。那么，古人为什么独独选择牛的形象，而不是别的动物呢？“按照金、木、水、火、土五行生克的说法，牛属土，土能克水，故含有‘吞洪镇潮’之意”。

郾城沙河堤上的镇河铁牛

① 赵丽红，1978年出生，郾城县人，1999年毕业于河南农业学校文秘专业。郾城县植保站职员。

位于县城西门外沙河岸边，铸造于清道光九年（1829年）。它盘卧在岸边一石阶上，造型古朴生动。不论是盛夏酷暑的烈日炎炎，还是朔风怒号的隆冬冰天，它总是神气昂然，双目炯炯，瞰视着奔腾的沙河浪涛，仿佛时刻注视着水情的变化。

相传在大禹治水的时候，没有什么交通工具，大禹就乘了头水牛到处奔波。由于牛的识水性能良好，既保证了大禹及随行者的安全，又促进了治水工作的顺利进行，真可说是立下了“汗牛功劳”。嗣后，为了纪念牛的功劳，每治理一处，人们就铸造一头石牛沉入河底。后来，随着冶铁业的发展，逐渐演变为铸造铁牛。这种做法一直沿用到了清朝。只是人们不再把牛沉于水中，而是把它置于岸边了。

铁牛虽已铸近200年，但其工艺水平堪称古今一绝。它形象神奇、逼真入微，巧夺天工，独具匠心，如同真牛一样，大有跃台而下叱咤河洪之势，成为当今沙河岸畔的胜景。由于铁牛所在位置地形适当，水光天色相映，成了一幅神奇绚丽的画卷。因此，民间一直流传着关于铁牛逸事的佳话。如说铁牛嘴含“避水珍珠”，夜晚遥望对岸，水映星光，现出波光粼粼的水面，荡入彼岸垂柳深处的铁牛，风吹树摇，银光滚动，牛眼闪闪，如同一对火团，照得满河银花……在铸造铁牛之前，每到汛期，两岸人民常被暴涨的洪水隔绝，尤其是南岸人民被夹在沙、澧两河之中。歌谣说：“沙河涨，澧河嚷，夹河湾里喝‘白汤’。”常常田园淹没，房屋倒塌，人畜遭殃。铸了铁牛之后，每遇到这种情况，铁牛就跃身跳下台阶，游到对岸，用尽全身力气吸气喝水，使自己变成一个圆鼓鼓的“皮筏”，让人们乘坐其上，稍懂水性的青壮年还可拽住牛尾、抱住牛腿游到对岸。说也奇怪，近200年来，河水暴涨过190多次，但始终都不曾没及过铁牛的卧台（这里地势比城内最高点65.7米只差0.4米）。其中最大的一次水灾要算是1975年8月5日的洪水了。全县三条山洪河道决堤120多处，16个乡镇14个被淹没。全县一片汪洋，农村房屋大部分倒塌。8月12日夜最高洪峰漫至铁牛台阶，驻守县城的人民解放军三三六一六部队，投入数百个草袋土包都被洪水一冲而过，最后依附铁牛，组成人墙，挡住了洪水进城，铁牛台座安然无恙。在抗击这场罕见的大洪水中，人民解放军武汉“舟桥连”部队的上百艘橡皮船，如同传说中的“铁牛”一样，往返两岸，送食、救人，终于降伏了洪水。实现了人们“铁牛吸水”的愿望。1944年，日寇占据中原以后，信仰鬼神的日本人对铁牛的传说信以为真，在一个月光明媚的夜晚，发现了牛的眼珠闪闪发光，就断定“牛肚子里有宝”，于是便兴师动众，将牛肚子凿了一个大洞，至今遗痕尚存。

1959年，郾城县人民政府将铁牛公布为县重点文物保护单位[①]，并进行了全面修葺。对铁牛所在的一段河堤加宽加高，种树种草，设立专人管理。现在河堤上绿树成荫，草坪如毯，宛如一道绿色长城，成为沿岸人民散步、游览、谈天、休闲的胜地。

选自2003年《漯河文史资料》第十一辑

① 2008年6月，镇河铁牛被漯河市人民政府公布为第一批市级文物保护单位。2016年2月河南省人民政府公布镇河铁牛及石龙头为河南省第七批文物保护单位。

临颍县雾强庙《粟地碑》碑文

杨海泉供稿[1]

粟地者，志洼下也。平宁城周围七村，三面距河，凡遇天涝，许临之水，俱聚于此，每至，连年不干。其居民往往有去其乡里而就食者；其田地往往听其荒芜而不治者，非额外加恩，几成废地。自前明嘉靖部议，准作粟地一百九十二顷二十亩六分，杂差一概豁免。及本朝圣祖仁皇帝重新蠲免，厥后无数贤牧，蠲免之条，不一而足，载在古碑，班班可考。所以颍邑之粟地虽多，而此独名为御粟也。但历年久远，县主不及详查，未得此地真情，故光绪丁亥岁，修理郑地河工，物料帮车，屡催不休。干天莅任，差催如故。七村绅耆，恳恩陈情。干天细阅碑文，七村之苦，大略已得，及亲验其地，虽序属三春，四野之有水者大半，田地之未辟者极多，乃恻然曰：数村之地，瘠乃尔焉！昔之屡加优免者，有由来也，遂停七村物料帮车之差催。干天斯举也，可谓率由旧章者矣！乌可湮没，因叙巅末，立碑勒石，以垂不朽。

平宁城　南元庄　边刘村　郑庄村　雾强庙　北元庄　安郑村立

选自1988年《漯河文史资料》第二辑

① 杨海泉，1921年生，临颍县人。曾任乡长。

舞阳知县王元绪德政碑和他监制的镇捻大炮

朱　帜

王元绪德政碑文

邑贤侯王大老爷印元绪德政碑：

公山东沂州府兰山县人也，清明者其神，刚毅者其志，如镜在虚盆，冰在玉壶矣。自莅任以来，兴孝悌而禁娼赌，除强暴而安善良。以及草马公事，各属减半。城设大炮，以防皖匪（按：即捻军）。公非为一已，诚为万民也。如南山土匪，迹遁远逃，不敢复作，四方绅民，感恩不忘。莫不有父母孔迩之歌矣！思八月间皖匪又出，过襄至叶，公闻之令城门不闭，以便逃户出入。他县所破之寨实不堪言。未敢深入舞境者何也？实公威名所至耳。彼舞邑善治武城而闻弦歌，可以为公脉之哉。故泽之民，欲遗甘棠之爱，勒诸琐珉，永垂久远耳。

城西高堂集绅民：

朱俊德、刘润德、高学德、殷国章、王成印、高青云（共一百三十五人。其中监生七人、武生一人、耆民七人）碑为同治二年树立。

“红衣将军”大炮

原来城上设很多，以后，逐渐被砸毁入炉冶炼，幸存这门用来镇压捻军的大炮系用生铁铸成，长 1.37 米，后部直径 0.29 米，口径 0.09 米，腰部有承托车轮的翅，下部有小孔，可通炮膛，以备装捻引爆。炮的上部铸有文字，谓“同治元年，舞阳知县王元绪监造红衣将军一尊，重八百斤合药二斤半，合搪子十六两”。

从碑文纪年中可知同治元年王元绪为镇捻军，制作了这门大炮，同治二年绅商感恩戴德，为他树碑立传，歌功颂德。

以上两件文物均存舞阳县博物馆。

镇捻大炮

选自1993年《漯河文史资料》第五辑

漯河“大铁钟”考证

张福祥

4月初，漯河报纸和电视台报道的从沙河里捞出的那口大铁钟的消息，引起了广大市民的关注和兴趣。一个多月来，不断有人打听大铁钟的来龙去脉。具体问题有：1. 这是哪个庙里的钟？ 2. 它是哪年制造的？ 3. 什么时间掉到沙河里？ 4. 为什么掉到沙河里？ 5. 它现在的情况怎样？带着这些问题，笔者奔走采访一个多月，对大铁钟的不凡遭遇总算理出个头绪来。

这口钟经过郾城文化局文物专家的精心处理，钟上的斑斑锈迹已全部剥离，钟的真面目已显露出来。钟高约1.3米，粗约一搂半，八个面。钟的顶部是两个互相连接的双龙头，造型别致，想象独特。两龙头的空洞是备悬挂的穿空。钟的肩部是用双线铸造的杯口样大的八个字：“风调雨顺 国泰民安。”钟肩以下是钟的主体钟身，也是八个面。四个面铸的是花纹，线条流畅，花朵叶脉清晰可见。另外四个面铸的是文字，汉体真楷，大部分都能认出。第一面的文字是：“郭茂春、周明顺、袁万春首事仝拜。住持人师永康。漯河镇广聚和号。金火匠刘松、邓强。”这一面共33个字，出现6个人名。前三名所谓首事，就是庙会的会长。住持人就是庙里的方丈大和尚，另外两个人金火匠是钟的制造者。漯河镇广聚和号就是广聚和这家企业赞助的。第二面文字是：“各村首事：周荣歧、周之德、周蕴芳、周锦堂、周孟津、周金荣、周清照、朱麟趾、赵平心、王化南”。第三面的文字是：“陈锡麟、赵锦铎、翟锦轴、胡天眷、翟兴、应宝鸿、李锦堂、李锦华、李遂旺、李文凤、孙景祥、郭登朝”。第四面的文字是：“大清国河南开封府许州郾城县东十里烈女村公议供奉庙造神钟一口重万余斤。宣统庚戌年三月十五日立。”

钟上的人名共是28个，他们要活着的话，都一百三四十岁了，难以找到。其中姓周的最多，是8个，占近三分之一。我把这28个人名全部抄下来并把字体放大，拿到前周、后周、张胡魏等村让20多位七八十岁的老人辨认。前周村的一位68岁名叫朱运章的村民指着朱麟趾的名字说，这是他老太的名。还有人介绍，周孟津的后代在后周。被采访的老人都异口同声地说："这口大钟从沙河里捞出来俺从报纸上、电视上都看到了，这是俺庄周大庙的钟。"根据钟上文字提示，"郾城县东十里"，也正是前周、后周、张胡魏一带。那么，钟上说的"烈女村"又在哪里呢？我查了《漯河市地名志》和《源汇区志》都没这个村名。还是这三个村的老人们说，烈女村就是张胡魏。提起来这个村名，还有一个美好壮烈的传说。不知哪朝哪代，南方有一个进京赶考的举子，路过张胡魏村东，又饥又渴，行走不动，这时，村里有一位年轻貌美的少妇，看到了这位举子的难处，她冲破陌生男女不能接近的封建礼教，周济了这位举子饭菜茶水。少妇从此就被村上的人议论开了。闲言碎语传到了她丈夫耳里，认为她败坏门风，非打即骂。少妇不堪虐待，为表清白，悬梁自尽。若干年后，赶考的举子魁名高中，官升知府。有一天他来到张胡魏寻找恩人，听说少妇因为他自杀，不胜悲愤。于是，这位知府大人给少妇建一座烈女坊，这个村一度就叫烈女村。烈女坊在村东大坑的西北角，毁于1958年，石坊旁边的石碑至今还在小桥上棚着。

这口钟的制造时间上边写得很清楚，即"大清宣统庚戌年三月十五日"，即1910年4月24日。这口钟已经94岁了。为什么要在农历三月十五把钟造出来？原来沙北这一带13个村算是一个小行政区，清朝叫作段。那时期，前、后周是一个村，叫湾周。湾周卖蒸馍的多，三月十五是蒸馍会，也是个行业公会。这一天要在周大庙（现在的八中）唱大戏，最多的一次有五台大戏。这十三个村敬的是龙王爷。这些村的地理环境有一个共同点，就是南面、东面都靠沙河，他们认为河水被龙王爷操纵着，因此，龙王爷在金三角是至高无上的神灵，所以，剧团在这一带演戏不能唱《困河东》。

据80岁的村民吴水说，周大庙的钟要在每月初一、十五头天晚上撞，平时不敲，这一方面是让村民知道时间的具体运行周期，另外，也提醒村民明天是往庙里进香的日子。清末民初，周大庙的面积很大，有好几百亩，有一年发大水，数十个村庄的村民都往周大庙躲避水灾，人口达十万之多。

这口钟是什么时间走出周大庙的呢？据张胡魏村 82 岁的孙老太说："老日来那一年我生的俺大孩，俺大孩属猴的。就是这一年的春天我看见一伙人（有十多个）把大钟从村北往村南抬走了。"日本人侵犯漯河是 1944 年 5 月 3 日，这一年按天干地支计算是甲申年，她说她大孩属猴一点不错。真是无巧不成书，2004 年也是甲申年，正是一个甲子周期，这口钟离开周大庙已整整 60 周年了。

为什么要把它从沙北运往沙南？据老人们说，日本侵华期间，日本的飞机多次轰炸漯河，飞机没来以前要拉警报，警报器有时出故障，有人就想起用铁钟来代替警报器。大钟拉到沙南放在了红十字会（现在的三中南边），当时的太平水会也在那，也可以预报火警。1945 年 8 月 15 日日本投降，这年的秋季，后周的 10 多名村民去沙南搬运大铁钟。据 74 岁的村民周安邦说："去沙南搬运大铁钟我也去了，那年我十四五岁，用牲口套的车，车上边是大钟，走到美国医院（现基督教堂）河坡沙滩上，那地方是大高庄渡口，将要过河，只听见沙河上游连声炮响，人、牲口都惊了，大伙拉起牲口跑了，车轱辘陷到了沙滩里。不几天沙河水涨，连车带钟都冲进河里，从此大铁钟再没下落。"另据大高庄 71 岁的村民高丙勋说，他 12 岁就在渡口撑船，大铁钟冲进河里他也看见了，后来在河里洗澡还碰着它呢。

2004 年 4 月 5 日晚上 9 点半左右，有几个市民在老大桥西 200 米偏西北的地方用吸铁石打捞钢轨、炮弹之类的东西，无意中吸铁石吸住了这个大铁钟。第二天报纸、电台、电视台都作了报道，引起广大市民的关注和兴趣，一时成为市民的热门话题。

现在这口大铁钟露天存放在郾城文化局后院，它虽没有水淹之灾，但却遭到烈日曝晒和风刮雨淋之苦。我之所以强烈呼吁建立博物馆，也为的是大铁钟有个安身立命之处。每逢看到一件文物，一种幽远的情结总使我割舍不下。大铁钟给我们的启示是，它传承着漯河的历史文明，它是一篇精彩的风俗志，它美丽的传说至今打动着我们现代人的心灵，它对研究漯河风土民情提供了极其珍贵的实物资料。大铁钟上“漯河镇”三个字，说明漯河镇的地名确定不在民国年间，而在清朝末年就已经有了，这为写史修志者也提供了有力的佐证。

选自 2004 年《漯河文史资料》第十二辑

创修梅湾河堤石坝碑文

朱 帜

漯河市辖三县一区内，河网纵横，水源丰富，横贯全境的大小河流有沙、颍、澧、昆、黑、舞等。据文献记载，自西汉至今，水患频繁，两岸百姓苦不堪言。民国15年和20年，干河决口，漯河市区深受其害。1932年，国民政府救济水灾委员会第十八区工赈管理局，采取以工代赈办法，治理水患，从此沙、澧河水害有所减轻。近几年，我们在文物普查工作中，发现于舞阳梅湾村石坝上有《创修梅湾河堤石坝碑》一通，碑文记述了当时政府治理沙河的情况、工程设计以及筑坝方法，具有一定的史料价值，现将碑文刊载于后。

梅湾居舞阳北六十里，当滍、汝交流之冲，河流纠折，抱村三面。夏秋积潦，洪波汹涌，居民恍如坐在海船上，惊涛骇浪，飘蓬不可终日。加以水势撞击，房舍田园半入河腹，老幼奢栗，无稍宁息。询以去夏洪水，皆有谈虎色变之势。壬申春，沙河第二所长黄际强，技师李子中、监工黄自田奉沙河工赈事务所命，于梅湾西南隅修大人字坝二道，长十四丈，高三丈五尺，坡度一比一，角度四十五，抛石为基，拾级而上，以石为骨，以土为肉，不假灰胶，以防沉陷崩裂。石料半假李吉村旧石，半采购于襄城首山。经始于五月初，落成于十一月。终用款七千五百元有奇。复就村西编筑月堤百余丈，以护村落。工竣，乡父老请予为记，予久疏于文，几无以应，惟读《沙河工赈实录》云：“沙河河床宽不过百丈，与江河不同，若以江河之丁坝方法，施诸沙河，逼水过甚，对岸必受损失。兹相沙河水势，改蔡工程师设计之丁坝为人字坝，逼水至中泓而止。此岸得利，彼岸不致受害，梅湾之大人字坝是也。”

录此以当吾记。

叶县　蒲松龄撰文

宝丰　□□□书丹

选自 1990 年《漯河文史资料》第四辑

寻访散落民间的历史遗存

齐 放

“赤心为国遭谗殁，青史徒修百战功。”如今，在我市散落着一些有关岳飞抗金时的历史遗存。比如，杨再兴墓、岳武穆祠残存等。这些散落民间的古迹，静静地沉默一隅，成为后人凭吊先贤、品味历史最好的“活化石”。

忠义之街 忠武之祠

如今，在郾城城区西南一隅，市第五人民医院西南角院墙外，有一条南北小街叫忠义街。忠义街的北端，曾是人们为了纪念民族英雄岳飞而建的岳武穆祠，民间亦称岳忠武庙。

在长不足300米的忠义街上，已经看不到其古老的面貌，而居民家的门牌号上，依然用“忠义街”标注。目测街面宽6米左右，两旁是老门老户的民居，一些上了年纪的老人坐在家门口纳凉，偶尔有汽车从街中驶过，大家不得不站立街的两旁躲避。

在忠义街的北头，有一堵墙，下有拱门，上覆蓝瓦。墙面斑驳陆离，多处开裂，有的地方裸露出里面的土坯。“据史料记载，忠义街老名叫火驹巷，清朝时重修岳武穆祠时，把火驹巷改名为忠义街。”郾城区文化旅游局副局长赵永胜介绍，带有拱门的墙应该是岳武穆祠的头道门，也就是山门。

与山门墙的东端相连的是居民朱福昌家。48岁的朱福昌指着靠近他家房屋山墙的山门墙说，几年前，看到山门墙历经风雨蚀化严重，他曾想方设法找来与山门墙颜色相近的蓝砖，简单修补了一次。

在2008年出版的《郾城文史资料》第十七辑中，时年96岁的赵其祥老人回忆道，忠义街北头是圆阁门，也就是山门，门内有一影壁墙，墙的前面两边跪着四个人体大小生铁铸造的铁像。右边第一个是陷害岳飞的大奸臣秦桧，身后是秦桧之妻王氏。左边跪着的是当时与秦桧一起陷害岳飞的另外两个奸臣。

影壁墙后边是岳武穆祠的正门，门上横匾是木雕“岳武穆祠”四个大字。进大门是三间大殿，正门上方有一木匾，上书“还我河山”四个大字，殿内端坐着岳飞夫妻的雕像。东西两面墙壁上画有岳飞大战金兀术的战斗场面和岳云用铜锤打死乌鸦太子的画面。

“听老年人说，当时还有二进院、三进院，有岳母为岳飞刺字的雕像，有明清名人书写的碑林，还有几棵合抱的参天大柏树。可惜呀！这些东西都被毁了。”朱福昌叹息道。

朱福昌回忆说，听父辈们讲，岳武穆祠两边有两个水坑，很像开封龙亭前的潘、杨二湖，东浑西清，水坑南面的忠义街也似龙亭大街。“听说为了填这两个坑，当时有很多石碑都被埋了进去。”朱福昌指着山门墙角处下水道上面的石板说，“这上面的青石就是当时的石碑，现在能看到的就只有这两块了。”探身细看，虽然石板残损，污浊不堪，但仍能辨出是方方正正的青石。

在忠义街，居民们介绍，许多老郾城人都知道忠义街是为了纪念岳飞而命名的。

“西风一掬怀贤泪，洒向荒烟夕照中。”回望曾经的岳武穆祠，遥想当年的盛况，慨叹时光经年。而善良的人们依然用最纯朴的情感，怀念着他们心目中的英雄。这种真挚的记忆和情感，将随着岁月的流逝，沉淀得更加清澈、动人。

英雄长眠　世人敬仰

在郾城之战中，岳飞的爱将杨再兴为国捐躯，小商桥河畔成为抗金英雄杨再兴长眠的地方。

小商桥景区建有杨再兴纪念园。杨再兴墓得到了很好的修缮和保护。这里古柏矗立、冬青滴翠、安静清幽、庄严肃穆。

走进杨再兴纪念园，正对大门就看到“将军坊”牌坊。南面镌刻的“百战不殆”是迟浩田将军的墨宝，两侧对联是邵华泽中将题写，上联是“精忠报国千秋颂”，下联是“英烈豪气万古存”。北面匾额“剑胆琴心”为张万年上将的墨宝。两侧对联是申万胜少将题写的“横扫千敌将军立威，流芳万代后人敬仰”。两侧额头分别镌刻“壮烈”“英勇”，高度概括了杨再兴将军短暂而不平凡的一生。

杨再兴的墓寝前，是由清康熙年间临颍县令沈近思所建的享堂。享堂前建有墓门，墓门两侧立有明清时期的石碑，记载将军的生平事迹、后人的颂词，以及陵园历次重修的情况。享堂门额上方刻有“英雄抗金万古流芳”匾额，两侧石柱刻有“义气摧金师，曾为敌氛经百战；英风余颍水，犹存孤冢峙千秋”。享堂正中“宋统制杨将军之墓”石碑为康熙四十九年（1710 年）临颍县令沈近思立。

杨再兴将军墓冢高 7 米，直径 30 米，被当地百姓称为“杨爷墓”。墓冢前的碑石，俗称“枪刻碑”。据传杨再兴遇难后，岳飞将其葬于此，并拿起杨再兴生前的银枪在青石上刻下“杨再兴坟墓”作墓碑。枪刻石碑也是目前岳飞唯一的真迹。

“郾城大战中岳家军也损失惨重，而将杨再兴单独葬在他就义的地方，据考证绝无仅有。”小商桥景区办公室主任任晓栋介绍说。

在杨再兴墓园中的壮怀殿，是后人为缅怀杨再兴及在小商桥之战中阵亡将士而修建的。大殿面向北方，寓意英烈誓将收复中原失地的未酬壮志。殿内供奉五尊塑像，正中为杨再兴将军戎装坐像，两侧站立的是与杨将军一起殉难的四位副将，分别是王兰、高林、李德、姚侑，塑像后面的木刻是取自南宋著名画家赵芾创作的《江山万里图》的部分景象。左边一幅画是描绘“郾城大捷”的恢宏场面，右边一幅画讲述的是杨再兴将军血洒小商桥的悲壮场景。

“后人敬重岳家军将士，历代地方官捐资修缮，仁人志士凭吊，无不以杨再兴将军忠义报国而自勉。”任晓栋感慨道，每逢阴历七月十三杨将军殉难日和农历每月初一、十五，当地百姓都会焚香祭祀。

在杨再兴纪念园的西侧，是当代百名将军题词碑廊，这处碑廊是这次重修小商桥景区时修建的。为颂扬抗金英雄杨再兴勇武不屈的爱国精神，中国人民解放军范长龙等151位将军惠赐墨宝，欣然题词，汇集成“当代百名将军题词碑廊”。碑亭内“百位将军题词碑廊”由中央军委原副主席兼国防部长曹刚川上将亲笔题写。将军们的题词墨宝，构成了小商桥景区一道亮丽的风景。

击毙太子　岳军荣耀

在郾城区李集镇太子墓吕村东北一隅，有一个人称“太子墓”的高大墓冢。

“在新中国成立前，这个墓规模较大，原高8米，由于水土流失和人为破坏，现在高不到3米。从封土土质、周边环境及老百姓的反映等综合分析，这应是一座古代墓葬。”郾城区文化旅游局副局长赵永胜介绍说，据传该墓为岳飞在郾城大战中与金兀术交战，金兀术之子乌鸦战死在当地并掩埋，从而得名为“太子墓”。但其墓葬形制、结构，以及是否与岳飞抗金有关，仍有待进一步研究。

据村民介绍，西南距太子墓约200米，当地人称此处为“磕脚台”，传说为岳飞抗金时将士在此磕倒鞋中之土所形成。

尽管“太子墓”真伪仍有待考证，但无论书籍记载还是采访乡民，大家均称是郾城大战中被岳军击毙的金国太子葬身之地。

从人们对岳飞将士击毙金国太子一说“宁信其有，不信其无”的“固执”，实际上这是一种精神的寄托，向人们传递着缅怀英雄、由衷敬佩的情感，也向后代传承着抵御外侵、精忠报国的精神，表达着华夏子孙内心热切的爱国情怀。

选自2016年《漯河文史资料》第二十三辑

梦回望京楼

程云龙

站在舞阳县章化乡简城村，远远望去，望京楼[①]清晰可见，好像一位巨人，注视着这里的一草一木，一动一静。250多年的风风雨雨，望京楼雷打不动。如今，仍站立在那里，守望着这里的一切。

简城村位于舞阳县章化乡西北部，与叶县、襄城县交界，三面环水，地势险要。据《重修龙光庵碑》载："舞邑城北60里许，乃前代楝襄王乐府，其山环水绕、地势高耸，建都之城也。战国时期，楚楝襄王曾在此筑城建都，故名简楝城。"

简城高楼

① 即简城高楼，2008年6月漯河市人民政府公布为第一批市级文物保护单位。

2007年11月16日，一大早，和同事从漯河驾车出发，3个多小时后，兴冲冲地到了简城村。可一条条狭窄的小路让我们望“路”兴叹，无奈，只好将车停在路边步行。和我们一起的是舞阳县宣传部的赵明奇和乡政府的魏晓辉，他们不时地提醒我们“当心脚下！”跨过一条浮桥，沿着一条陡峭的小路，大约20分钟后，我们来到望京楼的脚下。

先前，我们望路兴叹，此刻，又变成望楼兴叹。看着眼前的一个庞然大物，我们都惊呆了。77岁老人孙石头介绍说，清乾隆年间，大地主孙永信据此有利地势起家，聚良田数千顷，曾建四层高楼二座，名曰“简城高楼”，又名望京楼。孙石头老人还说，关于望京楼名字的来历有几种传说，一种传说是孙永信想让两个儿子相互支持，在这里共建家园。可后来，两个儿子去京城经商，弟兄俩便把媳妇留在望京楼照看父亲。两个媳妇整天茶饭不思、魂不守神，思念在京城做生意的丈夫。每当夜幕降临，她们便爬上望京楼，朝京城望去，盼望丈夫能早日回来，望京楼也因此得名。

当日，记者只看见了一座高楼。当记者问及另外一座高楼时，孙石头伤心地告诉记者说，1976年，村里的学校被大水冲塌了，而望京楼仍安然无恙。于是，村里有人动员说，望京楼的青砖坚固，不如拆下来重建学校。就这样，一座高楼被拆了。

望京楼建筑面阔三间，具有居住和防盗功能。高四层，约17米。墙体为江米汁加石灰用青砖砌成，厚80厘米。下三层全为砖石结构，第四层为内坯外砖。第一层为石砌结构，做成地下室，不设门窗。居住在二层以上，有17级台阶，进楼需拾级而上。一层内存生石灰，二、三、四层，每层前边和一侧设有小窗，可以远眺。引人注目的是第二层进门处设有吊板。晚间将吊板拉起，人欲入盗，进门即陷入地下室之生石灰内，欲出而不能自拔，最后束手就擒。

据村民孙玉勤介绍说，当年，为了烧制建楼用的青砖，孙永信还专门叫人建窑，砖窑遗址现在仍隐约可见。

拾级而上，二楼正上方的拱券门上有青石横额书“花萼相辉”四字，并书“孙永信暨男（女）俊（杰）建”，落款为“大清乾隆十八年孟夏吉日”。横额周围刻花草、波涛、鲤鱼跳龙门等图案。登楼远眺南北，汝、沙二水，环绕前后。西望山峦起伏，村落星罗棋布，阡陌纵横，尽收眼底。

74岁退休教师孙根正介绍说，民间传说，孙永信为人正直善良，他开荒垦殖、种杉插竹、努力耕作、勤俭节约。积累了一笔资金之后，他决心要成就一番事业。不久，孙永信靠着自己的聪明和魄力，先后置办了大片的田地，每年收取大量的田租。由于他的辛勤经营，几年间，孙家便资产丰殷、富极一方，在当地声望很高。那时，附近一带土匪盗贼猖獗。为纳祥避邪、守住财产，并使家庭兴旺、福庇平安，孙永信决定建两座坚固的民居给两个儿子。经过两年的建筑，两幢高楼于清乾隆十八年（1753年）竣工，取名为“花萼相辉”，寓意让两个儿子相互支持，共建家园。后来两个儿子外出经商一直未归。

采访中，村民还告诉记者：“想当年马跑一天，吃的还是孙家的草。当时可阔气了！”据说，当年每遇匪患，全村的人都躲到高楼内避祸。由于楼内的防盗设施齐全，厚达82厘米的楼墙坚固，且楼里备了许多御敌用的石块、土枪、土炮，土匪到了这里，每次都是无功而返。简城村的百姓凭借“简城高楼”躲过浩劫。

选自2008年《漯河文史资料》第十六辑

64岁老炮楼　深闺无人识

郝河庆

它的兴建，讲述了一段新中国成立时期的政治背景。它的诞生，是中国军工企业快速发展的历史见证。它的存在，不仅目睹漯河城市的沧桑巨变，更是许多老漯河人脑海之中挥之不去的故乡记忆……这座老炮楼今年已经64岁了，悄无声息地矗立在市区繁华地段相邻的一个大院里。市文物考古研究所副所长刘晨说："这样的历史建筑保存至今弥足珍贵，全国范围内也不多见。老炮楼应该申报近现代文物建筑进行保护，不仅增添漯河厚重的城市历史，更是一处不可缺失的人文景观。这座炮楼是漯河的军工企业3515工厂建厂时兴建的，据厂里的老职工讲述，当年建造了4座，现在仅存1座。"

繁华的光明路市场北出口连接市区滨河路。沿滨河路向东约100米路南处，看到一个大院，走进去发现大门将繁华与安静隔绝。这座大院是如今际华3515工厂的仓库区，对外租赁，成为附近光明路市场许多批发商户存放货物之处。在看门师傅的指引下，在偌大的仓库区中，才见到这座老炮楼。它虽然饱经风霜洗礼也未减巍峨之势，斑驳的历史遗痕更为它平添了几分古朴和沧桑。

这座老炮楼用普通青砖建造，圆柱形建筑，上面有方形的墙垛，中间有瞭望孔、射击口，下面有面朝三个方面的射击口，外面用不锈钢管做成的栏杆保护起来。据目测，炮楼高5米左右，直径有3米，近距离观察，炮楼的大门以及下面的三个射击口已经被砖块填实。炮楼中部有一处窗台没有封闭，可隐约看到有楼梯通往上面的瞭望台。

"那是50年代初建厂时建的。"80岁的3515工厂老职工艾生龙老人说，他以前在武汉军区工作，1959年来到漯河时，老炮楼还在使用，保卫人员日夜在里面值班。据介绍，这座老炮楼建造时很是坚固，而且功能齐全，第一层射击孔刚出地面，可以架设重型武器。第二层四周有枪眼，可以瞭望并射击。第三层可以瞭望也可以射击。

84 岁的梁鸿宾老人，精神矍铄，思维敏捷，他说："现在的际华 3515 工厂，过去是解放军第 3515 工厂，最早是国家的二〇七军工厂。" 1950 年底，新中国刚成立不久，当时还有反动残留势力存在，所以建厂时考虑到战备需要，在四个角各建一座炮楼，周边有 3 米多宽的壕沟作为围墙。现在，西南角（光明路市场南口附近）、东南角（3515 工厂大门附近）、东北角（滨河路与金山桥交叉口附近）3 座炮楼都没有了，仅剩下西北角这一座。

1950 年，随着抗美援朝战争的爆发，美国佬公然派飞机侵犯我国领空，为防止我国重点工业城市及工业基地遭轰炸，当年的 12 月 3 日，中南军区考虑将武汉"二〇六""二〇八"军需工厂迁移到漯河。

漯河当时具有三个有利的建厂条件。首先，河南牛皮产量高，质量好，漯河是集散地，在这里设立制革工厂，原材料得天独厚。其次，漯河是个小城市，较为偏僻，有利于军需企业保密。再次，漯河交通水运便利发达。后来，中南军区战略调整，武汉"二〇六""二〇八"军需工厂不再疏散到漯河，决定在漯河建立一座新兴的、现代化制革制鞋联合企业，命名为"二〇七"工厂。

据际华 3515 工厂厂史记载：1951 年，二〇七工厂落户漯河，得到了市政府的大力支持，在如今的地理位置选址后，按照苏联工厂规划分区部署方案，结合捷克斯洛伐克的设计图纸，使用国民党逃跑时携运到海南而未能运走的原国民党勤联总部军工厂的旧机器和牛皮，开始了中国军工企业一穷二白的艰苦创业。

据《漯河市志》记载："1954 年，国家投资兴建的二〇七军需工厂开工生产，引进捷克斯洛伐克制鞋、鞋套成套设备。至 1957 年末，二〇七工厂生产军用皮鞋。" 1951 年 1 月农闲季节，创业者在工厂四周挖沟筑堤，代替围墙成为护厂屏障，在工厂东南角、西南角、东北角、西北角建造了四座用于夜间观察保卫工厂安全的二层圆柱形碉堡（炮楼）。

作为首家驻漯的大型军工企业，尽管工厂名称多次改变，60 多年风雨中，际华 3515 工厂作为中国重要的军需品生产保障基地、功能鞋靴、职业鞋靴研发生产基地，制鞋技术水平被公认为世界领先，曾圆满完成联合国维和部队鞋靴、俄罗斯红场阅兵、中国三军仪仗队军靴、国庆阅兵靴生产等光荣任务。

市区还有保持如此完好的老炮楼，让市文物考古研究所副所长刘晨欣喜不已，他说：“一座城市要是没有历史记忆，就没有它自己的文化价值。”如此完好的老炮楼，放眼全国也是十分罕见的，它不仅是一段历史的见证，更是一处内涵丰富的城市人文景观。老炮楼作为近现代文物，是见证漯河历史变迁的建筑物，亟待修缮和保护。

选自 2016 年 12 月《漯河文史资料》第二十三辑

记陈星聚纪念馆

许　乐[①]　冯　磊[②]

陈星聚是临颍县历史名人中的一颗璀璨明珠。1817 年出生于临颍台陈村一个普通农民家庭。幼年入塾习儒，熟读四书五经，通晓道德礼义；中年中举，大器晚成。47 岁受皇命入仕途，先后在福建五县任知县九年有余。他兴利除弊，莅事精明，政绩颇多，官声、民声俱佳，受万民伞，旨赏戴花翎。因政绩卓著被军机处记名，升任台湾淡水同知，后拜台北知府。清光绪十年（1884 年），法国侵略军进攻台湾，在占领基隆后又兵分二路进攻台北和沪尾。此时年近七旬的陈星聚孤守无援，但他无所畏惧、誓死抗战，决心与台北共存亡。他让妻子儿女坐守在院内水井旁，若台北城破，全家即投井殉国。他自己则身先士卒，日夜坚守在城防前线，督战指挥，率领台北人民浴血奋战。几经生死搏斗，终于打退了法军的多次进攻，守住了台北。就在抗法战争即将取得全面胜利之时，腐败的清政府却和敌人签订了丧权辱国的《中法条约》。这使陈星聚十分痛心，加上劳累过度，以至背疽发作，忧愤而死。终年 69 岁。

陈星聚死后，台北官民联名奏请朝廷旌表他的功绩。清政府追封他为三品道台，“御赐祭葬如例”。家乡人民也亲切地称他为“陈官”，并将他出生的陈村更名为“台陈村”。1889 年，又在台陈村修筑了陈星聚墓园。四年后，陈星聚魂归故里，“如例”葬于陈家祖坟。2007 年，市县乡决定，建筑陈星聚纪念馆。

---

① 许乐，1985 年 7 月出生，漯河市源汇区人，毕业于河南大学文学院汉语言文学专业。先后供职于漯河广播电视报社、漯河日报社、临颍县人民法院、漯河市司法局政治部。

② 冯磊，男，曾任漯河日报社实习记者。

陈星聚纪念馆正门

陈星聚墓园位于临颍县台陈镇，从镇中央穿行向南300米即到。整个墓园坐北面南。古色古香的典雅建筑远远地映入了记者的眼帘。周围青绿的麦田以一种独特的美装点着墓园，凝重而大方。从墓园东边的水泥路拐进宽阔的陈星聚纪念馆广场，首先看到的就是广场最南边的南主牌坊。青灰色的牌坊上镌刻着一副对联："御外侮固金瓯兴教化治桑麻功成台岛，归桑梓荣故里举斯文延恩泽德誉中原"，横批为："碧海丹心。"这副对联是陈星聚光辉一生的真实写照。沿着广场的中轴线前行进入纪念馆。春日的阳光温柔地洒在广场上，春风悠悠地回荡在墓园上空。工人们正认真有序地做着最后的修缮工作。朱红的大门边上，一个工人半跪着用手中的画笔虔诚地一笔一笔地细描精绘。正门两旁的侧门在春风中咿呀作响，似乎讲述着英雄不朽的故事。正门的楹联上联为"中原麟凤厚德懿风冠华夏"，下联为"台海英杰亮节浩气耀乾坤"。迈入正门便是甬道。甬道两旁是小花园，新栽的松柏在春风中微微摇曳。大约走了六七步远，便到了第二个牌坊下。牌坊是为纪念陈星聚在外做官多年但仍时刻挂念家乡父老而立的。牌坊上方写着"泽惠桑梓"四个苍劲有力的大字。

泽惠桑梓牌坊

过了牌坊便是马沟河。马沟河像一条白玉带东西横穿墓园。小桥虽小，但很精致。小桥栏杆的柱子上都有花纹，每条花纹都和谐地与桥融在一起。桥下的水不多，在春风的吹拂下柔柔地荡着，似乎还在讲述千百年前爱国将领岳飞在此饮马的故事。小桥东北侧是“神道碑”，立于清朝光绪十五年（1889 年）。上面刻着“皇清诰授通议大夫三品衔福建台北府知府陈公神道”。小桥西北侧立着“河南省第五批文物保护单位”的标识牌。小桥西边是西展厅。展厅正面的墙上以连环画的形式全面展现了陈星聚光辉的一生，南北墙上悬挂着陈星聚马上杀敌和北望思乡的巨幅油画。过了小桥便是享堂。享堂是陈星聚纪念馆的主体建筑之一，是集建筑、雕塑、绘画、书法于一体的古式建筑。虽然正在装修，但却掩盖不住纪念馆恢宏的气势。雕梁画栋已经成形，彩绘工人正忙着做最后的点缀。正堂台上即将摆上陈星聚的铜像，四周的壁画记载着陈星聚血雨漫天的故事。

穿过享堂便是陈家墓园。墓园里没有鲜花，只有一棵棵蒲公英肆意地绽放着，点缀在一个个土堆间。正在施工的工人告诉记者，现在大小不一的墓碑不太美观，再过两天墓地将重新立起一块块汉白玉墓碑，换掉除陈星聚的爷爷和陈星聚以外的所有的墓碑。墓园东西两侧有两条神道，东侧的神道直通陈星聚爷爷的墓冢，西侧的神道通往陈星聚的墓地，中间是陈氏其他后人的安息地。“陈官”生前只做过正七品知县、正五品同知、从四品知府。然因其在任功高，所以去世后被追封为三品道台，享用的是三品祭葬。陈星聚没有因为功高而葬于墓地之首，而是默默地守在爷爷的西南角。由于陈星聚的墓冢面积达到了 50 平方米，为了方便祭祀，其墓碑和碑楼也随着墓冢的修整原封不动地向西平移过去。“陈官”的坟墓并不奢华，墓碑还是 120 年前的那块，只是原驮着墓碑的黾头不知所踪，现在的黾头是精工巧匠补上去的。墓碑上深浅不一的花纹向每位拜谒者讲述着 1958 年和 1966 年两次惨痛的破坏。记者虔诚地站在“陈官”的墓碑前，细细阅读碑文。墓碑上寥寥几行生死时日，记录了“陈官”六十九岁的一生。遥想百年前的生生死死，飓风骤雨掠过心头的原野之后，却有雨过天晴般的清朗和宁静，没有压抑，没

陈星聚墓

有阴沉。终究，生是短的，死是长的，而英雄是不朽的。墓碑上的字迹清晰可见，墓碑上的花纹依稀犹存。这些花花草草正逐渐消失在风雨中，留下的是陈星聚不朽的名号。陈星聚的坟冢是一个再普通不过的圆锥形土堆，没有任何奢侈的装饰。如果不告诉你，谁也想不到这土堆下埋葬着的竟是民族英雄、爱民清官陈星聚。墓碑的碑楼是1982年临颍县政府重修墓园时修建的，高4.7米，宽1.7米。古色古香的碑楼已经和墓碑融为一体，默默地见证着近三十年的风风雨雨，也见证着三十年来党和政府对陈星聚墓园的重视。

在墓园，记者遇到了临颍县政协副主席袁小毛。袁小毛告诉记者，省委书记徐光春同志曾亲临陈星聚纪念馆，要求各级政府开发和保护好陈星聚墓园，要在整修的同时，加强文物的保护，注意资料的收集整理。并做出重要批示：“要把陈星聚墓园打造成爱国主义的教育基地、促进祖国统一的平台、弘扬中原文化的载体、推动旅游业发展的景观。”漯河市委书记靳克文同志就多次批示，并过问和安排纪念馆的建设工作。临颍县委、县政府高度重视，本着“保护为主、抢救第一”的文物工作方针和新时期“有效保护、合理利用、加强管理”的文物工作原则，制定了近远期修缮保护规划，提出了近期修缮保护的具体措施。并本着恢复历史原貌、修旧如旧的原则，制定出墓园整体修缮保护规划和具体实施方案。袁小毛还告诉记者，临颍县多次派人到陈星聚生前任职的地方，多方查询，完善资料。记者相信：临颍县人民一定会保护好、利用好陈星聚纪念馆，为中华民族大团结、祖国大统一做出贡献。县委宣传部的张俊峰科长告诉记者：“陈星聚墓园在没被破坏前由青砖十字花墙围成，门前有威武雄壮的石狮子把门，进园以后就能看到蛟龙神道碑。还有两根上面蹲着望天猴的柱子，墓道两侧有雕刻精美而姿态各异的石人、石狮、石马、石羊。这些东西都在1958年和1966年遭到了破坏。”

选自2009年《漯河文史资料》第十七辑

文物保护

漯河市区文物保护收集发掘概况

董　强[①]

自1948年11月7日漯河市人民政府成立以来，市委、市政府对文物保护工作十分重视，颁发了一系列有关文物保护的文件，先后进行四次文物普查工作，并在不同时期成立了业余文物保护组织，为宣传文物知识和文物政策，先后多次举行了文物知识培训班。几十年来，我市的文物保护工作取得了可喜的成绩。下面从四个方面说一说我市文物保护情况。

一、颁发文物保护的有关文件

市政府成立后，随着农田水利基本建设的发展和市内公路及其他建筑工程的增多，地下文物不断发现。为了保护好文物，市人民委员会于1954年12月15日，下发了我市第一部文物保护的法规性文件《保护历史及革命文物的指示》。指示要求：（1）各部门对历史及革命文物均负有保护责任，接指示后应广为宣传。特别是建筑工程部门应对建筑技术人员和工人，加强文物保护工作政策的宣传。（2）在市内因修河、筑路及进行其他建筑工程而发现有古文化遗址、古墓葬或古物时，应及时报告文教主管部门，在未得指示前，任何人不得擅自发掘或处理。在建筑工程中已发掘出土之零星文物，应送交文教部门集中保管，任何人不得私自收藏或作其他处置。（3）发现的一切具有革命历史、艺术价值之文物，应及时报告政府文教部门，加以保护，不得破坏或损失。（4）对上

① 董强，生于1961年2月，曾服役，转业后先后就职于漯河市人民影剧院、源江区文化馆。

述历史及革命文物保护有功者，经政府查明后，转请省人民政府予以奖励。如有破坏、盗卖者，应随时加以制止，并据其情节给予处分。

1956 年农业合作化高潮到来，农村打井、挖渠、修小水库工程日益增多。为了认真保护古代建筑、碑碣及地下古墓、古遗址，1 月 6 日，市人民委员会发了《为在农业生产水利工程中认真保护文物的通知》。3 月 17 日，人民委员会针对干河陈村农业社在市南郊打井时发现古汉墓一座未及时报告文化部门派员清理而遭破坏的事情，又发了《为在农业水利工程中保护文物的补充通知》。

1959 年冬，我市掀起更大规模的农田水利建设新高潮，为认真贯彻文物工作“重点发掘、重点保护”的方针，工程部门和文教部门协作共同做好文物保护工作，市人民委员会于 11 月 17 日下发了《关于配合水利建设进一步做好文物保护工作的通知》。此外，1956 年 7 月 5 日发了《关于注意鉴选收购杂铜中古文物的通知》，1957 年 4 月 16 日发了《关于加强对碑碣的保护与收存的通知》，1959 年 6 月 13 日发了《关于开展古旧图书收购工作的通知》。这些文件对我市文物工作都起到了积极的指导和推进作用。

二、博物馆建设与业余保护组织

人民政府成立后，市文化馆也同时建立。当时文化馆的主要任务是宣传党的方针、政策和组织群众学习科学知识。到了 1951 年，文化馆增加了文物收藏和文物保护、管理的业务工作，并有一名兼职文物干部负责。

1953 年前，流散文物收集量不大。1955 年在泥河洼水库工地收集文物 89 件，1956 年在颍河工地收集文物 50 多件。随后，人民群众的文物保护意识不断提高，流散文物收集也逐年增多。1966 年馆藏文物达 574 件。“文化大革命”期间，我市文物经历了一场大的浩劫，损失、破坏各种馆藏文物 200 多件。

1971 年周总理指示，各县市选送文物去法国展览，从而纠正了对文物的错误认识。十一届三中全会以后，我市设立了文物股，人员由1人增加为2人。1982年11月14日，中华人民共和国文物保护法的颁布，为我市文物工作注入了新的活力。1983年文物管理人员增加为3人。1984年对馆藏文物进行了清点、分类、编号、排架、建账和科学建档工作，做到了账、物、卡三对照。1985年又建了一个安全系数较高的文物库房（博物馆）。

做好我市田野文物保护工作，单靠少数专业人员是不足的。为此，1956年成立了我市第一个以农村干部为主的文物保护10人小组。1959年又以郊乡、文教，农村、街道各管理区、杂铜收购站、造纸厂、砖瓦窑厂、石灰厂建筑、水利等部门人员为主成立了文物保护组，并制订了宣传和保护规划。遗憾的是在十年动乱中，这支队伍夭折了。

党的十一届三中全会以后，不少人对文物古迹产生了很大的兴趣和爱好，自觉地承担了保护文物的义务。特别是《文物保护法》颁布之后，更激发了人们热爱文物、保护文物的积极性。1983年10月22日，我市召开了“保护文物工作座谈会”。表彰了保护文物和捐献文物有功的单位和个人，并以受表彰人员为主成立了“文物保护小组”。1984年为了大力宣传贯彻“文物保护法”，我市以学校历史教师、工厂技术人员机关干部为主要成员，于2月29日成立漯河市“文物保护研究小组”，制订了小组活动计划。

三、田野普查与发掘

田野普查工作，是对田野文物进行保护和科学利用的基础，是对《文物保护法》、文物政策和文物知识的大宣传、大普及。我市是中原古老的城市之一，文化源远流长。为摸清我市文物、古迹的分布情况，确保文物安全，1955年进行了第一次文物普查工作，发现了距今8000年左右的翟庄遗址，4500年左右的南岗遗址、澧河遗址。发现战国、西汉、唐宋等各朝代古墓葬多座。经上级批准，漯河市人民委员会于1956年12月20日，将翟庄遗址、南岗遗址、澧河遗址、南窑汉墓公布为市级文物保护单位。

1960年郾漯合署办公期间，对郾城县境内进行了田野调查，发现多处古文化遗址和墓葬、古塔、碑碣等。

1977年和1984年又两次对我市38个大队58个自然村进行了田野文物普查工作，发现洼张、郝家台、马夫张、谷多刘、应庄、董庄、小寨杨、圪垱刘、李盘庄等新石器时代及战国汉代古文化遗址。此外，还有靳庄汉井、福音堂（陈赓第四兵团司令部）革命纪念地。还发现古墓葬3座，石碑、石刻23通，清代民房2座，收集不同时期的流散文物64件。通过普查，摸清了家底，为我市文物保护提供了依据，为研究我市历史提供了可靠的实物资料。1985年漯河市被省文化厅评为全省文物普查先进集体。

田野考古发掘是保护文物不可缺少的手段。为配合水利建设和城市基本建设，我市对以下古文化遗址进行了科学发掘。1954年发掘了南岗遗址，1956年5月会同省文物工作队发掘了澧河遗址，1958年4月发掘了翟庄遗址，1985年发掘了郝家台遗址。郝家台城堡遗址的发掘，对研究龙山文化的社会性质、我国古代城市的出现、国家的起源、中华文明的起源都具有重要的价值。

选自2005年7月《漯河文史资料》第十三辑

郾城文物工作琐忆

（1949—1989 年）

陈满仓

郾城历史源远流长，地上地下保存和蕴藏着丰富的文物资源，对研究先民们的生活繁衍和社会发展情况有着十分重要的历史价值。但是，由于新中国成立前没有设立专门的文物保护管理机构，文物遭受惨重破坏。新中国成立后，人民政府十分重视文物保护管理工作，文物保护管理逐步走向正轨。郾城文物先由县文化馆负责保护管理，后由许慎纪念馆接管，再后由博物馆专门管理至今。据调查，自 1949 年至 1989 年，四十年来，郾城的文物工作由小到大、由兼职到专职，走过了一条坎坷的发展道路，也取得了一些骄人的成绩。

1949 年至 1950 年，郾城始建郾城县人民文化馆，李广华同志任县文化馆馆长，除组织开展文化活动外，开始注重全县文物保护工作，派人调查了解全县文物分布情况。

1951 年至 1952 年，李广华调离县文化馆，组织上派吴祥久负责文化馆工作。文化馆派人兼管全县文物，同时开始征集流散文物。

1951 年 5 月，许昌地区文教科科长臧志修带人到郾城检查县立初级中学教育情况，发现彼岸寺经幢破坏严重，回地区后即批准拨款 1100 元抢修彼岸寺经幢。

1953 年至 1957 年，于连生任县文化馆馆长，文化干部李春生、陈宝山分兼管全县文物工作。

1953 年 5 月，文化馆首次举办文物宣传展览，共展出文物 80 余件，以陶器为主，展出时间 60 天。第一次集中宣传了保护文物的重要意义，展现了郾城文物收藏成果。

1956年4月，文化馆在县城和各区文化站分别组织文物展览，共展出文物130余件，再次广泛宣传了群众，进一步提高了全县干部群众对保护文物重要性的认识，收到了良好的社会效果。

1958年至1959年，王兰普任文化馆副馆长，主持工作。文化干部李春生仍兼管全县文物。这期间，对全县分布的不可移动文物进行了全面调查，并将调查情况重点向县人民委员会作了报告。

1959年2月，县人民委员会根据县文化馆报告情况，组织人员考察后，公布了郾城县第一批重点文物保护单位27处：1. 八角井，2. 铁水牛，3. 碑偈（县城南北城门口四座），4. 坊（县城北街、东街各一座），5. 宝塔（县城城墙东北角），6. 龙塔古篆楼亭，7. 彼岸寺碑碣，8. 荣须岭（城北关口西土岭），9. 亭（城东关路北，楼亭一座），10. 五老台（县城南城墙下土冢），11. 坊（新店村东头，石制坊两座），12. 无梁台楼亭（新店台王学校前，楼亭一座），13. 陈寔墓（新店台王北地），14. 九女冢（新店台王北、尧张东地），15. 裴晋公寺（裴城学校，碑碣），16. 怀王城（裴城城高西门外），17. 花神台寺（十五里店西，古房数间，白果树一株），18. 霸王墓（商桥乾勒桥），19. 太子墓（商桥吕庄村东南角），20. 会圣台宇（黑龙潭付庄北地，古庙宇），21. 许慎坟（姬石许庄北地，土冢及柏树四株），22. 白果树（黑龙潭宋寨村东头），23. 唐王墓（陈岗村后地、洼董村东南角、马店村南、前袁杨杏村南、翟庄村北地、邓襄徐庄村南等土冢），24. 沱沟塔（邓襄圪垱张村），25. 大王庙（召陵寨东北角，古房数间），26. 天爷阁（召陵乡内，楼房一座），27. 跑马泉（问十南门外，泉上小亭一座）。当时，由于认识水平所限，有些认定不十分准确，以后逐步提高，得以完备。

在公布文物保护单位的同时，还建立了县文物保护委员会，由县长陈纪夫为主任委员，赵怀然、段自甫为副主任委员，李世昌、王俊昌、赵凤林、王庆华为委员。并要求，各乡队可根据情况建立相应的文物保护组织，加强对文物保护工作的领导。

同年4月，县政府拨款1700元整修龙塔古篆。

1960年至1961年，郾漯合并，撤销郾城县文化馆，全县文物交由漯河市文化馆保护管理。

1962年，郾漯分开，部分文物又交回郾城县。

1962年至1964年，贾海亮任县文化馆副馆长，主持工作。文化干部张显亮兼管全县文物。

1963年4月，河南省人民政府公布第一批省级文物保护单位，郾城县彼岸寺经幢、付庄遗址被公布为河南省文物保护单位。

1963年10月，河南省文物工作队郝本性等二人协助县文化馆对全县文物进行重点普查保护。1964年3月，县政府拨款200元维修沱沟塔。

1964年至1968年，于保安任县文化馆馆长，文化干部张显亮、李振锋兼管全县文物。

1966年7月，“文化大革命”开始，文化馆取消，馆藏文物全被毁坏。境内其他不可移动文物也惨遭破坏。

1969年至1970年，恢复县文化馆。

1971年至1985年，杨云龙任文化馆馆长，文化干部张显亮等人兼管全县文物，又重新开始征集流散文物，并对全县已存的不可移动文物进行重点调查保护。

1975年1月，郾城县革委会印发《关于加强文物古迹保护管理的通知》，提出了六条保护措施，全县文物保护工作才又走向正轨。

1978年4月至11月，河南省文物局四次拨款1700元对省级文物保护单位彼岸寺经幢进行大修。

1978年4月，拦河潘村南柳河北岸路西5米低洼处，村民潘建荣等挖沙时挖出青铜器一组，共12件，为商代中期遗物，收藏于县文化馆。经鉴定均为一二级文物。1978年7月，根据省文物局部署，进行全县重点文物普查，并开始建立文物“四有”（有文物档案、有保护组织、有保护标志、有保护范围）工作。

1979年6月至11月，县馆藏部分文物调许昌地区进行展览。

1980年2月，为了广泛深入地宣传文物保护的重要意义，普及文物基础知识，县文化馆组织馆藏文物在县城展览。此次共展出石器、陶器、青铜器、铁器等256件，展出时间20天，收到了良好的社会效果。

1982年2月，县文化局下发了《关于加强文物保护管理工作的通知》，并对全县第一批县级重点文物保护单位经过“文化大革命”后的现存部分进行了明确，纠正了一些不准确的提法。这些文物保护单位分别是：城高遗址（第一批公布为怀王城）、铁水牛、龙塔古篆（第一批公布为龙塔古篆楼亭、彼岸寺碑碣）、付庄遗址（第一批公布为会圣台寺）、裴公寺碑（第一批公布为裴晋公寺）、八角琉璃井（第一批公布为八角井）、唐王墓（仅余三座）、化身台遗址（第一批公布为花神台寺）附白果树一株、凌云台遗址（第一批公布为无梁台楼亭）、许慎墓（第一批公布为许慎坟，并四株柏树。柏树已毁于“文革”中）、邓襄遗址（第一批未公布）、召陵遗址（第一批未公布）、大成殿（第一批未公布）、三赵双冢（第一批未公布）、九女冢、古城遗址（第一批未公布）、楚王墓（后改名为梁庄汉墓）等17处。

同年7月，中国社会科学院考古研究所所长安志敏等同志到郾城视察文物工作，对郾城文物工作取得的成绩给予肯定。

同年11月，颁布《中华人民共和国文物保护法》，这是深入全面开展文物保护工作的法律依据和有力保障。全县城乡全面深入地宣传《文物保护法》，文物工作取得可喜成绩。

1983年12月，河南省文化厅文物局第一次拨专款35万元，用于许慎墓、许南阁祠整修工程。

1984年4月至11月，根据省、地文化、文物主管部门具体部署，在全县范围内开展文物工作大普查。这次普查遍及全县821个大小村镇，共收集和登记流散文物860多件，古铜币1800多枚；调查古遗址16处，其中新发现9处；古城址9处；古墓葬11座，其中新发现2座；古建筑10处，其中新发现2处；古碑碣（包括墓志铭）188通（块），其中新发现52通（块）；古字画16幅；革命纪念建筑物3处；革命文物15件；家谱2套；古树木6株；工艺品100余件。为搞好全县文物工作打下了坚实基础。

1984年，河南省文化厅文物局第二次拨专款2.5万元，补充整修许慎墓、许南阁祠经费。

1985 年 6 月，裴城乡农民在城高遗址挖土时挖出商代青铜器句鑃（goudiao，古代祭祀和宴飨时用的乐器，形似铎，使用时口朝上，以锤敲击）2 件，交县文化馆收藏。

1986 年，许慎纪念馆成立，杨云龙负责主持工作，张显亮任文物专职干部。纪念馆的主要任务是：收集有关许慎研究资料，开展许学研究；联络国内外许学研究人员和有关学术团体，兼管全县文物保护管理工作。

1986 年 6 月，河南省文物研究所配合京广铁路提速改造，局部发掘漯河至孟庙段经过的郝家台龙山文化遗址。

同年 11 月，河南省公布第二批省级文物保护单位，郾城郝家台遗址、许慎墓被公布为省级文物保护单位。

1987 年 1 月，许慎纪念馆在许南阁祠进行馆藏文物展览，共展出文物 625 件。全面展示了我县 30 多年来取得的文物成果。

同年 6 月，调整县文管会，副县长孟顺礼任主任。县政府拨专款 11000 元抢修大成殿。

同年 8 月，召陵乡西皋村窑厂出土商代青铜器 10 件，交县珍藏，经鉴定多为二级品。

1988 年初，开始对全县境内省、县级重点文物保护单位（当时县境内没有国家级文保单位）划定文物保护范围（包括重点保护区和一般保护区），并立桩树标。

1989 年，许慎纪念馆负责人杨云龙同志离休。陈满仓任许慎纪念馆副馆长，主持工作。7 月，经县人大考察通过，由县政府下文公布郾城县第二批文物保护单位，共 9 处。同时，对 1959 年公布的县文化局 1982 年重新明确、纠正的第一批县级文物保护单位现存的 16 处予以确认重申。

郾城县第二批文物保护单位 9 处，分别是：1. 革命烈士陵园（陵园路西），2. 许南阁祠（县一中大门西），3. 井李遗址（城关镇井李村东南岗地），4. 沟李遗址（召陵沟李村东南地），5. 胡湾遗址（商桥胡湾村东），6. 观西刘遗址（大刘观西刘村东北隅），7. 石磙城遗址（县城东南角石磙城残留等处), 8. 许冲墓(黑龙潭许庄西北隅), 9. 太子墓(李集吕庄村)。

确认重申的第一批现存 16 处重点文物保护单位分别是：1. 大成殿，2. 凌云台遗址，3. 古城遗址，4. 城高遗址，5. 邓襄遗址，6. 化身台遗址(包括遗址上白果树一株)，7. 裴城遗址，8. 召陵遗址，9. 唐王墓(1 号、2 号、3 号墓)，10. 九女冢，11. 梁庄汉墓，12. 三赵双冢，13. 裴公祠碑，14. 八角琉璃井，15. 铁水牛，16. 白果树(黑龙潭宋寨村东)。

从此，全县文物保护管理工作走上了规范道路。

选自 2007 年 9 月《漯河文史资料》第十五辑

20 世纪 70 年代郾城部分文物出土追忆

孟新安[①]

我在郾城县文化馆工作近 20 年，1982 年调离，其间几年曾做文物管理工作。

文物管理是一项量大面广、责任重大而又烦琐劳累的工作。众所周知，郾城地处中原腹地，在五千多年的历史中，先民们在这块土地上创造了灿烂的古代文化，留下诸多具有历史、艺术、科学价值的文化古迹。据统计，全县有古遗址 18 处（包括古城遗址），古墓葬 11 座，古建筑 10 处，省级文化保护单位 4 处。馆藏文物五六百件，其中国家一级文物 6 件，二级文物 24 件，三级文物 300 多件。因此，要求文物工作者必须具备三个条件：一是热爱文物工作，具有吃苦耐劳、默默无闻的实干精神；二是要有系统的历史知识、文物专业特长和文物鉴赏能力；三是了解并正确掌握国家有关文物保护工作的政策、法令法规。对照上述三条，我是个不称职的文物工作者。为了适应工作，我利用一切业余时间刻苦钻研，向书本学，向专家内行学，向同事学，“从战争中学习战争”，终于进入了角色。几年的文物工作，给我留下了深刻印象，有许多往事至今还历历在目。现就 20 世纪 70 年代郾城县部分文物的出土、收藏、整理、鉴别情况追忆于后。

一、宋代窖藏古铜币的收藏与探源

1970 年秋，郾城县文化局及其所辖二级机构与教育局、广播站合并为一个单位，名为“郾城县毛泽东思想宣传站”。原文化馆业务归口群

① 孟新安，郾城县人。1962 年参加工作，先后在县文化馆、县史志档案局工作。

众文化组。一天，突然接到宣传站通知，说城关北街大队在其菜园地发现一处钱窖，要我们到现场查处。钱窖坐落于原县二中（今实验中学）北院墙外偏东约 10 米处，窖内古铜币距地面一尺余，呈散放堆状。约 1500 多斤，数量之多是新中国成立后全省出土铜币少见的。钱币锈蚀严重，大部分成串地黏结在一起。钱串的穿孔中还残留有腐朽的麻绳，稍一触摸，即烂成灰，留下的绳纹痕迹仍清晰可辨。麻绳虽断，钱串仍不散开，一串串地堆放着，每串少者三四十枚，多者五六十枚，甚至七八十枚。

围观者数以百计，七言八语，议论纷纷。有的说，北街的社员发财了，就是当铜卖，收入也很可观。有的说得更神，这么多的铜币能换回一台东方红拖拉机。这些议论顿时引起我的深思，意识到要说服群众，把出土铜币顺利交给国家，并非一件容易的事。当时正是“文化大革命”深入的非常时期，党的各项方针政策，包括文物保护，出土文物的权属处理等方面的政策、法令、法规已被践踏，同时，由于文化主管部门平时宣传教育不够，群众对国家的文物政策知之甚少。鉴于此，我找到 1961 年 3 月《国务院关于发布保护管理暂行条例的通知》《文物保护暂行条例》以及《中共中央关于在无产阶级文化大革命中保护文物图书的几点意见》，在大队干部群众中原文宣读，提高干群的政策水平，澄清糊涂观念，使其认识到：一切现在地下遗存的文物，都属于国家所有。作为中华人民共和国的一个公民，都必须自觉地贯彻执行党中央国务院的这些通知和条例，有权力有义务保护文物，特别是出土的地下文物要毫无条件地上交给国家。经过深入细致地做思想工作，加上北街大队的社员识大体，顾大局，他们非常积极地把这些钱币送缴文化主管部门，存放在原县工人俱乐部一幢两层楼房里（此楼已扒掉，地址在今县进修学校）。

整理、鉴别这些古铜币是一项学术性很强的工作。由于缺乏必要的文物知识，我们深感力不从心。经县宣传站领导同意，我们向省文化局作了请示汇报。省局非常重视，立即派省博物馆考古干部刘建洲同志来县具体指导。在刘同志的耐心指导和参与下，弄清了这批古币的来龙去脉。

一是古铜币的来源。钱窖的具体位置在今实验中学北端，南距彼岸寺经幢200多米。翻阅民国23年《鄄城县记》卷二十九文征篇（上），当年彼岸寺的四至是：东起火巷，西至城垣，南自西街，北抵城墙。据此表明，钱窖正是位于彼岸寺院内，说明钱窖与彼岸寺有着密切关系。此其一。其二，出土的铜币种类繁多，主要有汉武帝刘彻时的五铢钱，唐玄宗李隆基时的“开元通宝”，北宋太宗赵炅时的“太平通宝”“淳化通宝”“至道通宝”，宋真宗赵恒时的“咸平元宝”“祥符通宝”“天禧通宝”“景德元宝”，宋仁宗赵祯时的“天圣元宝”“景祐元宝”“明道元宝”，宋神宗赵顼时的“元丰通宝”，宋哲宗赵煦时的“绍圣元宝”“祐元通宝”，宋徽宗赵佶时的“宣和通宝”等30多种，各个铜币的重量形制大小不一，即使是同一年份铸造的铜币也不一样。如此繁杂的铜币，又是埋藏于彼岸寺内，显然是四面八方的善男信女、名僧高徒来彼岸寺顶礼膜拜时所赠。

二是古铜币的藏匿背景和时间。铜币中铸造年代最早的是汉“五铢”，最晚的是“宣和通宝”。前已述“宣和通宝”是北宋末年铸造的，而宣和年间正是战乱年代。宣和七年（1125年），女真贵族发动大规模灭宋战争，形势危急，宋徽宗传位给其子赵桓，自称道君太上皇帝，匆匆南逃，不久又返回汴京（今河南开封）。靖康二年（1127年），汴京城破，徽、钦二帝被金兵所俘，中原大片土地陷入兵燹战火之中，鄄城自然不会幸免。在躲避战乱中，当时彼岸寺主管钱物的和尚，不可能把这批重达1000多斤的铜币随人转移出去，只能在躲避战乱的惊慌忙乱中，就地埋藏于彼岸寺院内。但后来，主管钱物的和尚突然死去，其他人又不得而知，以致使其久藏地下800多年。同时，不容忽视的一点是，所书“宣和通宝”四字，正是徽宗赵佶的亲笔字瘦金体。据此，我们推断，铜币的藏匿年代正是在徽、钦二帝被俘之后，南宋绍兴十年（1140年）七月岳家军奉诏班师，中原沦陷之时。

铜币整理、鉴别后，省博物馆刘建洲同志从整理出的铜币中，挑选四五套100多枚带回省馆，剩余的存放在文化馆收藏室。这批铜币的发现，对研究北宋末、南宋初年的货币流通、经济发展以及当时佛教活动情况，提供了宝贵的实物资料。

二、商代青铜器的整理与鉴别

1979年8月，郾城县孟庙公社（今孟庙镇）拦河潘大队社员潘建荣等四人在拉沙时，发现一批商代青铜器，计有觚、鼎、爵、觚等12件器物，制作精美，器型典型。器物出土地点在拦河潘村南约200米处，紧靠柳河（颍河支流）北岸。当我们闻讯赶到时，12件器物已整齐地摆放在地面上。据当地群众反映，此处原是一片坟地，高出周围地面一米余，距地面50厘米，有积沙层厚约2米。当潘建荣等人挖到地下约30厘米时，发现了这批青铜器。器物放置比较集中，占地面积不足一平方米。其中，两爵分别置于两垒中，且锈在一起，其余几件，有的倒卧，有的斜立。此外没发现别的遗物。由此推断，器物不是随柳河水冲积而来，而属窖藏器物。

在拦河潘大队干部的积极配合下，潘建荣等四人很快把几件青铜器全部贡献出来，由大队干部转交我们。为表彰四位社员爱护文物和无私奉献的精神，县宣传站领导决定在拦河潘大队免费公映一场电影。电影公映的晚上，孟庙公社党委副书记李梅锦同志代表公社党委、公社革委会到会讲话，表扬了潘建荣等四人积极贡献文物的爱国义举，号召广大社员群众向他们学习。同时，县毛泽东思想宣传站当场奖励潘建荣等四人每人一台袖珍收音机。

青铜器运回机关后，由我负责整理。主要做了三项工作：

一是除锈 这些器物沉睡地下数千年，锈蚀严重。其上的纹饰被铜锈所覆盖。整理器物的首要工作是清除铜锈。我购置了除锈工具和除锈药物，如棕刷、刻刀、水桶、陈醋和几味中草药。我把青铜器先置于泡有中草药的陈醋中，浸泡五至七天，浸泡后先用棕刷除去器物上大面的铜锈，再以刻刀按其纹路剔除阴纹中的铜锈。剔除阴纹中的铜锈需要操刀者极大的耐心、细心、精心，器物周身布满精致的纹饰图案，稍不留神，就会损坏器物，造成无可挽回的损失。因此操作十分谨慎。动刀前，一定要认真反复观察器物上纹路的来龙去脉，对纹下刀。操刀时用力均匀适度，用力过猛过大破坏纹饰；用力太小，阴文中的铜锈剔除不掉、不净。一件器物往往需要多遍除锈，常常一天也清除不了一件。经过 20 来天的精雕细刻，12 件器物全部除锈完毕。除锈后的器物、纹饰图案清晰如初。

二是制作纹饰拓片和拍照 为便于研究和鉴别这些器物，我们采纳省博物馆文物专家的建议，在完好无缺的器物上，对其文饰进行拓片。我先投师学习拓片技术，准备了毛刷、墨汁、宣纸等必备物品，把器物上每一组纹饰都拓印下来，共拓出拓片 30 余幅，接着对 12 件青铜器拍摄照片。其中有 6 幅照片制作登在 1987 年第 8 期《考古》杂志上。它们是：饕餮纹铜垒、饕餮纹铜斝、饕餮纹铜觚、饕餮纹铜爵和两件饕餮纹铜鼎。

三是撰写文字材料 为了准确无误地反映青铜器的出土情况及其鉴定结果，我做了一些准备。首先认真学习有关青铜器的专业知识，特别是了解商代早中晚期青铜器的基本特征，如器型、纹饰特征等，同时拜访了专家内行。在此基础上才提笔撰文。题目为《鄄城县出土一批商代青铜器》。文稿写出后，没有急于发表，反复予以推敲修改，心中仍不踏实。直到我调入县志总编辑室撰写《文物志》时，才拿出尘封多年的稿子，乘编写文物条目之机，对《鄄城县出土一批商代青铜器》文又进行了修改充实，此后连同 6 件青铜器的 6 幅黑白照片，一起寄到《考古》杂志社，不久便在 1987 年第 8 期《考古》上刊出。

12 件青铜器经专家鉴定，确认为商代中期文化遗存，是新中国成立以来，在全省乃至全国同类出土文物中罕见的。其中有 5 件被确定为国家一级文物。为了保证这批国宝的绝对安全，我县文化局请求省博物馆代为保管。现将 12 件文物分别介绍于后：

饕餮纹铜垒 2 件，均完好。其一，方唇、直领、折肩、腹微鼓、圈足。颈部饰两条凸弦纹，肩部饰一条目雷纹，上下边饰圈带纹，腹上部饰一条目雷纹，腹下部饰兽面纹和目雷纹各三组，相间排列成一道环形带。圈足饰兽面纹一周。通高 24.3、口径 16.9、腹径 74、底径 15 厘米，重 3.6 公斤。为国家一级文物；其二，口沿向外平折，深腹，高圈足，圈足上部有距离相等的三个“十”字形镂孔。颈部饰两条凸弦纹，肩部饰一条云纹，可分 6 组，上下边各饰一条凸弦纹，腹部饰兽面纹三组，上下各饰一条圈带纹，圈足饰一条凸弦纹。高 26.6、口径 15、腹径 69.5、底径 13 厘米，重 2.5 公斤。

饕餮纹铜斝 2 件，均侈口，束腰，平底，旁有鋬，空心三棱尖锥足外撇，口沿直立两柱。为国家一级文物。其一，腰饰兽面纹一条，腹部素面，柱端饰涡形纹。通高 24、口径 16 厘米，重 1.1 公斤；其二，上腰和下腹均饰变形夔纹，柱端饰涡形纹。通高 23、口径 14.8 厘米，重 1 公斤。

饕餮纹铜鼎 4 件。可分两式：Ⅰ式 1 件。敞口，平沿外折，方唇、沿耳，半球形腹，三扁足，两耳直立于口沿上，腹部饰兽面纹二组，沿下饰斜角云纹，足饰变形夔纹。通高 14.7 厘米，重 1402 克。为国家一级文物。Ⅱ式 3 件，口微敛，平折沿，两耳直立于口沿上，空心尖锥足。其一，半球形腹，腹部饰兽面纹一条；其二，深腹，腹部饰变形夔纹，上下边饰圈带纹。上有修补痕迹。通高 20.7、口径 162 厘米，重 0.8 公斤；其三，深腹，也有修补痕迹。腹部饰三条凸弦纹。通高 20 厘米、口径 15.8 厘米，重 0.9 公斤。上述 4 鼎均为一耳和一腿相对应成直线，另一耳对应于两条腿的中间。

饕餮纹铜爵 2 件，均深腹，平底，前有流，后有尾，口上有两短柱，紧靠流折，旁有鋬，下有三棱高尖足，上撇。其一，完好，腰饰变形夔纹。通高 23、足高 8.7 厘米，重 0.8 公斤。系国家一级文物。其二残损，因锈饰严重，纹饰无法辨认。通高 14.9 厘米，足高 6 厘米，重 0.3 公斤。

饕餮纹铜觚 2 件。其一，完好，为国家一级文物。长身，侈口，圈足，口和底部均呈喇叭状，底部有对称的两个“十”字孔。腰部饰兽面纹和圈带纹，其上、下饰凸弦纹。高 22 厘米、口径 12.8 厘米、圈足直径 8.7 厘米，重 0.7 公斤。其二，仅残存腰部，饰目雷纹一条，其上下饰圈带纹和弦纹。

上述12件器物均遗有程度不同的烟炱和磨损痕迹，系实用器物。

从器物的造型和纹饰风格看，它们具有商代中期器物的许多典型性。因此，可以认为拦河潘出土的这批青铜器是商代中期的文化遗存。这批青铜器的发现，对研究郾城与奄亳的关系有一定参考价值。《古本竹书纪年》云:“南庚自庇迁于奄。”关于“奄”的地望，历代颇有争论。郑州大学教授荆三林在《河南郾城台王西文化遗址的初步调查附论殷商源流》文中认为，“奄”的地望在河南郾城县境。南庚迁“奄”的地方不应该是曲阜，而是郾城。这批青铜器，制作精致，非一般奴隶主所享用，很可能与奄亳商王有密切的关系，尚待进一步调查。

选自2004年《漯河文史资料》第十二辑

东岳庙

孙发义

2005年，我被聘到召陵区史志档案局。记得4月份的一天，局长芮春正同志交给我一封信，是召陵区副区长罗伟民同志批转给区文化局和史志档案局的。此信是中国人民解放军总参谋部保密档案局局长王改正同志寄给中共漯河市委到秘书长兼漯河市史志档案局局长吴艾萍同志的。王改正同志原籍召陵区邓襄镇沱沟村人。2005年春节后回家乡发现原东岳庙石碑三通，字迹已被风雨侵蚀、人畜践踏而模糊不清，只能隐约看出几个字。为了解一地人文情况，建议史志档案局和文物部门管管此事。故吴副秘书长就将此信批转给召陵区落实。（此信附本文后）

为落实这一情况，我和文化局王志敏局长、张副局长、史志档案局芮春正局长、史志档案股股长孙周营同志，一同驱车前去沱沟村察看有关情况。经两次调查落实，并将情况整理以“东岳庙”为题及时向领导反馈后，按照领导的指示，寄给北京的王改正同志。今特将此文“东岳庙”推荐给政协文史委《漯河文史资料》编辑部，以弘扬漯河文化。

东岳庙位于漯河市召陵区邓襄镇沱沟村北约1华里处，始建年代不详。从收集到的有关资料查清：清乾隆二十九年至三十年（1764—1765年）重修大殿、太子殿、城隍祠、土地祠。光绪二十一年（1885年）又进行了重修。1950年除掉神胎，改办为沱沟小学。1970年建成初中，今为邓襄三中。

东岳庙敬的是东岳大帝黄飞虎。黄飞虎是殷纣时的一员大将，封为武成王。后因纣王无道，弃暗投明，与姜子牙合作共保武王姬发灭纣兴周，战功卓著，被誉为开国元勋。死后敕封为东岳泰山齐天仁圣大帝，监管幽冥府事，司掌人间祸福，并建庙祭祀，享受人间烟火。沱沟东岳庙于每年农历三月二十八日为祭祀盛典，亦为传统庙会，盛况之大，热闹非凡。

每年农历三月二十八日庙会，会主都要赶着成群的猪羊，抬着香表礼品，由笙琴戏乐伴奏，善男信女跟随，向东王纳贡。庙会期间，大戏连台，一台、五台不止，最多年份竟唱十二台大戏。会期三至七天不等。会资由会头负责，会头由八大行政村轮流充任，一年一换。由于大会隆重人多，每年会期都是经济交易的平台。赶会的、看戏的、经商的、说书的、算命的、耍猴的、搭宝棚的、推牌九的、玩洋片的、烧香念佛的等五花八门，从四面八方云集沱沟。沱沟周围一公里之内的村落，到处人山人海、车水马龙。有些商贩为了抢占有利地势，一过春节就来这里圈占地盘。有句俗话说："只躺沱沟睡，不赶别的会。"可见人们对沱沟庙会的重视程度。沱沟的村民对过庙会比过春节还要重视。不论吃的、住的、穿的、用的，都要提前做好充分准备，经济开支超出过年的几倍。庙上的佃户以及周围的农村也都有了经验，年年种秋不种麦，腾出地盘办庙会。

沱沟庙会一直延续至今，但已不再践踏耕地了。因庙院已不存在，庙会规模比过去小多了，纳贡的规矩也废除了，庙会已成了促进经济发展的物资交流会。

东岳庙坐北朝南，庙门前是一座高大的影壁，两侧靠前有两只大型的石狮蹲坐。庙门是三间大瓦房，有檐廊，大门两旁的两根大红柱子格外醒目。门额之上横立一块木匾，上刻"东岳庙"三个篆字。进门两侧各有一匹枣红战马，各有武士，一手执枪，一手执缰，靠马侧立，英武潇洒，气宇轩昂。门内东山壁画是刘全进瓜，西山壁画是八仙过海，笔法传神，色彩鲜明。

进庙门十七八米，正中是一个土垒平台，名曰阅台，高约1米，宽10米有余，直连大殿。上得阅台，向前行，第一殿就是卷棚，没有四壁，全由木柱支撑，上顶琉璃瓦金碧辉煌。台上中间有一甬道，从卷棚正中穿过。棚内甬道两侧，石碑林立。棚内梁下匾额层层叠叠，都是善男信女们敬赠的：有的是升了官发了大财的，有的是求神赐福得到恩惠的，有的是求神免灾得到庇佑的，有的是在病魔中逃生的，还有的是喜得贵子的等等。走过卷棚又是一段露天平台，靠后边是一个大焚金炉，炉后便是拜殿，再往后即是大殿。两殿前后檐牙紧紧相接。上部是走花脊子插花兽，翠花色琉璃瓦盖面，挑角飞檐。拜殿内没有前后墙，全是盘龙绕柱支撑。大殿前墙全是木刻结栅制成，门上檐下，是姜子牙的木质雕像。大殿内正中便是东岳大帝黄飞虎的坐像，高八尺有余，左站金童，右立玉女，庄重肃穆，气势恢宏。殿内雕梁画栋，壁画传神。出得拜殿，东西两侧各有台阶五层。台阶北边两侧各立一通大型石碑（现存在圪垱张村）。拜殿两山外墙，左边一间是城隍祠，右边一间是土地祠。

大殿后面有三间堂楼，两层。上层是黄飞虎母亲手执纺花车纺线的塑像。堂楼往东一间为太子殿，内有神像，按大殿左侧碑文注释："太子者，泰山下小镇也。"令人迷惑不解。太子殿再往东是三清殿三间。内塑周公桃花女之像。三清殿左前方与三清殿成直角，往南有房三间，坐西向东，是龙王殿与火神殿。

堂楼西面是祖始殿，与三清殿左右对称。与祖始殿西头成直角的三间两层，不知何殿，据传，很早已被拆除。

拜殿前的阅台两侧是东西廊房，各八间，东廊房内尽塑幽冥府事。北头三间是三清宫殿，内有判官、鬼王、牛头、马面等塑像。南头五间是前五殿阎君，塑像多，四壁壁画为十八层地狱之惨状，幅幅相连。西廊房内表达人间祸福。北头三间是奶奶殿，内塑奶奶送子、娃娃山等，密密麻麻。南头五间是后五殿阎君，专管人间祸福。周围壁画是六道轮回的情景。

从整体上看，东半部是造死，西半部是造生。因此，人们给东岳庙题写的一副对联是："五岳镇东方秉监阴阳照报应，百神尊震位掌司祸福有张弛"。横批是"岱宗峰高"。

紧靠庙院东边另有一院，占地三亩余。北头有堂房三大间，东西屋各三小间，南屋三间。据传是三官殿、灵官殿。南头与主院齐，但是内有空白地，说是戏房院。

东岳庙占地10余亩，两院相距150米，都坐落在东西狭长的土岭上，周围圈占耕地200余亩，由于常年香烟隆盛，沱沟也由此而驰名方圆百里之外。

附：

王改正给吴艾萍的信

艾萍局长：

您好！

3月24日，我利用出差之余顺便回到家乡，匆匆来去，没有打扰您。

有一事我觉得有必要向您通报一下。我记得您说过，您正在按照市委统一部署进行文化资源的调查和规划。这件事与历史文化有关。我的家在邓襄镇沱沟，此地在没有铁路、公路交通的古代，是上蔡、西平、召陵、郾城通往许昌等地的要道。当年有东岳庙一座，我小的时候还具有相当规模，且庙侧古塔尚存，塔高九丈六尺。从70年代后，残存的建筑渐渐减少，此次回乡时，已是片瓦不存。24日中午，我到朋友家拜访，偶然发现三通青石碑平躺在村中一户人家的门前。我初不知是何碑，走上前，用脚踢除碑上的泥土，隐约可见其中一通是清道光二十一年（大约是1842年）重修东岳庙碑记；另一通是一些人名，想是当年重修时捐款者名单也未可知；第二通稍小一些，不见有字，我无法将它翻过来，不知其上是什么内容。青石碑上的字已被风雨侵蚀、人畜践踏而模糊不清。我觉得这些东西是那一方土地上的历史印记，没有这几通石碑，多少年后，什么痕迹也没了。当地是不产青石的，石料来自何处，何人发起重修，有何重要人物参与等内容，估计在碑上会有记载，对了解这一地人文会有一线联想。我不知道这些东西在咱们那里是史志档案局管还是文物部门管。如果是文物部门管，我不知道是谁主事，您把这个信息告诉他们，是否有考察研究收集的价值，请他们定夺。如无考察价值，也就作罢。

我很感动您对家乡那一方土地文化建设所做的努力和贡献，您的心血也会永存史志记忆。

祝您身体健康、心情愉快、工作顺利。

谨致诚挚的问候。

王改正

2005年4月1日

选自2007年《漯河文史资料》第十五辑

历史考辨

漯河境内的唐王墓考

陈满仓

漯河境内的唐王墓，原是一个大型古墓群。明嘉靖三十年（1554年）编修的《郾城县志》记载：“（唐王墓）在县南二十里，连绵七十余冢。”清末《郾城县记》又载：“在县南二十五里有唐王冢。”“（召陵）寨西北百步许有古冢一，士人亦呼为唐王冢。”笔者经多年调查，漯河（原郾城县，今属源汇区）与驻马店西平县交界，原有大型墓冢七十余座无疑。其走向为西南趋东北，即从源汇区与西平县交界处的宋集、前袁、杨店等村西南，经小屯铺，过漯河市区，再向东北越召陵故城，连绵40余公里。其墓冢多集中在漯河境内源汇区前袁、杨店村西南。当地人根据墓冢走向，传为“七十二座唐王墓，拉拉扯扯到汴京”（汴京即开封，在漯河市东北方向）。由于该墓冢群历代均有破坏，如今所剩无几，并且也多被盗掘。又因被破坏的墓冢皆为空冢，故邻近的一个郭姓大村，早年便被定名为“空冢郭”村。

经调查走访得知，这一古墓群的每个墓冢地表封垄都很大。最大者占地约5亩，高10余米；小者占地约3亩，高4—5米。内部结构都比较复杂，多属双墓道、拱形顶、多侧室。墓道有砖砌和石砌两种形制。石砌墓墓砖又分大型砖和小型砖两种。大型砖重约20公斤，小型砖重约8公斤。其砖侧面均有模印的几何纹饰。在扒毁的墓中和墓侧，曾出土过鼎、盆、壶之类的陶器，可惜这些陶器出土后多被毁坏。如今在田间仍可看到不少陶器残片。唐王墓为研究我国古代葬俗的墓葬形制的演变情况提供了宝贵的实物资料。

1991年1月29日夜，空冢郭乡前袁村东南，107国道东约200米，一座唐王墓被盗墓者由墓顶正中挖一盗洞，直通墓穴。当时，河南省社会科学院考古研究所下派驻许慎纪念馆专业干部李立新，曾由盗洞入墓室，进行过调查测量。本人时任许慎纪念馆馆长，也曾多次前往调查了解情况，同时也顺便对该墓正南约三华里、西平县宋集村北107国道东约300米、一座早年由东侧扒开的唐王墓，进入墓道进行调查。调查认为，两座墓葬尽管用材不同（前袁村南墓为砖砌墓，宋集村北墓为石砌墓），但应同属一个时期的墓葬。现将对两座墓的调查测量结构情况以及以其为代表的漯河境内的唐王墓的考证情况介绍如下：

两座不同结构的唐王墓

1. 砖砌唐王墓

前袁村东南，107国道东约200米唐王墓为砖砌唐王墓。该墓为双墓道、多侧室、顶形制（见文后图一）。墓道为东西向，有对称双耳室和对称四侧室。耳室和侧室顶部除中间两室为蒙古包式穹隆顶外，其余均为拱形券。两个墓道中间相距1.8米。北墓道东端为入口，由入口斜坡进2.05米设石门，门可开启。南墓道东端砖砌封闭。整个墓圹东西长18.64米，南北宽11.2米，高4.2米，墓壁厚1.02米。单墓道宽1.5米。北墓道入口石门高1.1米，宽（单扇）0.8米，厚0.15米。门面四周雕鸟兽花纹，上中部雕铺首衔环。石门内约1米有一与南墓道相通的甬道，连接贯通两墓道耳室。甬道宽2.09米，高3.9米。单耳室进深0.45米后，两侧内敛0.42米为耳室入口。入口宽与室宽一致，为1.25米，进深2.3米，高2米。两耳室对称，平面呈“凸”形。由耳室再进深3.15米，又有一甬道与两墓道相连，且贯通两墓道两侧侧室。该甬道宽2.1米，高3.9米。两侧室单室入口与甬道同，进深0.2米后，两侧内敛各0.4米。又进深0.8米，进入该侧室正室。正室进深2.2米，宽与相连的甬道一致，为2.1米，高2.5米，顶部为四周围券的蒙古包式穹隆顶。两侧侧室对称，单侧室平面呈“凸”形。由此侧室再进深1.2米，又有一甬道与两墓道相连，且直抵第二组侧室，并与该侧室内外宽窄一致。侧室口宽2.2米，高3.9米，进深2.02米。单侧室平面呈“门”形。

由第二组侧室再分别进深 1.2 米，进入对称的两主室。两主室入口与两墓道宽窄相同，但进入主室后，又分别向左右各扩宽 0.5 米。单主室内宽为 2.5 米，进深 3.65 米，高 2.85 米。单主室平面呈“凸”形。

该墓形制较大，整个墓圹均为青砖内立三层外平三层垒砌，厚 1 米余，墓底亦然。墓砖每块重约 8 公斤。自墓顶向墓内有二盗洞，墓内大量积土，没有发现完整的随葬器物和棺椁之类的埋葬物。但有零星的残骨和零散的陶器残片。从陶片认定，多为鼎、壶、盘等用具。还发现有锈蚀严重的铁钉之类的东西数枚和五铢铜钱一枚。由于该墓盗掘破坏严重，墓主身份已无法确认，埋葬情况也无从可知。

2. 石砌唐王墓

该墓位于源汇区与西平县交界的宋集村北 107 国道东 300 米处。墓冢外围约 250 米，高约 12 米，内为东西向双墓道、两主室、拱形顶（见文后图二）。墓圹总长约 12 米，总宽约 13 米。南部墓道正中置墓门。门为青石质，双开启。石门门面浮雕铺首衔环。门道宽 2 米，高 2.5 米，进深 3 米。石门置于斜墓道入口 1 米处。单门高 1.6 米，宽 0.85 米，厚 0.12 米。进门约 2 米为第一墓道，墓道宽约 2.8 米，高约 4 米，长约 12 米。由第一墓道北壁两侧对称置二拱形过门与第二墓道贯通。拱门宽约 2 米。第二墓道长同第一墓道，但较第一墓道宽约 0.4 米。第二墓道北侧对称置二墓室。墓室宽 2.5 米，深 3.5 米，高 3 米。整个墓壁均用青石垒砌。每块青石长 0.8 米，宽 0.5 米，厚 0.3 米。墓顶及门券用楔形条石券砌。楔形石每块长 0.6 米，宽 0.4 米，厚 0.25—0.35 米。特殊的地方是：两墓道用石不同。前部墓道券砌用细质青灰石，石面磨制光滑，顶部用白色涂料涂抹，厚约 0.02 米，色质细白，有彩绘痕迹；后部墓道石制粗糙，凿痕明显，不加粉饰。因墓圹早年被人从东部打开，如今室内空无一物。经调查了解，村人曾于墓内捡出过不少破碎陶器残片。因年代久远，没有人发现或听说过有棺椁或骨骸之类的遗物。因此，该墓墓主身份和埋葬情况也无法确认。

砖砌唐王墓和石砌唐王墓的相同之处是两墓均为东西走向的双墓道，不同之处是用料不同，一为石材，一为砖材；墓门位置不同，一在墓道一端，一在墓道正中；侧室不同，一为双耳多侧室，一为无耳无侧室。

唐王墓为何代何人之墓

第一种说法：为春秋晚期墓。

理由是：根据《史记·楚世家》载："十一年（前505年）六月，吴王弟夫概见吴王兵败伤，乃亡归，自立为王。阖闾闻之，引兵去楚，归击夫概。夫概败，奔楚。楚封之棠溪，号为棠溪氏。"又《正义》引《括地志》云："堂（同棠）溪故城在豫州郾城县西八十有五里。"《太平寰宇记》也载："（郾城）县南二十五里堂王墓，吴王阖闾弟夫概冢也。夫概奔楚，封之于堂溪。"隋仁寿中（601—604年）置庙。由此认定唐王墓应是春秋时期夫概之墓。

第二种说法：为西汉景帝时期墓。

理由是：根据《汉书·景帝十三王传》记载："长沙定王发，母唐姬，故程姬侍者。景帝召程姬，程姬有所避，不愿进，而饰侍者唐儿使夜进。上醉，不知，以为程姬而幸之，遂有身，已乃觉非程姬也。及生子，因名曰发。以孝景前二年立。以其母微无宠，故王卑湿贫国。"认为长沙定王刘发之母唐姬，因出身低微而死后不能随葬于帝陵内，由其子长沙定王刘发择地而葬。因刘发为王，故其母墓冢不同一般；又因其母姓唐，故其墓冢为唐氏墓，后误传为唐王墓。明嘉靖三十三年（1554年）编撰的《郾城县志》从其说。志曰："唐王冢，在县南二十里，连绵七十余冢，即汉发将作大匠为唐氏所起者也。"

第三种说法：为东汉光武帝刘秀建武时期墓。

理由是：根据《后汉书·泗水王刘歙传》记载："建武十年（34年）歙薨，封小子弹（通惮）为棠溪侯。"《续汉志》又记："汝南吴房县（西平县南）有棠溪亭。"并注："弹"通"惮"。认为唐王墓应是东汉棠溪侯刘弹之墓。

第一种说法和第三种说法又认为，唐王墓应是棠（堂）王墓之误，即为棠溪氏夫概或棠溪侯刘弹墓之误传。所谓棠（堂）溪乃是指棠溪之地，春秋属楚，战国属韩。《战国策·韩策》有“韩之剑戟出于棠溪”之说；《通监》也有“棠溪之金，天下之利”之说。《后汉书补注》注曰：“北地有溪（通）名棠，曰棠溪或古棠溪。有棠溪亭在西平县。”由上述依据认定，漯河市西南与西平县交界之地应是古棠溪之地，而这里的墓冢应为棠（堂）王墓。既为棠（堂）王墓，查历史又没有称棠（堂）王者，而吴王弟夫概、泗水王子棠溪侯曾占据棠溪，当地人称之为王也是无可非议的。至于称唐王墓，也可能是唐代以后当地人凭印象而误传下来的。

唐王墓究竟为何代何人之墓呢？根据对上述两座具有代表性的墓葬形制、所用砖石及出土的遗物残片分析，应当为汉墓无疑。

首先，应当排除其为春秋战国墓葬。

春秋晚期和战国早期的“族坟墓”制度森严，墓葬多为土坑葬。甲类墓多重棺椁，墓圹长在7—10米以上。多随葬青铜礼器或成组的仿铜陶礼器。其身份根据葬入的礼器多寡而定；乙类墓为单棺单椁陶器墓，墓圹长2—4米间，多随葬仿铜陶礼器；丙类墓则更小，基本无随葬品。这个时期的墓葬，包括当时幅员最大的楚国墓葬也没有发现过砖、石券砌的墓葬形制。夫概虽为吴王阖闾之弟，但亡奔于楚，被楚封在边远的棠溪之地为棠溪氏，想来也不至于，也可以说没有能力耗费大量的人力物力运石烧砖为自己营造大批大型墓冢。更何况这群墓葬冢的形制与春秋战国的葬俗和墓制皆不相符，况且又曾用汉砖券砌。所以唐王墓绝不可能是夫概之墓。

再者，认为该墓群为汉长沙定王刘发之母唐姬之墓也似有牵强。唐姬原是程姬之侍者唐儿，出身低微，在君主制森严的汉代，尽管多次分封诸王，唐姬之子刘发曾被封为长沙定王，但对唐姬来说，在得不到任何特许的情况下，是绝对不敢妄自称王的。另外，长沙定王刘发之土地距此有千里之远，在当时诸王势力相互抗衡和明争暗斗的情况下，刘发将其母埋葬在其他王封地之内恐怕也是不可能的。再者，从西汉前期的墓葬形制分析，也与该地区墓葬形制有很大差异。所以，认为是长沙刘发母之墓也似不妥。

这群墓葬，从形制、用料、出土遗物分析，应是西汉中晚期到东汉中后期的皇室贵族族葬墓。

西汉、东汉（不包括新莽时期）共历27帝410年（西汉历13帝214年，东汉历14帝196年），不同时期的墓葬均有其明显的特征。

西汉前期的墓葬虽然因地区差别多呈现出许多不同之处，但其主要特征还是一致的。一般的长方形木椁墓，制度略同于战国。随葬品仍以鼎、豆、壶、盒、钫等传统礼器为主，还保留着浓厚的奴隶制时代的色彩。

西汉中期的墓葬比前期发生了很大变化，出现了新的特点。墓室多为高大的洞室，随葬品的种类和数量都大大增加。甲类墓出现了多椁石室墓，有长墓道，石室全长可达四五十米。凡凿石为室的，中央有二或三室为正藏，前面又分两侧的贮藏车马或仓厨用物的外藏室。青铜礼器和用器减少，仿铜的陶器及日用器增加。乙类和丙类墓均为中小型墓。中型墓多为空心砖或小型砖券砌。

西汉后期的墓葬又较前有所发展，使中期那些不同于前期的埋葬风俗更加明显和巩固。和中期相比，后期墓的结构显得更大更复杂。随葬的传统礼器相应减少，出现了以仓、灶、井等为主的陶明器。

特别值得一提的是长沙汉墓的埋葬情况。在西汉时期湖南为重要的战略经济要地，自刘邦建立汉朝政权后，对这个地区就十分重视，曾封吴芮为长沙王。到汉景帝刘启又封刘发为长沙定王。这里成了汉王室贵族聚集之地。因此，在长沙附近不断发现形制较大、结构复杂的汉墓群。汉代族制观念甚强，“族坟墓”制仍占主要地位。所以长沙定王刘发及其母死后葬在当时地位显赫的封地之内是十分可能的。

综上所述，西汉墓的基本特点是：（一）墓葬形制较秦以前增大，结构也较秦以前复杂；（二）中晚期出现了新的砖、石结构的墓道和墓室；（三）随葬品以陶器为主，并且不断增加品种和数量，与漯河境内的唐王墓相比，它们之间有一定的相同之处。

再来看一下东汉墓的埋葬特点：

东汉时期，由于受儒家思想的统治，受发展迅速的建筑技术和造型艺术的影响，墓葬形制结构和葬俗出现了十分明显的变化。

其一，巩固发展了大家族墓地。随着封建地主阶级所有制的不断完善和发展，自西汉晚期以后就出现了绵延数百年的封建大家族。这种封建大家族的墓地往往要经过好几个朝代。《新中国的考古发现和研究》一书曾介绍河北甄氏墓地，也是一个占地面积东西南北各四五华里的汉墓群。考古发掘考证这是一个长达数百年之久的家庭墓地。这部书还介绍了1956年河南陕县刘家渠发掘的44座汉墓群的情况，其瘗埋走向是由西向东扩展的，并且各自周围都分布有排列整齐的若干墓葬。根据发掘情况分析，这一埋葬形式暗示出这个墓地是由三个以上的家庭组成。另外，在其他地区也发现一定数量的东汉家族组墓群，与漯河境内的唐王墓群相比，其埋葬情况也基本一致。

其二，墓室结构复杂。西汉晚期出现的砖室墓，到东汉时期极为流行。东汉前期的砖室墓以单室券顶为主，少数作前后室，或前后两室带耳室，或两室并列。墓砖一般为32厘米 ×16厘米，侧面常见模印几何印纹。到了中后期，盛行多室砖墓、多室石墓或砖石结合的多室墓。墓室平面多呈“凸”“中”“亞”“王”“井”字样的形式。原来随葬器物的耳室，到这时已扩大为侧室。墓室加宽，墓顶加高。作为祭祀的前室和中室往往砌成穹隆或用条砖叠涩成蒙古包式的穹隆顶，且纵横连券、墓底铺砖。这种墓一般有斜坡或不规则的台阶式墓道。从发掘的这种汉墓看，棺椁大都腐朽。从遗存观察，棺椁已使用铁钉钉合。其随葬品仍以陶器为主。这一特点也与漯河境内的唐王墓相符合。

其三，东汉不少地区的大型墓中，还出现壁画、画像石、画像砖等饰物。西平县境内的石砌唐王墓，其顶部也留有壁画痕迹。到了东汉晚期，由于统治阶级政治腐败，引起整个社会动荡，经济趋于崩溃，其埋葬习俗和墓葬形制也发生了极大变化。墓室趋于简单，主要是小砖结构，仅在门框和门楣上雕有画像。这种墓在漯河境内发现较多，与唐王墓相比，不论是地下墓圹还是地表封土都相差很远。

由上述特征分析可知，漯河境内的唐王墓应是西汉中晚期至东汉中后期的皇家贵族族墓，多属东汉中期埋葬。由排列顺序和墓葬的不同形制、不同用料分析，绝不是一个家族、一个时期的墓葬。也应该有泗水王之子、棠溪侯刘弹之族人组墓。遗憾的是，由于历代破坏严重，未经有计划地发掘和有心人记载出土遗物情况，更没有发现有关墓主身份的文字标记和遗物，所以要具体说出唐王墓为汉代哪一王或哪一王族的组墓地，为何叫唐王墓，绝非小事。它有待我们在今后的考古工作中作进一步考证。

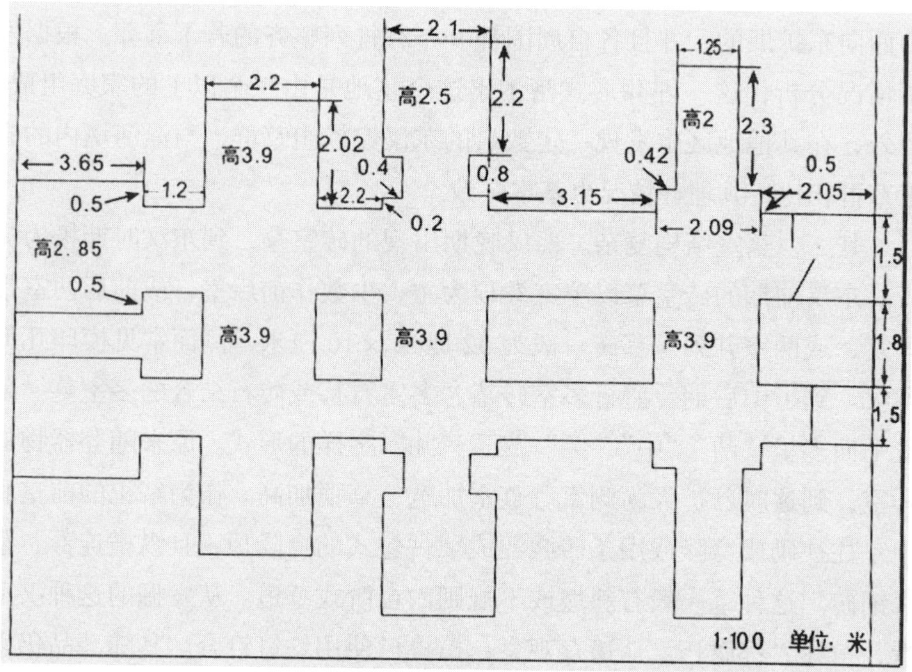

郾城县境内砖砌唐王墓平面示意图

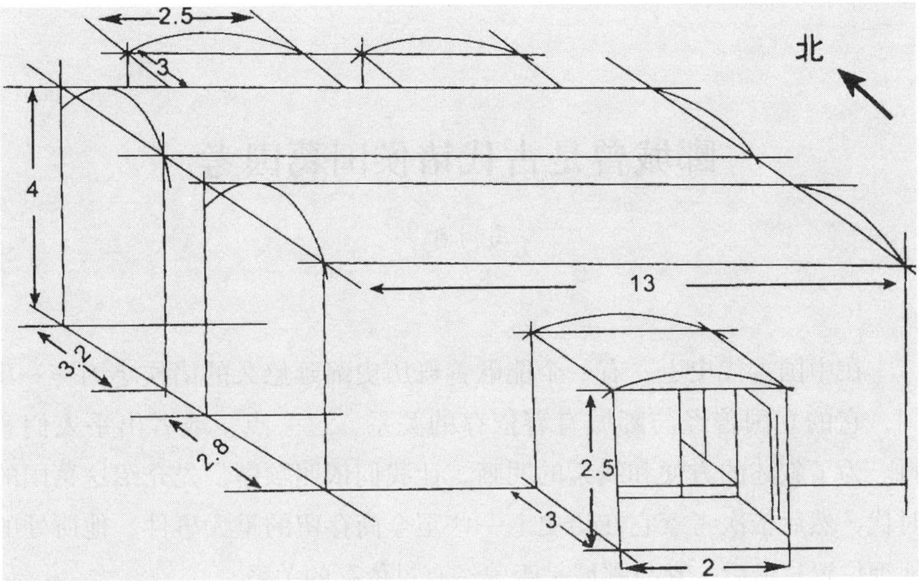

西平县境内石砌唐王墓外部结构示意图

选自 2007 年《漯河文史资料》第十五辑

郾城曾是古代诸侯国葛国考

马树奇[①]

在中国古代史上，有一个能歌善舞历史绵延悠久的诸侯小国——葛国，它的立国曾经与郾城有着依存的关系，这一点，或者出乎人们意料。为了叙述的方便和线索的明晰，让我们依照顺序，先介绍这葛国的时代，然后依次考察它在历史上一些至今尚存留的重大事件、他所处的地理位置，最后，它与郾城是否曾经有过依存的关系。

一、葛国的时代

典籍中关于葛国起始的上限有不同的说法，现分述如下：

（一）远古帝王说或远古诸侯说。《汉语大词典·葛天氏》条："传说中的远古帝王，一说为远古时期的部落名。"南北朝后魏人张揖说："葛天氏，三皇时名号也。"《中国古代姓氏寻根》（上海文化出版社，胡尧著）说："葛，相传远古时中原有部落葛天氏，那里的人民安居乐业，是歌舞之邦。著名的祭祀歌舞《葛天氏之乐》就出现在那里，葛天氏的后人就姓葛。"

（二）伏羲时代说。清《纲鉴易知录·五帝记·太昊伏羲氏》记载：伏羲"帝崩，葬于陈，神农氏继世践位"。张南轩曰："按《外纪》，伏羲之后有女娲、伯皇……葛天……凡十有五氏，相继为天子……及考伏羲命官，十五氏皆与焉，则是皆佐伏羲之臣也。或者又疑为当时各君一方，如后世诸侯之国者，未知孰是？"

① 马树奇，生于1930年，河南省沈丘县人。1949年参加工作，曾任漯河市政协文史委办公室主任，离休。

（三）黄帝支庶说。《姓考》说："黄帝支庶，封于葛。"

（四）夏朝诸侯说。《中国人名大辞典·姓氏考略》说："葛，《风俗通》'古葛天氏之后'"，又引《通志·氏族略》"夏时诸侯，有葛伯，子孙以国为氏"，同书"葛伯"条，引《姓纂》说："夏诸侯，为商所灭，子孙以国为氏。"清·孙星衍著《尚书今古文注疏》引赵岐注："葛，夏诸侯，嬴姓之国。"《中国姓氏寻根》说："夏朝，又有伯益（夏大臣）的后代被封为葛，伯是诸侯之一，葛伯的子孙也称葛氏。"据考，这葛国存在的下限为春秋时代，孔子著《春秋》一书上说："桓公十四年（前706年），郑人、牟人、葛人来朝。"说明葛国灭国的时间至少在公元前706年以后。

综上所述，这以葛为姓的葛天氏的历史是够悠久的，从远古到春秋，大约延续20多个世纪。至于时间上限的歧异，远古茫昧，传说纷纭，现在已经无法查清了。

二、葛国在历史上曾经被记载下来的若干重大历史事件

（一）葛天氏是一个部落和睦，与世无争，能歌善舞，十分活泼的民族。宋·罗泌著《路史》说："其为治也，不言而自信，不化而自行，荡荡乎无能名之。"古代典籍《吕氏春秋·古乐》说："昔葛天氏之乐，三人操牛尾，投足以歌八阕。"汉《淮南子》说："昔葛天氏之乐，三人操牛尾投足以歌八阕，一曰载民，二曰系鸟，三曰逐草木，四曰奋五谷，五曰敬天地，六曰建帝功，七曰依帝德，八曰总群兽之极。"汉·高诱注曰："上皆乐之八篇名也。"从以上所引，这个小诸侯国，能够"不言而自信，不化而自行"，是一个令人向往的社会。无怪乎晋代大诗人陶渊明在他写的《五柳先生传》中写道："不戚戚于贫贱，不汲汲于富贵，衔觞赋诗，以乐其志，无怀氏之民欤？葛天氏之民欤？"表达了对那个时代的无限憧憬。汉·司马迁著《史记·司马相如列传》说："奏陶唐氏之舞，听葛天氏之歌。"从另一个方面说明这葛天氏是一个能歌善舞的民族。

（二）这个诸侯小国的人还担负着一个可以与上天感应沟通的神秘

角色。宋·罗泌《路史·禅通记》说:“葛天者，权天也，爰拟旋穷作权象，故以葛天为号。”又说:“葛，音盖，葛与盖通。”大意说，葛天氏或叫盖天氏，可以爰拟旋穷，行使权力与上天互通声气，所以才以葛天为号。

（三）这个与世无争的葛国，仅仅因为没有按照强大的邻国即后来建立了商王朝的汤的意志行事，被汤灭掉了。《孟子·梁惠王下》说:“臣闻七十里为政于天下者，汤是也。……《书》曰:‘汤一征，自葛始’，天下信之。”焦循注曰:“《书序》云：葛伯不祀，汤始征之。”中国最古老的典籍《尚书·钟虺之诰》说:“乃葛伯仇饷，（汤）初征自葛。”宋·蔡沈注曰:“葛，国名，伯，爵也。饷，馈也。葛伯不祀，汤使问之，曰‘无以供粢盛’，汤使亳众往耕，老弱馈饷，葛伯杀其童子，汤遂征之，汤征自葛始也。”《史记·殷本纪》说:“汤征诸侯，葛伯不祀，汤始伐之。”《历代宅京记》（清·顾炎武著）引《地理志》说:“葛伯不祀，汤使亳众为之耕，有童子饷食，葛伯夺而杀之。”古文《钟虺之诰》曰“汤征自葛始。”清·孙星衍著《尚书今古文注疏》说:“汤征诸侯，葛伯不祀，汤始征之。”考《孟子·滕文公篇》云“汤居亳，与葛为邻，葛伯放而不祀，汤使人问曰:‘何为不祀？’曰:‘无以牺牲也。’汤使遗之牛羊，葛伯食之，又不以祀。汤使人问之曰:‘为何不祀？’曰:‘无以供粢盛也。’汤使亳众往为之耕，老弱馈食，葛伯率其民要其有酒食黍稻者夺之，不授者杀之。有童子以黍肉饷，杀而夺之。”《书》曰:“葛伯仇饷，此之谓也。”赵岐注曰:“仇，怨也。言汤伐葛伯，怨其害此饷也。”

以上列举了许多史料，有简有繁，有详有略，其实只是说了一件事。七十里国土面积但强大的汤以不祀和仇饷为由将葛国灭掉了。孟子说:“汤一征，自葛始。”然而，这个与世无争的葛国并没有主动寻衅，汤为什么要灭掉葛呢？上面的史料说：葛国的国君葛伯，在应该祭祀先祖的时候，“放而不祀”，于是汤使人问为什么不祀，葛伯说因为没有牺牲，就是说自己没有做祭祀宰杀的牛羊，汤便派人送给葛伯牛羊，但葛伯没有将牛羊作祭品，而是杀掉自己吃了。汤再次派人问葛伯:“为什么还不祭祀？”葛伯说我没有足够的粟米，汤便让亳地民众到葛国帮助耕种，到了中午吃饭的时候，亳地的老弱纷纷携了饭食送给田间耕作的人，这时葛伯率领葛国民众半途进行抢掠，不愿献出酒食者就加以杀害。有一个童子带了酒肉食物送饷，葛伯不但抢走了食物，还杀害了童子。《尚书》这本书上说：葛伯对送食物的亳人怀有仇恨。汤为此十分震怒，出兵一举将葛国灭掉了。当时，葛国的民众逃亡和被杀戮的有多少，现在已经无法考知了。这里，需要稍做一些讨论：

（一）葛国不祀，是他自己的事，与你汤何干？为何一而再、再而三地追问，莫非别有所图？

（二）葛是一个小国，弱国，它敢无缘无故去招惹、挑衅一个决心灭掉夏王朝的强大的邻国，尤其是在汤表面上向葛示好的时候，是不是有点不合常理？

（三）历史从来都是战胜者的历史，失败者往往成了被谴责的对象。上面的历史记载全部是站在汤一边说的话，葛国的话语权被剥夺了，我们甚至连它的呻吟也无法听到。应不应该设身处地为葛国想一想，它有没有被战胜者在记述这一历史事件中丑化的可能？

（四）汤灭夏王朝是决定了的事，《尚书·汤誓》说：“夏民有罪，不敢不正。”并警告亳民“尔不从誓言，予则孥戮汝，罔有攸赦。”对本国民众尚以“孥戮”相恐吓，对他国则更勿论了。我们应该客观地看待葛国的遭遇。

三、葛国的地理位置在哪里，它与鄢城是否存在着某种历史的联系

清·顾炎武所著《历代宅京记》说：“葛，《地理志》今梁国宁陵之葛乡是也。汤地七十里耳。”皇甫谧云：“孟子称，‘汤居亳，与葛邻……’”又说：“今梁国自有二亳，南亳在姑熟之地（注：今商丘市南之姑熟镇），北亳在蒙地（注：今商丘市北）。”《中国历史地图集》（谭其骧主编）“葛，在今宁陵北。”《汉语大词典》（罗竹风主编）“葛天”条说：“古国名，在今河南睢县北，一说在今鄢城北。”《古汉语字典》（四

川人民出版社）“葛”字条说：“古诸侯国，在今河南睢县北，一说在今郾城北。”《中国古代史教学参考地图集·古今地名对照表》（北京大学出版社，张传玺、杨济安编）说：“葛国，河南睢县北，一说郾城北。”古籍《姓考》说：“葛，黄帝支庶，封于葛。”引《通志》说：“葛氏，伯爵，嬴姓，夏时诸侯，今郾城北即其地也。”

上列诸说，歧异为三：（一）河南宁陵说；（二）河南睢县或郾城说；（三）郾城说。考孟子称：“汤居亳，与葛邻。”考汤所居之亳地，即今日之河南商丘，其疆土也不大，“汤地七十里耳。”既然“葛”与“汤”为邻，则葛伯之领地应与商丘不远，而宁陵、睢县均与商丘相邻，其里程在30—60公里。葛这个诸侯小国从远古到夏朝末年，大概一直在商丘附近存在，不像殷商“自契”（注：汤之祖也）封商至于成汤凡八迁，至汤始居亳（见《纲鉴易知录》）。而宁陵、睢县相距咫尺，鸡犬之声可闻。由于古今地域各朝代行政区划时有变更，葛国的领域或者曾经为后来之睢县所管辖过，因此，宁陵说、睢县说，应该都是可以的。2011年4月《中国·宁陵第二届葛天文化艺术节》在宁陵举办，宁陵俨然成为葛天氏立国之地了。

至于郾城，在相当一些权威性的著作中被认为也是葛国生息繁衍之地，这是有着明白记录的。《汉语大词典》是国家的重点科研项目，是一部大型的、历史性的汉语语文词典，它在前言中说：“所收条目力求义项完备，释义确切，层次清楚，文字简练。……所引例证，都是从古今著作原书摘录下来的第一手资料，准确可靠。”它所以有这样的权威性，是因为它是由国内一流的大学，一流的学者（吕叔湘、王力、叶圣陶、朱德熙、周祖谟、吴文祺、罗竹风、蒋维崧等400多名专家）以十多年的时间方始完成的，因此，它的释义是不应该被质疑的。它说：“葛天，古国名，在今河南睢县北，一说在今郾城北。”《古汉语字典》是国务院在1975年以137号文件将这部字典纳入国家规划出版的字典。这部字典“葛”字条说：“古诸侯国，在今河南睢县北，一说在今郾城北。”并引用《孟子》说：“汤一征，自葛始。”《中国古代史教学参考地图集·古今地名对照表》，该书由北京大学出版社出版，著名史学家张传玺、杨济安编，该书说："葛国·夏——春秋，河南睢县北，一说郾城北。"还有古籍《通志》上说："葛氏，伯爵，嬴姓，夏时诸侯，今郾城北部即其地也，子孙氏焉。"以上各书记载，集中到一点，就是郾城也是葛天氏或葛国曾经立国生息的地方，但是它与宁陵或者睢县的矛盾如何解决呢？

在上古，一个国家在不同的地方建国的情况屡见不鲜。《历代宅京记》说："今梁国自有二亳，南亳在姑熟之地，北亳在蒙地。"又说："然则殷有三亳，二在梁国，一在河洛之间。"《立政》注云："三亳者，汤旧都之民，分为三邑，盖东成皋，南轩辕，西降谷也。是以三亳分亳民于三处，非三处有亳地也。"《辞海·历史分册》"申"条有："申，古国名，姜姓，居今陕西、山西间，周宣王时，一部分被东迁，分封于谢（原注：今河南南阳）建立申国。"《汉书·地理表》颍川郡条："颍川郡，县十二，下列阳翟、昆阳、颍阳、定陵……襄城……"可见，一个诸侯国在迁居别地或分立两处、多处时，是可以沿用原来的国号的，或者说可以多国一名的。郾城与亳（即今商丘）虽然互不相邻，但由于"汤一征，自葛始"，汤借口葛伯杀了他的人，因而举兵屠戮了葛国，葛国的老百姓在乱离逃亡中，辗转迁徙，最终，在郾城这个地方安顿下来，重新建立了自己的家园。像前面说的"申"国，从陕西、山西间"被"迁到南阳，仍以"申"为国名一样（请注意《辞海》这句话中的"被"字，为什么"被"呢？是"被"一个强大的势力集团的强大压迫所致。不然，一个安土重迁的部落怎么会"被"迁呢？）葛国也是这样，它的人民"被"汤征伐，一部分老百姓逃亡到郾城，他们不忘故国，仍旧以"葛"来命名自己的国号，这应当不是什么值得诧异的事情。典籍说："葛，一说在郾城北。"我们应尊重这一记载的正确性。那么，我们将郾城确定为葛天氏或葛国立国生息地之一，也许就是一个合情合理的结论了。

选自 2012 年《漯河文史资料》第十九辑

燕国起源于漯河考辨

闫湛效[1]

武王灭商，封召公于郾；秦灭郾，统一六国，改“郾（Yǎn）国”为“燕（Yān）国”，这是无可争议的史实。始封地在哪里，“郾国”为什么改为“燕国”，学界认识不一。著名历史学家傅斯年认为，燕国初封应在河南省郾城县，其都城就在郾城县召陵镇（傅斯年《大东小东说·兼论鲁燕齐初封在成周东南，后乃东迁》）。正因召公在此筑城建国，加之此处高岗地形，故得名召陵。从武王灭商（前1046年）召公初封在“郾”，到成王十年（前1033年）之后徙封北燕，这段时间不长，留下的史料稀少，一些重要证据缺少专人系统研究分析，所以郾国初封在河南郾城并不为世人了解，傅斯年认定燕国初封应在河南省郾城县的结论也没有得到大多学界的认可。尤其是1986年北京房山琉璃河商周遗址出土了铸有“令克侯于匽”的同铭罍、盉，“克”被大多学界认定为召公元子，是燕国第一代侯，并以此认定“郾国”始封地就是今北京房山。对此笔者有必要将足以说明“郾国”始封地在河南郾城的证据和个人见解提供在此，供大家参考。

1.“令克侯于匽”的克罍只能证明克侯于“匽”而后迁徙到现在的北京

1986年，北京房山琉璃河商周遗址1193号周墓出土大量西周早期青铜器轰动史学界。其中铸有“令克侯于匽”的同铭罍、盉各一件最为珍贵，被称为克罍、克盉，现存北京博物馆最显要位置。克罍、克盉

① 闫湛效，1962年生，大学文化。原籍漯河市郾城区裴城镇。市政协第二、三、四届委员，第五、六届常委，历任漯河市社会主义学院副院长、召陵区人大常委会副主任。

被公认是召公建立北燕的最早实物证据，也被一部分人视为召公初封在“北燕”的“铁证”，“克”被大多学界认为是“燕”国第一代侯。铭文全文是：“王曰：大保，隹乃明，乃鬯享于乃辟。余大对乃享，令克侯于匽，饰、羌、马、摣、雩、驭、微、克、甲、匽，入土眔厥司，用作宝尊彝。”笔者对此有两个看法：一是甲骨文中就有“燕”字，当时已有燕山之名，为什么要写令克侯于“匽”而不是令克侯于“燕”呢？再看1997年7月山东省淄博市临淄区齐都镇龙贯村发掘出的郾王职剑（郾王职即派乐毅攻占齐国的燕昭王。郾王职剑现存淄博市博物馆），以及众多的郾侯腰戈、郾侯载戈、郾王戎人戈……；再到燕国最后一个国君的郾王喜剑、郾王喜矛，燕国金石铭文，皆用“匽”或“郾”。郭沫若《两周金文辞大系图录考释·匽侯旨鼎》明确指出：“凡北燕之‘燕’，金文作‘匽’若‘郾’，无作燕者。”截至目前，没有发现任何证据证明燕国之地在周之前有叫“匽”或“郾”的方国；也没有任何证据证明在郾国灭国之前“郾”字与“燕”字通假。由此可知，“令克侯于匽”的克罍在北京出土，只能证明匽国后来确实迁徙到了今北京，而不能证明“燕国”的始封地匽国就在北京。二是铭文所列十族之归匽国为属民，没有任何证据证明这十族皆是成王十年以前北方固有的部落邦国。相反，常征先生考证有九族来自内地常征［《释（大保鼎）》］，尤其是“匽”人在列其中，更加说明多个族人是召公从原封国河南郾城等地带过去的人马，进一步证明“北燕”来自召公原封国河南郾城。

2.《史记·燕召公世家》“周武王之灭纣，封召公于北燕”的记载误导了古今众人

如前所述，“凡北燕之‘燕’，金文作‘匽’若‘郾’，无作燕者”，《史记》延续秦人之说，将郾国写成燕国本身就是个错误。武王灭商大封功臣，功劳很大又是同族的召公绝对不会缺位。但武王时尚未来得及抚定边远的“北燕”，如何封召公于北燕？著名历史学家齐思和先生在《燕吴非周封国说》（齐鲁书社，1960）也就此提出疑问：“若夫召公之封，尤有可疑。夫武既克殷，灭国甚多。择地而封，岂患无土？又何必远流之幽州之野？且戎狄杂错，召公又安得越之而有燕？”那么北燕之郾国何时从何而来？这个问题，北京社科院副院长常征在其《释〈大保鼎〉》一文中讲得很明白："燕侯召公奭作为成王太保，是平定山西唐人之乱的周军统帅。他在成王八年平定唐乱后，十年东出河北，抚定北方。""召公进抵今涞水、易县边界之永阳乡即《太平寰宇记》所说'废涞水县'，并未派兵深入，以示对冀北、松辽、朝鲜半岛众多的诸侯不加侵夺。由于他采取了'服近怀远'的开明政策，又由于驻地邶伯（殷人方伯）和从行的箕子帮助，远方诸侯皆相率纳款。""召公与这些诸侯会盟并承王命封建箕子之国于朝鲜二水间（朝水即今潮河，鲜水为唐山陡河古名）使为'朝鲜侯'，自则回朝主政，成王即迁封燕国于北方，由召公长子'太子癸'继燕侯位（见《堇鼎》），其旧封燕国河南郾城、召陵，即作为召公居官之采邑，由其次子一系领有。"

3. 漯河市郾城区和召陵区地名见证燕国起源于此地

漯河市区原来均属河南省郾城县管辖，1948 年设市，曾先后两次与郾城县合并分设；1986 年漯河市由县级市升格为省辖市，辖郾城、舞阳、临颍 3 个县和源汇区；2004 年再次进行区划调整，把原郾城县和源汇区撤并，分设为源汇区、郾城区和召陵区。据考证，召陵区的召陵镇镇政府所在地，就是古郾国（子爵，也称郾子国）都城所在地。明崇祯李振声《郾城县志·卷四》记载："古城在县东三十五里，世传古郾子国受封之城，遗址尚存。""召陵城在县东三十五里，春秋齐桓公伐楚，屈完来盟于召陵，即其地也。"《辞海》对郾的解释是："郾，古国名，亦写作'匽'或'偃'。燕国自称为郾。""郾城，县名。汉置郾县，隋改郾城县"。目前全国用"郾"字作地名的，唯有河南省漯河市郾城区。傅斯年在《大东小东说·兼论鲁燕齐初封在成周东南，后乃东迁》说："燕即本作郾，则与今河南之郾城有无关系，此可注意者。在汉世，郾县与召陵县虽分属颍川汝南二郡，然土壤密迩，今郾城县实括故郾召陵二县境。近年郾城出许冲墓，则所谓召陵万岁里之许冲，固居今郾城治境中。曰郾曰召，不为孤证，其为召公初封之燕无疑也"。召公与召陵共用"召"字，召陵又是古郾国故城所在地，"燕国"原来又与郾国同名，这绝非历史巧合。

4. 从史书记载看召公初封在河南郾城的必然性

《史记·周本纪》记载:“武王追思先圣王，及褒封神农之后于焦，黄帝之后于祝，帝尧之后于蓟，帝舜之后于陈，大禹之后于杞。于是封功臣谋士，而师尚父之首封。封尚父于营丘，曰齐；封弟周公旦于曲阜，曰鲁；封召公奭于燕，封弟叔鲜于管，弟叔度于蔡。”在这段文字中，清楚地告诉我们三个信息：一是分封时间是在武王灭商之时。从文献记载看，周人攻下商都殷墟后，往北并没有进行长距离的用兵，故武王设置“三监”，其地理位置也基本上没有超出殷墟以北太远。分析武王克殷之后的天下局势，当时周人的政治、军事势力还没有到达古幽燕之地，何来封召公奭于燕。二是重要封国都在成周附近以屏护周天子。傅斯年先生考证:“当时周公的封国鲁在现在的河南省鲁山县，太公望（姜子牙）的封国为吕国，在现在的宛南吕宛，和申、通、许、四、岳等诸姜姓封国邻近，而召公的封国郾，则地在今天的河南郾城县（傅斯年《大东小东说·兼论鲁燕齐初封在成周东南，后乃东迁》)。”事实上，无论是根据功绩，还是根据亲疏，抑或根据当时周国国土的情况，只有召公封于郾城才更合乎逻辑。三是在分封措辞上直接告诉我们召公的封地就是郾。在《史记》这一段记载中，对齐、鲁两国之封“曰齐、曰鲁”，之所以要加以备注，说明这些地方原来的名称不是这样。对于仍沿用旧称的地方不需要再加说明。因此“封召公于燕”说明“燕”是当时本身就存在的国家，那就只能是河南郾城的“郾国”而不可能是北京所在的“燕国”，因为当时只有“郾”而没有“燕”之说。

5. 周初召公在南国的活动恰恰说明其封地就在附近的郾城

周灭商后，召公洛阳筑城、经营江南、征伐淮夷、平定录国，连续十余年的活动都在南国。《史记·周本纪》:“成王在丰，使召公复营洛邑，如武王之意。周公复卜申视，卒营筑，居九鼎焉。”(《尚书·召诰》详记其事）武王灭商后，为占据中原得到天下，将洛邑作为周的东都修筑城池，因“三监之乱”中断，国家稳定后，成王“使召公复营洛邑，如武王之意”;《诗经·召南》是因召公始封之地命名的，“召南”之地说法不一，但《召南·江有汜》提及江水，在召公北方的封地哪里有江水？《毛诗正义·国风·召南·甘棠》序：“美召伯也。召伯之教，明于南国。”清光绪二十八年（1902年），在岐山城西南刘家原召公祠出土的大保玉戈铭文再次证明召公在南国的活动足迹。铭文记载：“六月丙寅，王在丰，令大保省南国，帅汉，遂殷南，令厉侯辟，用（驺）走百人”。古时“大”与“太”通假，大保就是指太保召公（下同），《史记·周本纪》有“召公为保、周公为师，东伐淮夷”的记载；厉即今湖北随县以北的厉国。《诗·小雅·四月》：“滔滔江汉，南国之纪”，说明南国就是指江汉。召公在南国持续的卓有成效的政治活动，证明其初封就在南国的郾城召陵而绝不会是在数千里之遥的北京房山。

6. 大保簋铭文证明召公封地只能是河南郾城

著名的梁山七器之一大保簋铭云：“王伐录子圣，摣厥反，王降征命于大保。大保克敬亡遣。王泳（迎）大保，易（赐）休余（徐）土，用兹彝对命。”对于这段铭文，学界认识不一，分歧主要有三：一是录子圣的“录”字是指商裔武庚禄父还是国名。郭沫若认为：“录”应读为“六”，地望在今安徽六安县（郭沫若《两周金文辞大系图录考释》）。这里我同意郭沫若的意见。因为武庚禄父参与“三监之乱”被灭，即使其子出逃也无力作乱，即使作乱也不值得周王亲征。如果有方国支持其作乱，那么周王征伐的就不是其子而是这个方国了。考古学家陈梦家也认为：“此器记录子之反，王降征令于太保，所征之录，疑在南土。”二是“摣厥反”三个字如何解释。有学认为“摣”是国名，如果推定成立，此铭文前两句就成了“王伐录子圣，摣厥造反”，这样放在全文看，“王伐录子圣”句就显得多余。笔者认为，“摣厥”应为挫折之意，是对王伐录子圣遭遇失败的修饰之语。“摣”原文是“虘”右边加手，与“虘”左边加手，同为一字，“摣”意为捕捉；“厥”通“橛”，词义为树桩、木橛子或者断木。目前河南民间仍然有把“碰钉子”叫作“拔橛子”的说法。厥还是“蹶”的古字，有摔倒、挫败之意。再看《礼记·檀弓》记载有徐国大夫容居的回忆：“昔我先君驹王西讨，济于河。”证明徐国国君徐驹王曾打败周王。正因为周王亲征受挫，才会“降征命于大保”，也才有大保临危受命，一战成功，致使周王亲自迎接，并赏赐余土作为奖励。三是“易休余土”的“余”，是第一人称“我”即器作者还是徐国的“徐”。前者做第一人称显然词句不通。召公平叛凯旋，王亲自迎接，如何不赏赐召公而赏赐第三者？“余”和“徐”是同源字，作“徐”解释意通理顺，当不谬矣。

综上所述，此铭文最通顺也最合理的解释就是：“王伐录子圣，受挫返回，王命大保出征反击，大保不负王命平定叛乱，王亲自迎接大保，并赏赐徐土（扩封），特作此器以记之”。史料记载，当时徐、六、郾同为皋陶子孙封国，徐国是淮夷部族中实力最强、敢于称王并与周对抗的国家，疆域包括苏北、皖中、鲁南、豫东等江淮广大地区。徐驹王虽经过召公的沉重打击，土地大幅东缩，但到其子徐偃王时仍拥土五百里，三十六个国家向其臣服。《后汉书·东夷传》记载：“偃王处潢池东，地方五百里，行仁义，陆地而朝者三十有六国。”录国叛乱，其北邻同宗徐国助录抗周不足为奇，周公取胜获封徐土合情合理。如果召公当时的封地不是在与徐国相邻的郾国，而是在千里之外的“燕国”，赐封徐土则不太可能。

7. 以《水经·颍水注》记载否定傅斯年召公初封在郾城召陵的判断不能成立

有人依据南北朝《水经·颍水注》“东南迳召陵县故城南，春秋左传僖公四年，齐桓公师于召陵责楚贡不入即此处也。城内有大井，径数丈，水至清深。阚骃曰：召者，高也，其地邱墟，井深数丈，故以名焉”的记载，认为召陵与召公没有关系，进而推断郾城与燕国始封也没有关系，并以此否定傅斯年关于召公初封在郾城召陵的推断。事实上，根据东汉《说文解字》：“召，呼也，从口，刀声，直少切。”查遍所有字书，并未见“召”有高的意思;《辞海》对“陵”的解释倒是符合阚骃之言：“大土山：山陵。丘陵。”显然阚骃所曰“召者，高也”之语不足为信，以此否定召陵与召公无关也不足为凭。

8. 秦为什么把“郾国”变成“燕国”

晋皇甫谧《帝王世纪》云：皋陶生于曲阜。曲阜偃地，故帝因之而以赐姓曰“偃”;《史记·秦本纪》：“孝王曰：‘昔伯翳（皋陶长子）为舜主畜，畜多息，故有土，赐姓嬴。今其后世亦为朕息马，朕其分土为附庸’邑之秦，使复续嬴氏祀，号曰秦嬴”;《使记·夏本纪》载:“皋陶子，长伯翳，次仲甄。次封偃，为偃姓，即郾。”段玉裁《说文解字注》:“偃、嬴，语之转耳。”这些记载说明，秦国与郾国的祖先都是皋陶。皋陶偃姓，长子伯翳为舜养马有功，赐姓嬴，是秦国嬴姓的始祖；皋陶次子仲甄被封到郾，是郾国始祖。“嬴”与“郾”同祖同宗，且秦人发音相同，加之郾国已经迁徙到了燕山之地，秦既灭郾，为避其先世讳，故将“郾”易名为“燕”。

选自 2014 年《漯河文史资料》第二十一辑

浅谈郾城、召陵之由来

闫湛效

作为漯河人，当关注漯河的历史文化。关于郾城、召陵地名的由来，说法很多，谬误不少。笔者不揣浅陋，就此谈一些拙见，供大家参考。

《辞海》对郾的解释是:“郾，古国名，亦写作‘匽’或‘偃’。燕国自称为郾。”“郾城，县名。汉置郾县，隋改郾城县。”

郾，甲骨文作“妟”，西周加匚作“匽”，东周加邑作“郾”。“妟”派生出“匽”，“匽”又派生出“郾”和“偃”等字。在安阳小屯出土的甲骨文中，已经发现多个“妟”字，如“妟其来”“贞，妟乎取白马氏”等。“妟”字在甲骨文中写法各异，但都是一个美女端坐，一个太阳或左或右或紧挨头顶，丽日美女，安逸幸福之意不用言表。多个甲骨文“妟”，印证了商朝之前古郾国的存在，也印证了当时郾国与商王朝关系密切。

郾国何时起源？为什么叫“郾”？根据《史记·帝王本纪》《路史》（卷十六）记载，古郾国是因远古“四圣”之一的皋陶姓偃（偃通郾），夏禹封其次子仲甄于此地而得名郾，距今已经有4100余年的历史。

《路史》卷十六：皋陶“有子三人，长伯翳，次仲甄，次封偃，为偃姓。”《史记·夏本纪》云:“帝禹立而举皋陶荐之，且授政焉，而皋陶卒。封皋陶之后于英、六，或在许。”意思是说：禹帝立为天子后，举用皋陶为帝位继承人，把他推荐给上天，并把国政授给他，但是皋陶没有继任就死了。禹把皋陶的后代封在英、六两地，有的封在许地。英，作为地名无从可考，当为嬴之误传。《史记·秦本纪》:“孝王曰：‘昔伯翳（皋陶长子）为舜主畜，畜多息，故有土，赐姓嬴。今其后世亦为朕息马，朕其分土为附庸’邑之秦，使复续嬴氏祀，号曰秦嬴。”以上记载说明，嬴姓和偃姓都来自皋陶，且读音相近，很可能英即嬴即偃，偃刚好邻许。段玉裁《说文解字注》：“（嬴）帝少皞之姓也……嬴《地理志》作盈。又按伯翳嬴姓。其子皋陶偃姓。偃嬴，语之转耳。”朱骏声《说文通训定声》嬴下云：“嬴、伯翳之后也。伯翳子皋陶偃姓，盖以偃为之，偃嬴一声之转。”

今召陵区召陵镇东南四公里处有一村名西皋，传为皋陶受封建城之处，也当为古郾国最早都城所在。因皋陶原封地在安徽北部一带，都城在今安徽六安，六安也叫皋城，西皋位在皋城六安西方，故曰西皋。根据皋陶的功德地位和皋陶后代的受封情况，结合地名所承载的历史印记来看，西皋之说并非纯粹谣传。

关于召陵来源，根据有关史料和考古发现可以认定，周武王灭商，把召公封到郾国，召公在西皋城西北一高冈地重新筑城建国，因此得名召陵。《郾城县志·卷四》记载：“古城在县东三十五里，世传古郾子国受封之城，遗址尚存。”这里的“古城”就是指召陵。成王后期召公平定北方并为了稳定北方，又把召公的郾国迁封到了北方，即众所周知的战国七雄之一的燕国，原来的郾国（召陵）成为召公居官之采邑，由其次子一系领有（姬姓胡国是否来源于此有待考证）。秦始皇灭郾，统一六国，报了召公姬奭夺国之仇，燕丹刺杀之恨，必区别同宗偃姓郾国与姬姓郾国，将燕山之“郾（Yǎn）国”易名为“燕（Yān）国”不足为奇。

《史记·燕召公世家》中记载“周武王之灭纣，封召公于北燕”。郭沫若《两周金文辞大系图录考释·匽侯旨鼎》明确指出：“凡北燕之‘燕’，金文作‘匽’若‘郾’，无作燕者。”也就是说，目前出土和传世的所有燕国金石铭文，西周都是用“匽”字，战国时期改为“郾”字，没有一处用“燕”字。“郾”与“燕”并不通假，所以学者多用“经典（史记）燕通郾”，辞书多为“燕自称为郾（冤枉，燕从未自称为郾，是秦始皇、司马迁让燕称郾）”。《史记》记载说明武王灭商的同时也灭掉了河南的郾国，并把召公封到郾国，但司马迁延续秦人之说，将郾写成燕显然是个错误并误导众人。武王灭商大封功臣，功勋重臣又是同族的召公绝对不会缺位。但当时武王尚未来得及抚定边远的“北燕”，如何封召公于北燕？著名历史学家齐思和先生在《燕吴非周封国说》（齐鲁书社，1960）也就此提出疑问：“若夫召公之封，尤有可疑。夫武既克殷，灭国甚多。择地而封，岂患无土？又何必远流之幽州之野？且戎狄杂错，召公又安得越之而有燕？”傅斯年在《大东小东说·兼论鲁燕齐初封在成周东南，后乃东迁》说：“燕即本作郾，则与今河南之郾城有无关系，此可注意者。在汉世，郾县与召陵县虽分属颍川汝南二郡，然土壤密迩，今郾城县实括故郾召陵二县境。近年郾城出许冲墓，则所谓召陵万岁里之许冲，固居今郾城治境中。曰郾曰召，不为孤证，其为召公初封之燕无疑也。”常征在其《召公封燕及燕都考》说：“郾城县境古有‘召陵’，或即郾国故墟。”

1986年，北京房山琉璃河商周遗址1193号周墓出土大量西周早期青铜器轰动史学界。其中铸有“令克侯于匽”的同铭罍、盉各一件最为珍贵，被称为克罍、克盉，现存北京博物馆最显要位置。

从“令克侯于匽”句式上看，“匽”已经存在。截至目前，没有任何证据证明燕国之地在周之前有叫“匽”的方国，而只有河之南有个“匽”国。再者，铭文是“令克侯于匽”而不是“令大保（‘大’古通太，即太保召公，下同）侯于匽”，即使“克”是召公长子，武王灭纣，不可能不封召公而先封其子，其子功劳再大地位再高也超不过召公，由此断定“令克侯于匽”，只能是后来才发生的事，克罍在北京出土，只能证明匽国后来确实迁徙到了今北京。

清咸丰年间，山东寿张县梁山出土了七件青铜器，其中大保鼎内壁上有“大保铸”三字铭文。由此，金石学家认定，大保鼎以及“梁山七器”中的大保簋、大保卣等都是召公铸造的，这些重器正是召公身份和地位的象征。关于“七器”如何会在梁山出土？一些专家认为召公逐北途经梁山，“遂有诸燕器出土梁山之事”“大保七器出土于寿张梁山，地居北上燕土的中途，则未始不可能正因召公追逐北逃的王子禄父，而其后裔徙封于燕”等说法。试问，召公尚在去北燕途中，七器之一的宪鼎铭文“在匽”是在哪个匽？只有用河南郾城的“郾”才能说得通。宪鼎铭文曰：“隹九月既生霸辛酉在匽，侯易宪贝金，扬侯休，用作召伯父辛宝尊彝，宪万年子子孙孙宝光用大保。”铭文大意是说：“九月上旬的辛酉日，宪在匽地，匽侯赐宪贝与金，宪为传扬匽侯的恩赏，特作召伯父辛（召公奭）宝尊彝器，宪将子孙累世铭记大保（召公）的恩赏。”宪鼎证明，此时大保召公已经是郾侯，并在郾地赏赐宪金贝。历史上召公从未到过“北燕”之郾地，此器铁证召公始封地就是河南郾城。

再谈谈七器之一的大保簋铭文：“王伐录子圣，攄厥反，王降征命于大保。大保克敬亡遣。王泳（迎）大保，易（赐）休余（徐）土，用兹彝对命。”意思是说：“周成王讨伐录子国叫圣的国君，因病返回，成王命令太保召公出征继续讨伐，召公谨遵王命凯旋，成王亲自迎接召公，并赏赐徐国土地给他，特制作彝器铭记此事。”郭沫若认为：“录”应读为“六”，地望在今安徽六安县（郭沫若《两周金文辞大系图录考释》）。考古学家陈梦家也认为：“此器记录子之反，王降征令于太保，所征之录，疑在南土。”大保征伐录子圣后，周王把徐国部分土地赏赐给召公作为扩封。徐国是当时淮夷部族中实力最强、敢于称王并与周对抗的国家，疆域包括苏北、皖中、鲁南、豫东等广大地区。《礼记·檀弓》记载有徐国大夫容居的回忆：“昔我先君驹王西讨，济于河。”徐驹王虽经过召公的沉重打击，土地大幅东缩，但到其子徐偃王时仍拥土五百里，三十六个国家向其朝拜进贡。《后汉书·东夷传》记载：“偃王处潢池东，地方五百里，行仁义，陆地而朝者三十有六国。”如果召公当时的封地不是在郾城召陵一带与徐国相邻，而是在千里之外的北京，赐封徐土则不太可能。

那么北燕之郾国何时从河南迁来？这个问题，北京社科院副院长常征在其《〈释大保鼎〉》一文中讲得很明白：“燕侯召公奭作为成王太保，是平定山西唐人之乱的周军统帅。他在成王八年平定唐乱后，十年东出河北，抚定北方。”“召公进抵今涞水、易县边界之永阳乡即《太平寰宇记》所说‘废涞水县’，并未派兵深入，以示对冀北、松辽、朝鲜半岛众多的诸侯不加侵夺。由于他采取了‘服近怀远’的开明政策，又由于驻地郪伯（殷人方伯）和从行的箕子帮助，远方诸侯皆相率纳款。”“召公与这些诸侯会盟并承王命封建箕子之国于朝鲜二水间（朝水即今潮河，鲜水为唐山陡河古名）使为‘朝鲜侯’，自则回朝主政，成王即迁封燕国于北方，由召公长子‘太子癸’继燕侯位（见《堇鼎》），其旧封燕国河南郾城、召陵，即作为召公居官之采邑，由其次子一系领有。”

匽侯旨鼎、宪鼎和克罍、克盉上的“匽”字，是目前所知最早加匸的“妟”字。《说文》解：“匽，匿也。从匸妟聲。”为什么将“妟”加匸为“匽”，带上隐匿之意？这里有必要作一解释。

武王灭商，封纣的儿子武庚在殷都故地以安商民。武王又把自己的弟弟管叔、蔡叔、霍叔封殷都周围，以监视武庚，史称“三监”。武王病死，成王年幼即位，周公辅政代行王事。周公专权，“三监”疑其有不臣之心，于是勾结武庚作乱，史称“三监之乱”。《尚书·金縢》载：“管叔及其群弟乃流言于国曰：公将不利于孺子（成王）。”之后周公东征，诛武庚，杀管叔，放蔡叔，废霍叔为庶民，平定了三监之乱。

“三监之乱”因周公专权引发，震动朝野。作为“周公把大钺，召公把小钺，以夹武王（《史记》）”的召公，与周公“五成而分陕，周公左，召公右（《史记》）”，威名不次于周公，对引发“三监之乱”原因岂能不做深思并吸取教训？故将其国名“妟”加匸为“匽”，隐匿之意显然，也示其后要藏起锋芒，低调做人，免招祸乱。

从金石铭文来看，“郾”字在西周作“匽”。如北京房山琉璃河出土的匽侯舞钖铜盾，堇鼎铭文，1955 年于辽宁凌源海岛营子出土的匽侯盂，传世的有匽侯旨鼎铭文等。到了东周战国，“匽”作为地名，加邑成了“郾”。如 1997 年 7 月山东省淄博市临淄区齐都镇龙贯村发掘出的郾王职剑（郾王职即派乐毅攻占齐国的燕昭王。郾王职剑现存淄博市博物馆），以及众多的郾侯腰戈、郾侯载戈、郾王戎人戈，再到燕国最后一个国君的郾王喜剑、郾王喜矛等。

有人依据南北朝《水经·颍水注》“东南迳召陵县故城南，春秋左传僖公四年，齐桓公师于召陵责楚贡不入即此处也。城内有大井，径数丈，水至清深。阚骃曰：召者，高也，其地邱墟，井深数丈，故以名焉”

的记载讲述召陵来源，也有人以此认为召陵与召公没有关系，进而推断郾城与燕国始封也没有关系，并以此否定傅斯年关于召公初封在郾城召陵的推断。事实上，根据东汉《说文解字》:“召，呼也，从口，刀声，直少切”的解释，查遍所有字书，并未见“召”有高的意思;《辞海》对“陵”的解释倒是符合北魏大臣阚骃之言:“大土山：山陵。丘陵。”显然阚骃所曰“召者，高也”之语不足为信，以此否定召陵与召公无关也不足为凭。

在漯河流传最广的，就是有人依据郾城县志在晋朝将召陵写作邵陵推定，召陵原来念召（zhào）陵，因避司马昭之讳改念召（shào）。须知，召（shào）作为姓氏和因姓氏所得地名，加右耳旁不加音意不变。古时地名如“匽”加“邑”为“郾”,“甘丹”加“邑”为“邯郸”,“召”加“邑”为“邵”非常正常，在这里召陵的“召”加“邑”为“邵陵”，从书写和观瞻上来说，显然有点画蛇添足，再把“邵”改回“召”也很正常。召陵因召公而得名，不可能会念召（zhào）陵。

选自2016年《漯河文史资料》第二十三辑

北舞渡彩牌楼引深思

周声远[①]

面对北舞渡镇被称为“千古一绝”的彩牌楼，我陷入久久的沉思，想到了史称定陵镇的北舞渡的发展变化和影响作用。今以残脑瘫手忆写于此。

北舞渡彩牌楼

山陕会馆在今会馆街，坐北面南。对面有面向会馆的外戏楼，会馆大门上为会馆的内戏楼，内戏楼与彩牌楼相对。彩牌楼前左有钟楼，右有鼓楼，明柱四角。东侧及后面房屋均为古式建筑。飞檐重滴水，挑角

① 周声远，男，1914年出生，舞阳县姜店乡人。曾任部队文化教官、文工团团长，县委、县政府秘书，县文教科（局）长，县高中副校长，县各界代表、县人大常委、县政协副主席。

密斗拱，角兽昂首向天，脊上跑子成行。全部建筑气派宏伟，诚可如彩牌楼上“浩气英风”赞之，堪称中国古建筑硕果之精英。可惜现在就只剩下了一座彩牌楼了！

从前中原地区向东南方运输货物，自山头店经舞阳到确山，土路全用肩担、车推、驴驮、马拉等。传有“过舞阳漫东南，十个十八到确山”的顺口溜。到了清代，陕西和山西商人纷纷来河南经营工商交通事业，后来虽有京汉铁路，而豫中及广大地区运输仍旧滞塞不通，山陕人便以北舞渡为发起点，兴起了沙河水路航运事业。那时周围各地货物均以社旗镇为集中点，再向北舞渡装船东运，形成了“拉不完的赊旗店[①]，填不满的北舞渡”。山西和陕西商人很快富起来，在北舞渡设立山陕会馆，建起会馆街。

沙河航运的货物向东转向南，经过几条河流和运河，输送到长江口和沿海各省。当时豫中，女纺线、男织布是群众日常劳动，大量土布从香港和澳门运出国门，在东南亚各国以及澳大利亚，成了制衣、被必用的抢手货。

那时候，沙河北舞渡段从东到西运货船只铺盖河面，船桅杆宛如密林，装卸货物的人挤挤扛扛，呼叫声此起彼伏，看上去很是壮观。

由于大量山陕人来到北舞渡经营工商贸易，这里很快繁盛起来。

史称定陵的北舞渡古镇城大地广，有九门九关。当时各条街道分别发展成专业经营的区域。有菜市街、牛市街、官厅街、会馆街，装卸货物的顺河街、中心街和出售食品的穿心阁等。穿心阁的肉类、焦鱼、油酥火烧儿、灌汤饺子和烫面角等食品特别诱人，镇上的群众、外来的商人纷纷前来吃稀罕。人们把游逛北舞渡，特别是到会馆庙看戏，观赏彩牌楼的富丽建筑，视为人生一大幸遇。

山陕人走出闭塞故乡，到北舞渡镇与当地人一起做工商贸易，为交通运输、物资交流、生活安适创造条件之后，很多都心情舒畅地定居下来，和当地人永世相伴了。经营武昌酒馆、油坊的陕西人，在本地落

① 河南南阳社旗镇，古称赊旗店，位于汉水支流唐河上游，赵河、潘河交汇之地，明、清时，和朱仙镇、道口镇、周口镇并称为中原四大名镇。

户后，经过多年繁衍，现在已经有一部分世居在舞阳县城。另有陕西人牛泰者，与舞阳一女子结婚，在姜店开杂货铺，因做的点心脆甜好吃，后来当地人就常用“跟牛泰的点心一样脆甜好吃”来形容自己的美好生活。

选自2003年《漯河文史资料》第十一辑

由《说文》和《本草》看漯河

孟巍坚

宋代大文学家苏东坡对儿子苏过进行家教时常有这样一句话："学者之有《说文》如医家之有《本草》。"后来，元代文学家舒天民所著《六艺纲目》卷下《字原》里，援引了这则名言。

汉代许慎的《说文解字》和宋代掌禹锡的《本草图经》，都出自漯河（郾）人的大手笔。漯河人文地望，文渊才赡，为此苏氏专门上奏皇上，请恩准赐旨，让其子苏过来漯河（郾）出任七品知县。苏过在这里治理政教之余，搜集了当地许多人文逸事。其人谦谦君子、为政以德，都呈现在他所著的《斜川文集》里。金代翰林刘从益曾摄令漯河，其子刘祁随其父深知漯河风情，他读书有成后，便崭露一代名儒，所著《归潜志》一书计十四卷，为当今重要的史料笔记。该书四分之一篇幅论述郾城风物与人文。明代翰林学士解缙，在统领编纂《永乐大典》时，曾专程来到漯河查寻当地历史人文与孔子故游地。同时《永乐大典》的编纂者海宁人孙子良亦专程来漯河搜寻掌禹锡的《本草图经》。当他见到掌氏的药草图绘有名其状的草木、金石、鸟兽、鳞介而另立《图经》时，赞叹不已，并将掌氏《本草》载入《永乐大典》里。漯河人文地望，为世人所誉，《说文》与《本草》诚然可贵。所以明代成化进士官工部尚书毕亨送给漯河十六个字："鱼龙变化，鸾凤翱翔，辈辈青云，科科金榜。"故此，名士游子前来漯河者络绎不绝，《歧路灯》作者李绿园等人就是一例。

"学者之有《说文》如医家之有《本草》"道出了《说文》为学者必备，《本草》为医家妙理以及二者等同可贵的价值。该说于世早已形成共识，并聚焦为民族精华的左右两臂。

掌禹锡字唐卿，漯河（郾）人，生于宋初庚寅年即北宋淳化元年（990 年）三月十日，卒于治平三年（1066 年）三月，享年 76 岁（见宋人吴处厚《青箱杂记》卷四）。其人自幼勤奋好学，随后考取进士，殿试言《书》判为第一。在朝为官至工部尚书，而后致仕于家，著有《周易集解》十卷和《嘉祐本草》《图经》等。当时名博宋元的这部医学经典——《本草》，就是由皇上命掌禹锡统领众多人员共同协作而成的。宋仁宗嘉祐二年（1057 年），皇上诏书光禄卿直秘阁掌禹锡尚书编纂校理并辅注《本草》（见李时珍《本草纲目・序例》）。诏书至各州县，凡属药草名者，一律由当地方剂家名其状、绘其形，附写其性能，上报于京，由掌禹锡将全国上报的医药条款分门别类进行汇集，并作补充批注，详述说明。因此宋代高承《事物纪原》一书，将掌氏列于卷七的《本草》条目里。并言："（宋）仁宗嘉祐中命掌禹锡集类诸家叙药之说，补注为《本草》。"待掌氏致仕归里将《本草图经》带回继续详加审理并招来江南诸多名士翻阅。一心执着方剂的李时珍把掌氏图经作为自己写作的"蓝本"，经过二十余年的辛勤笔耕，终将此医学款目调整为主治、发明、附方、集解，并题名为《本草纲目》。所以今见李氏《纲目》（序例）首记掌禹锡言《本草》的流变，并反复引证掌氏之说。从《本草纲目》的图绘卷与其有关资料前后对照，李时珍所绘亦多半出自宋人掌禹锡之手。

总之，"学者之有《说文》如医家之有《本草》"一语，除却互褒相训之外，还可以启迪后人，饮水思源，勿忘漯河，并记取许氏与掌氏所作出的可贵奉献。

选自 2006 年《漯河文史资料》第十四辑

说韩愈故里

李智勇[①]

唐代大文学家韩愈籍里何处，历来众说纷纭，没有定论。大概有这么几种说法：

（1）河南孟县说，多见于词典及传记作品；

（2）河南修武县说，代表人物为南宋著名理学家朱熹等；

（3）昌黎县说，《旧唐书》（注意，不一定是现在的河北省昌黎县）；

（4）南阳说，《新唐书》，代表人物是李白、欧阳修、韩愈的密友皇甫湜。

还有其他的几种说法，但不是主流，这里不再赘述。

在中国历史人物中，韩愈的籍里是最扑朔迷离的。“云横秦岭家何在”，韩愈竟一语成谶。不但后人争论不休，即使韩愈生活的唐代人，记述也不一致，真可以称得上是千古之谜了。

笔者近期在整理再版乾隆、道光《舞阳县志》过程中，涉及韩愈籍里问题，并作了一番考证，现形成如下文字，请各位专家指教。

一、问题的由来

《道光舞阳县志》卷十《艺文志》有一篇题为《汉司空渊德公韩蜂墓界记》的文章，作者是清雍正年间舞阳县知县刘蓟植。其中有一段文字是这样写的：“汉司空韩渊德公讳蜂字伯师者，舞人也……以太仆诏

① 李智勇，1966年出生，河南郏县人，1989年毕业于河南大学历史系。曾任团市委学生部部长、市希望工程办公室主任、郾城县新店镇党委副书记。现工作于漯河医学高等专科学校。

还，进司空，位列鼎席，精彩铮然，有古大人君子之风。寻以老疾薨，谥渊德公。子孙显著。复数世，生昌黎公愈，居修武。今支裔仍居邑西卸甲店西南之荆山，公之藏魄即在焉。世远年淹，寒烟衰草横其间，樵儿牧竖吟啸踯躅其旁。愚夫或划其墓壖而广其田畴。乡进士张玉振、高尔守等恻然，念公之前休余烈而不可泯没，为之爱之、惜之、守之、护之，益冢土，明封界，且请予为记以示来者。”

在注释“昌黎公愈”时，笔者遍查资料，发现关于韩愈籍里的几种说法，均疑点重重。倒是被历代学者多不认同的“南阳说”是真实可靠的，是符合历史事实的。让我们先从韩愈的先祖韩蜂说起。

二、韩愈的先世

据《道光舞阳县志》卷九《人物志》记载：“韩蜂，字伯师，章帝时人，陇西太守寻之子也。”这个韩蜂即是韩愈的二十代祖先，西汉韩王信之后。这可以从古人的记述中得到确切的答案。

宋代的邓世名和朱熹都记载了韩愈的先世问题。邓世名在《古今姓氏书辩证》韩姓条中记述三支韩氏，在讨论昌黎韩氏、阳夏韩氏的同时，记述了属于韩愈先世的武安韩氏。

武安韩氏，弓高侯颓当裔孙寻，后汉陇西太守，世居颍川，生司空蜂，字伯师，其后徙居安定武安。后魏有常山太守、武安成侯耆，字黄略，徙居九门。生茂，字元兴，尚书令、征南大将军，安定王。二子：备、均。均字天德，定州刺史、安定康公。生晙，雅州都督，生曹州司马仁泰。仁泰生睿素，桂州刺史。七子：晋卿同州司法参军，季卿义王府胄参军，子卿州功曹参军，仲卿秘书郎，云卿礼部郎中，绅卿京兆府司录，升卿易州司法参军。仲卿生愈，字退之，唐大儒也，吏部侍郎，谥文公。宋封昌黎伯，从祀文宣王庙。

邓世名所记载的韩愈先世较为清晰：弓高侯颓当裔孙寻——蜂——（？）——耆——茂——均——晙——仁泰——睿素——仲卿——（愈）。

朱熹在《韩集考异》中对韩愈的先世亦有考释：

《元和姓纂》《唐书世系表》有两韩氏。其一，汉弓高侯颓当玄孙骞，避乱居南阳郡之堵阳（今方城）。九世孙河东太守术，生河东太守纯。纯四世孙安之，晋员外郎。二子：潜、恬，随司马休之入后魏，为玄菟太守。二子：都、偃。偃生后魏中郎颖，颖生播，徙昌黎棘城。其一，弓高侯颓当裔孙寻，为后汉陇西太守，世居颍川。生司空棱，后徙安定武安。至后魏有常山太守，武安成侯耆，徙居九门。生尚书令、征南大将军、安定桓王茂。茂生均，均生晙，晙生仁泰，仁泰生睿素，睿素生仲卿，仲卿生会、愈。而中间尝徙陈留。以此类推，则公固颍川之族，寻、棱之后，而不得承骞之系矣。

朱熹所记载的韩愈先世为：弓高侯颓当裔孙寻棱——（？）——耆——茂——均——晙——仁泰——睿素——仲卿——（愈）。

对于韩愈的先世，邓世名和朱熹的记述是一致的。

附带说两个问题：

1. 韩棱墓现位于河南省平顶山市舞钢市庙街乡大韩庄村。舞钢市原属舞阳县，1977 年划归平顶山市。这个地方是河南省的舞阳县、社旗县（古属南阳县）、叶县、方城县（古堵阳）、西平县、遂平县，泌阳县的交界处。（笔者将在下文中考证这些地方历代地名的演变）

2. 本文所引用的史料，多为宋代以前文人的著述。两宋之后，经金、元之乱，明清文人在考证古迹时，多有前人著述的只言片语、穿凿附会之说，故很少引用。

三、韩愈籍里南阳，符合历史事实

熟悉韩愈籍里争论的学者都知道，记述韩愈籍里南阳的有这么几个古代著名人物：李白、欧阳修、皇甫湜等。

先说李白。755 年（唐天宝十四年），韩仲卿（韩愈之父）任武昌县令，有美政。既去，县人刻石颂德，李白作《武昌宰韩君去思颂碑并序》：

“仲尼，大圣也，宰中都而四方取则；子贱，大贤也，宰单父人到于今而思之，乃知德之休明，不在位之高下，其或继之者，得非韩君乎？君名仲卿，南阳人也。昔延陵知晋国之政，必分于韩。献子虽不能遏屠岸之诛，存孤嗣赵，太史公称天下阴德也。其贤才罗生、列侯十世，不亦宜哉！七代祖茂，后魏尚书令安定王。五代祖均，金部尚书。曾祖晙，银青光禄大夫、雅州刺史。祖泰，曹州司马。考睿素，朝散大夫、桂州都督府长史。分茅纳言，剖符佐郡，奕叶明德，休有烈光。君乃长史之元子也。妣有吴钱氏。及长史即世，夫人早孀，弘圣善之规，成名四子，文伯、孟轲二母之俦欤？少卿当涂县丞，感慨重诺原作诸，误，死节于义。云卿文章冠世，拜监察御史，朝廷呼为子房。绅卿尉高邮，才名振耀，幼负美誉……”

再说欧阳修。据欧阳修所著《新唐书》记载：“韩愈，字退之，邓州南阳人。七世祖茂，有功于后魏，封安定王。父仲卿，为武昌令，有美政，既去，县人刻石颂德。终秘书郎。愈生三岁而孤，随伯兄会贬官岭表。会卒，嫂郑鞠之。愈自知读书，日记数千百言。比长，尽能通《六经》、百家学，擢进士第……”

然后说皇甫湜。皇甫湜在《韩愈神道碑》里说：“韩氏出晋穆侯。晋灭武穆之韩，而邑穆侯孙万于韩遂以为氏，于世称王。汉之兴，故韩襄王孙信有功，复封韩王，条叶遂著。于居南阳，又隶延州之武阳。拓跋于魏之帝，其臣有韩茂者，以武功显，为尚书令，实为安定桓王。次子均袭爵，官至金部尚书，亦能以功名终。尚书曾孙素，为唐桂州长史，善化行于江岭之间，于先生为王父，生赠尚书左仆射讳仲卿。仆射生先生……”

可以这样说，这三个人在韩愈的籍里问题上出错的可能性几乎是零。李白和韩愈的父亲韩仲卿是同时代人，作《武昌宰韩君去思颂碑》，他不搞清楚韩仲卿的籍里问题是不敢下笔乱写的。皇甫湜为他的老师加密友韩愈写《韩愈神道碑》时，上去就把籍里写错，更是不可想象的。欧阳修写《新唐书》离韩愈生活的时代也才一百多年。而且，我读新、旧唐书，总感到欧阳修所写的《新唐书》比刘昫《旧唐书》更有条理、更为翔实。大概是五代处于乱世而宋代社会比较安定的缘故吧。后人多说欧阳修在修《新唐书》时，在处理韩愈籍里问题时，在“南阳”前误加了个“邓州”，我是绝不敢苟同的，实际是欧阳修没有错。

不光韩愈的父亲韩仲卿和韩愈史书记载是南阳人，而且其叔叔韩少卿、韩云卿、韩绅卿还有其长兄韩会、儿子韩昶，都是唐朝官吏，他们所填“行状”（相当于现在的履历表）皆言自己是“南阳”人。韩愈是南阳人无疑。

四、与韩愈籍里相关的几个值得进一步探讨的问题

熟知韩愈籍里问题的专家，对上述史料是非常清楚的。实际上我们要讨论的韩愈籍里问题，还没有接触到关键所在。这里有三个问题：

1. 南阳有“古南阳”和“今南阳”《唐代》之说；
2. 皇甫湜说“后居南阳，又隶延州之武阳”是什么含义；
3. 河阳军管辖的范围。

这些问题弄清楚了，韩愈籍里问题就基本清楚了。笔者在探讨这些问题时，本想分开来一个一个探讨，但它们是有机联系的，只能一起探讨。

第一，我们先来看看“今、古南阳”问题。

首先，我们看“古南阳”符合不符合韩愈籍里。

据史书记载，春秋战国时期，太行之南、黄河之北叫南阳，“晋山南河北，故曰南阳。”这片“南阳”，以现在的行政区划看，西起济源，东到获嘉（包括今天新乡市获嘉县、焦作市六县四区及济源市全部辖境）。这个“南阳”，历史上存在400余年，直到公元前221年秦统一天下，将其归入三川郡。

这个“南阳”自秦之后，已经不存在了。到了唐代，韩愈之父韩仲卿自称南阳人，诗仙李白为韩仲卿作“去思碑”所说南阳，难道会是这个“南阳”？朱熹考证说韩仲卿是南阳人，即“古南阳”，为什么不是唐代的南阳，而是春秋战国的南阳呢？就像现在开封人说自己是东京人一样，你知道他是哪里人吗？显然这个“古南阳”有点牵强。

其次，再看“邓州南阳”符合不符合韩愈籍里。

1. 韩愈祖先的迁居问题。

后汉书《韩蜂传》记载：“韩蜂字伯师，颍川舞阳人，弓高侯颓当之后也。世为乡里著姓。父寻，建武中为陇西太守……迁南阳太守，特听蜂得过家上冢，乡里以为荣。蜂发奸盗，郡中震栗，政号严平。数岁，征入为太仆。九年冬，代张奋为司空。明年薨。

子辅，安帝时至赵相。

蜂孙演，顺帝时为丹阳太守，政有能名。桓帝时为司徒。大将军梁冀被诛，演坐阿党抵罪，以减死论，遣归本郡。后复征拜司隶校尉。”

从这些记载中，我们可以看出韩蜂祖孙三代都是颍川舞阳人，而且其祖茔也在舞阳。

至其后代韩茂，《魏书》是这样记载的：“韩茂，字元兴，安定安武人也。父耆，字黄老，永兴中自赫连屈丐来降，拜绥远将军，迁龙骧将军、常山太守，假安武侯，仍居常山之九门。卒，赠泾州刺史，谥曰成侯。”

至此，我们可以得出一个结论：韩蜂（颍川舞阳人）——韩茂（安定安武人）——韩仲卿（南阳人）。韩氏自韩蜂至韩茂中间必有人自颍川舞阳迁至安定安武，自韩茂至韩仲卿中间必有人从安定安武迁至南阳。

2. 韩氏祖茔所在地的归属。

我们探讨这些问题，有必要弄清楚今河南省平顶山市舞钢市庙街乡大韩庄村附近的地方唐代归属及称谓。上文说过，这个地方是河南省的舞阳县、社旗县（古属南阳县）、叶县、方城县（古堵阳）、西平县、遂平县、泌阳县的交界处。我重点考证舞阳县、社旗县（南阳县）、叶县、方城县在唐代的归属及称谓。

先来看一组史料：

（1）《舞阳县志》卷之二《疆域志》记载舞阳县唐代以前的历史沿革：

秦属颍川郡——西汉属颍川郡——东汉舞阳、定陵二邑属颍川郡——新莽改定陵曰定城——魏置舞阳郡，合定陵为一，遂不复分；

后统名舞阳县，改属襄城郡——晋属襄城郡改名北舞县——南北朝隶魏——齐永明五年入于齐——隋属颍川郡——唐贞观中属许州，寻废；开元间复置，仍名舞阳县。

（2）《新唐书》载之邓州南阳郡辖区：

“邓州南阳郡，县六：穰，望。武德四年析置平晋县，以新野置新州，寻废新州，以新野来属。六年省平晋县。又领深阳县，贞观元年省，乾元元年省新野，皆入焉。南阳，紧。武德三年以南阳及春陵郡之上马置宛州，并置云阳、上宛、安固三县。八年州废，以上马隶唐州，省云阳、上宛，以安固入南阳，来属。圣历元年曰武台。神龙初复故名。有铜。向城，上。武德三年以县置淯州。八年州废，隶北澧州，州废，来属。圣历元年曰武清。神龙初复故名。北八十里有鲁阳关。临湍，上。本新城。武德二年以县置郦州，八年州废，来属。贞观元年省冠军县入焉。天宝元年更名。又有顺阳县，武德二年析冠军置，六年省。内乡，上。本淅阳郡治。武德二年曰淅州，并置默水县。贞观八年州废，省默水入内乡，来属。有岵山。菊潭。中。开元二十四年析新城置。”

从《新唐书》邓州南阳郡的记载我们可以看出，其东北境接壤许州舞阳县界。这有广义和狭义两种解释。狭义即指邓州南阳郡之南阳县。但《新唐书》记载，唐代的南阳县远比现在的南阳县疆域广阔，包括现在的社旗县，至少包括社旗县的一部分。广义说，还应包括向城县，因向城县也归邓州南阳郡管辖。据史料记载：“向城县，西魏置。属雉阳郡并为郡治。故城址在今南召县东南三十四公里皇路店镇皇路店附近。隋改属清阳郡。唐圣历元年（698 年）更名武清县，神龙初复名向城县。五代周显德三年（956 年）废”。其辖区比现在的南召县的东界再往东点。

上文我们引述过，朱熹在《韩集考异》中对韩愈的先世有这样的记载：“汉弓高侯颓当玄孙骞，避乱居南阳郡之堵阳。”查“堵阳，西汉改阳城县置，以境内有堵水经堵乡之阳而名，属南阳郡。莽新时改为阳城。东汉复名堵阳县，故城址在今方城县城关。”

自古州、府、县治所的变迁是常有的事，更何况邻县边界的变动更是频繁。好在我们知道在唐代许州颍川郡之舞阳县、邓州南阳郡之南阳县（或向城）、汝州临汝郡之叶县、唐州方城县是紧紧相邻的。那么，我们姑且判断韩愈的籍里就在“汉弓高侯颓当玄孙骞，避乱居南阳郡之堵阳”。既然是避乱世，肯定不会是闹市。那么在四县交界之处，有没有这样一个“四不管”而又“四管”之地呢？答案是肯定的。在遥远的古代，地广人稀，有些偏远的山村，随着朝代的更替，州县归属的变迁，忽而属这个县，忽而属那个县，实属情理之中。故韩蜂墓附近应是许州颍川郡之舞阳县、邓州南阳郡之南阳县（或向城）、汝州临汝郡之叶县、唐州方城县之交界处。

第二，我们来探讨“后居南阳，又隶延州之武阳”的含义问题。

皇甫湜在《韩愈神道碑》里说：“韩氏出晋穆侯。晋灭武穆之韩，而邑穆侯孙万于韩遂以为氏，后世称王。汉之兴，故韩襄王孙信有功，复封韩王，条叶遂著。后居南阳，又隶延州之武阳。”“后居南阳，又隶延州之武阳”，对这句话，学者大惑不解。古代的延州即现在的延安市。从无武阳。而武阳（江西省）又从未隶属过延州。而且这些地方距南阳又数千里之远。皇甫湜在《韩愈神道碑》里会说这样不着边际的话吗？肯定不会，那么问题出在哪里呢？这句话着实也让我迷惑了多时。最后终于找到了一种解释，如果判断正确的话，那就证明了“韩愈籍里南阳”的正确性。

“延州之武阳”实为“许州之武阳”之误。我们现在看到的皇甫湜《韩愈神道碑》的出处是清董诰编的《全唐文》。但《全唐文》没有注明是一大遗憾。“延”“许”之误有两种可能：一、抄写碑文时已错。石碑经风吹日晒，严重风化，字迹漫漶，两个字形搞混是有可能的。二、后人传抄或刻印过程中搞错，并误传至今。

至于“舞阳”写作“武阳”史籍中也是有的。查《魏书》地形志：“襄城郡晋武帝置，治襄城，领县三，户一千四百四十六，口四千六十三义绥遂宁武阳”。这里即将“舞阳”写作“武阳”了。并且，笔者在阅读古代地方志时，也见过将舞阳写作“武阳”的，不知是笔误还是其他原因，这交给文字学家下结论吧。

那么，既属南阳，又属舞阳，就只能是现在的舞钢市附近了。据史料记载，舞阳县在唐代的建制有北舞阳、东舞阳、西舞阳之说，但从无南舞阳，可见舞阳的南部在传统辖区之外，当时应隶属南阳。

第三，我们来探讨一下“河阳”的问题。

韩愈自称回河阳扫墓，可知他的家乡在河阳。河阳，有小“河阳”、中“河阳”与大“河阳”之别。小“河阳”指河阳县，中“河阳”指河阳三镇节度使辖区，大“河阳”指怀郑汝陕四州及河阳三城节度使辖区。韩愈所说的回河阳，指的当然是他生活的时代的大“河阳”。据查大“河阳”辖区：“唐置，治河阳城，在今河南孟县西三十五里，建中初曰怀郑汝陕四州及河阳三城节度使，寻割郑州隶永平军，以河阳三城怀州为河阳军，今河南河北道西部之地。元和中以魏博归顺，徙镇汝州，今河南汝州市治，改曰河阳汝节度，寻还镇河阳。会昌中移治怀州，今河南沁阳县治，寻又还治孟，即河阳城也。宋曰孟州河阳军，寻改为济源郡。”

从怀郑汝陕四州及河阳三城节度使辖区曾管辖汝州来看，韩愈故里一带属河阳节度使辖区应没有问题。为了搞清楚这个问题，我们来看一看《新唐书》所载汝州临汝郡管辖范围：

“汝州临汝郡，雄，本伊州襄城郡，贞观八年更州名，天宝元年更郡名。土贡：施。户六万九千三百七十四，口二十七万三千七百五十六。县七，有府四，曰龙兴、鲁阳、梁川、郏城。梁，望，本承休。又有梁县在西南四十五里。贞观元年省梁，更承休曰梁。西南五十里有温汤，可以熟米。又有黄女汤。高宗置温泉顿。有石楼山、永仁山。郏城，紧。鲁山，上。王世充置鲁州，武德四年废。俄以鲁山、滍阳复置鲁州。贞观九年州废，省滍阳，以鲁山来属，有尧山，有银，有汉故关。叶，紧，本隶许州，武德四年以县置叶州，五年州废，隶北澧州。贞观八年隶鲁州，州废，隶许州。开元三年，以叶、襄城及唐州之方城、豫州之西平、许州之舞阳置仙州，二十七年州废，县还故属，未几以叶来属。大历四年复以叶、襄城置仙州，又析置仙凫县，以许州之舞阳、蔡州之西平、唐州之方城隶之。五年州废，省仙凫，余县皆还故属。有黄城山、白石山。襄城，望。武德元年以县置汝州，并置汝坟、期城二县。贞观元年州废，省汝坟、期城，以襄城隶许州，开元二十七年来属，二十八年还隶许州，天宝七载复来属。龙兴，上，本湍阳，武德四年置，贞观元年省。证圣元年析郏城、鲁山复置，曰武兴。神龙元年更名中兴，寻又更名。临汝，上，先天元年置。有清暑宫，在鸣皋山南，贞观中置。”

从上述史料来看，韩愈故乡应在邓州南阳郡、许州颍川郡、汝州临汝郡交界处。故皇甫湜说韩愈是南阳人，又属舞阳是可以理解的。韩愈自称回河阳祖茔扫墓也指此地。唐代经“安史之乱”后，各节度使辖区的边界已无法详细考证。但现在平顶山市之叶县东部县界距韩蜂墓仅数里之遥，也许唐代“安史之乱”后这里就属叶县，也就是属河阳军节度使管辖，是完全有可能的。因故乡的归属数度变迁，所以韩愈不确切地说回哪个县扫墓，而说是回河阳，是可以理解的。

五、初步结论

现在我们初步来下个结论：造成韩愈籍里问题混乱的主要原因是韩愈的籍里在数县、数州、数郡的交界处。归属屡变，称谓又多。韩愈去世后，又经唐朝末年之乱（藩镇割据、黄巢起义）、五代十国动荡，至北宋已无人确切知道韩愈的籍里和坟茔在哪里了。至南宋，朱熹著《韩集考异》时，只能根据韩愈的诗文和前人记述、碑文去考证了。朱熹用的是地名重叠法，即河阳、南阳重叠。朱熹认为，众多史家所指的南阳是“古南阳”，最后认定韩愈籍里在河南的修武县附近。因为朱熹是我国古代伟大的思想家、理学的创始人之一，故此说影响甚广，连毛主席在党的八届二中全会上也说韩愈是修武人。笔者用的也是地名重叠法，重叠了邓州南阳、许州舞阳及堵阳、河阳这些与韩愈密切相关的地方。最后判断韩愈籍里在今河南省平顶山市的舞钢市庙街乡韩蜂墓附近的大荆山下的大韩庄、小韩庄一带。大的范围在平顶山市的舞钢市、叶县与南阳市的社旗县、方城县交界之处。朱熹是南宋人，是无法到北方来考察韩愈籍里和坟茔的。好在，现在我们可以实地考察。不过这已超出本人的能力范围了，只能拜托文物部门的同志，如果感兴趣，可以到这些地方找一找，最后以其碑文或其后人之碑文为准，找到韩愈墓。我想，大家和我一样，希望有一天真的能到中华民族敬如泰山北斗的韩文公墓前去祭奠一番。

选自 2010 年《漯河文史资料》第十八辑

后 记

整理建市以来前三十年《漯河文史资料》是七届漯河市政协确定的一项重点文化工程。任务确立之后，聘请熟悉我市历史文化并热心文史资料工作的学者组建了专项工作小组。专项工作小组首先认真学习了中国文史出版社出版的《文史资料学概论》（卞晋平、方兆麟等著），对主席会议确定的“去伪存真、去粗取精，补充完善、按系分类”的原则进行了认真的讨论和领会，在此基础上着手开展工作。

纳入本次整理范围的是1986年至2016年市政协征编的《漯河文史资料》共24辑、813篇、351万字，经剔除不符合文史资料体例和不宜出版的内容之后，确定选入史料共计630篇，280万字。

整理工作确立了“遵循国家有关法律、法规，遵循文史资料工作统战性特点，尊重历史见证人对历史事件的表述，以服务大局、服务社会为宗旨，深入挖掘史料价值，全面提高政治、史实和文字水平，更好发挥‘存史、资政、团结、育人’作用”的指导思想。专项工作小组逐篇审读这些史料，建立每周工作例会汇总审读中发现的问题，提出了“校、勘、注、附、表、补、删、插”八字整理工作法，并依据内容将纳入整理范围的文稿划分为八个部分，采取集中研讨、分工负责的方法开展整理工作。整理过程中，经过多次研讨并听取中国文史出版社梁洁同志的建议，又调整了分卷方案，确定为目前的12分册，其中曹代颖、张艳负责《古韵新辉》《百业春秋》《桑梓情思》3册；刘西森、陈思盈负责《抗战岁月》《解放战事》《河上风物》3册；马恒祥、蔡慧娟负责《沙澧英才》《杏坛双星》《生态今昔》3册；鲁锁印、夏跃进负责《民国往事》《校园漫忆》《沧桑巨变》3册。除了较为繁重的文字校勘之外，各组重新审读原文，进行充实梳理，在尊重撰稿人原稿的基础上，根据新发现对史料进行补充完善，对内容存疑或失实的进行更正。其间，收集并参阅大量的外来资料，不厌其烦地进行史料比对，可谓夙夜不息、历尽艰辛。

整理工作的全程中，吕岩同志两次主持主席会议进行专题研究，肯定了本次文史资料整理工作的意义，确立了文史资料整理工作的方案和原则，并多次听取汇报提出指导意见，使整理工作始终沿着正确的方向前行。分管副主席田冠亭、胡新峰同志在日常工作中高度关注，在关键节点协调帮助，为工作顺利推进提供了保障。安清跃、史凤民、刘颖峰为整理工作收集资料提供了有力支持。参加专项工作小组例会的牛青、李永杰、翟媛媛长期牺牲节假日休息时间，为专项工作小组精心服务，作出了应有的贡献。丛书送审稿校定后，秘书长袁国亮组织机关的黎联峰、杨为、李庆峰、蒋向军、刘勇、李聪燕、王玉、崔博、吕煜辉、王文君、赵彤、康家浩等参与审读并提出修改意见；出版社一校二校完成后，各专项小组进行了复审，最后由鲁锁印对复审发现的问题进行统筹，力求使各卷标准统一，格调一致。

丛书整理虽历时三年有余，仍觉时间紧促，加之庚子年疫情的影响，一些图文资料采集计划未能如期实施。参与整理的诸君虽倾心而为，亦力有未逮，实乃囿于学识。期待出版后读者斧正润色，为后继者立标杆，助漯河文史资料工作日益上台阶。

编　者

2021年12月30日